# 期货投资的艺术

The Art Of Futures Investment

选好赛道，财富自由不是梦

陶朱振羽 著

经济日报出版社

北京

图书在版编目（CIP）数据

期货投资的艺术／陶朱振羽著. --北京：经济日报出版社，2025.3. -- ISBN 978-7-5196-1389-1

Ⅰ.F830.93

中国国家版本馆 CIP 数据核字第 20248RT355 号

## 期货投资的艺术

QIHUO TOUZI DE YISHU

陶朱振羽　著

| 出　　版： | 经济日报出版社 |
|---|---|
| 地　　址： | 北京市西城区白纸坊东街 2 号院 6 号楼 |
| 邮　　编： | 100054 |
| 经　　销： | 全国各地新华书店 |
| 印　　刷： | 天津裕同印刷有限公司 |
| 开　　本： | 880mm×1230mm　1/32 |
| 印　　张： | 10.25 |
| 字　　数： | 270 千字 |
| 版　　次： | 2025 年 3 月第 1 版 |
| 印　　次： | 2025 年 3 月第 1 次 |
| 定　　价： | 88.00 元 |

本社网址：www.edpbook.com.cn，微信公众号：经济日报出版社
请选用正版图书，采购、销售盗版图书属违法行为
**版权专有，盗版必究**。本社法律顾问：北京天驰君泰律师事务所，张杰律师
举报信箱：zhangjie@tiantailaw.com　举报电话：（010）63567684
本书如有印装质量问题，由我社事业发展中心负责调换，联系电话：（010）63538621

投资有风险，入市需谨慎

# 自 序
PREFACE

## 我的期货投资之路——
## 努力成为期货投资界的"英雄"

金融硕士毕业后,我先后在一家大型国企投资公司和一家头部金融机构工作。工作之余,我将很大一部分精力放在投资上,但在实践中却遇到了不少困难。我发现无论是课堂上老师教的、考 CFA 和 FRM 时学的,还是经典著作中阐述的理论都无法直接、有效地指导实战,很难实现投资正收益或达到理想收入。

于是我萌生了自己研究的想法,不断地在多种大类资产上进行探索和总结,希望能够找到一套成熟的方法论来提高投资收益率。经过不断地摸索,我发现,投资成功的关键,在于要把握好"确定性、盈亏比、安全边际"的平衡,以低资金占用和时间消耗的方式实现超额收益。

"在风险可控的前提下,在确定性较大的大行情下进行投入,盈利后迅速离场"成为我的投资哲学,并以此搭建了一套投资体系。最初，我涉猎的投资品种较多，除了股票外，住宅、商铺、公募、私募、期权、期货等能接触到的品类都有所涉及。随着时间的推移，我开始将投资的重心聚焦到期货产品上。

为什么是期货呢？

一方面是缘分，踏入社会之初，我就和期货公司的伙伴们一起工作了近4年，参加了诸多专业会议，渐渐摸索到商品期货市场的一套运行规律；另一方面，我认为期货能够很好地表达我的投资哲学，并不是所有的资产都适合"在风险可控的前提下，在确定性较大的大行情进行投入，盈利后迅速离场"这种投资理念。

首先，许多资产产生大行情的等待周期长，投资者需要等待5~10年甚至更长的时间。其次，大部分资产的价格决定因素太多、确定性不强，而且牵扯很多中小投资者，当价格出现大幅度上涨或者下跌时，会受到宏观调控影响，大的行情也难以实现。反观期货资产，反而具备一些独特的优势：

其一，从某种角度看，确定性相对较高。许多人对期货投资有很大的误解，认为期货是一种难以把握、风险很大的品种。但将期货和股票进行比较，我们认为股票的价格很大程度上受商誉和预期的影响，是人们"估"出来的，而商品期货的标的以关乎国计民生的原材料为主，必然存在其价值。而且，不同品种商品间的相关性是较低的，可以进行跨品种投资来降低波动。从这个角度上看，期货投资的确定性在某些方面相对较高。其二，容易走出大行情。整体来看，期货的价格波动比股票价格大，而且由于有杠杆的存在，在期货市场上，一个小的波段产生的收益甚至可以媲美股票大行情产生的收益。但高收益也意味着高风险，如果投资者对市场走势判断错误，杠杆的存在会使损失成倍放大，甚至可能导致投资者爆仓，损失全部本金。

为了取得更好的投资业绩，我也不断地总结影响期货投资效果的一些重要因素：

**一是天赋**。做投资，天赋很重要。投资天赋有很多种，有的偏研究，有的偏交易，有的偏组合。我认为期货投资中最重要的天赋，就在一个"悟"字，天赋高的投资者一定悟性极高，能够敏感而准确地把握价格运转规律。除了对规律敏感外，对交易的热爱也是天赋的重要组成部分。一名优秀的投资者，会把注意力放在对规律的研究和投资体系的打磨上，而不是盈利和亏损上，其快乐的源泉应该来自对规律的探索与感悟。

**二是心态**。"知行合一"对能否取得投资成功至关重要。有些人研究能力很强，实操起来却赔得一塌糊涂，要么火急火燎激情投资、高位套牢，要么等建仓点出现时，又不敢建仓。所以说，在贪婪和恐惧面前保持平常心，做到"泰山崩于前而面不改色，猛虎趋于后而心不惊"，是极不容易的事。

**三是信息**。对信息能否做到全面而精准的掌握也是决定投资成败的关键，这一点虽然不像"天赋"和"心态"那样可遇而不可求，但更新迭代基础知识是十分耗时耗力的，供需关系无时无刻不在变，交易规则也会经常变化，坚持做到每时、每日更新也是非常考验人性的。

当投资者在"天赋、心态、信息"这三点上具备优势时，他在期货投资市场上的胜率会大幅提升。但要取得真正的成功，一定得具备等待势、感知势、把握势的能力。

我始终认为，成功的投资者与曹操在"青梅煮酒"中提及的"英雄"非常相似——

操曰："使君知龙之变化否？"玄德曰："未知其详。"操曰："龙能大能小，能升能隐；大则兴云吐雾，小则隐介藏形；升则飞腾于宇宙之间，隐则潜伏于波涛之内。方今春深，龙乘时变化，犹人得志而纵横四海。龙之为物，可比世之英雄。"

**一名优秀的投资者，即便在"天赋、心态、信息"这三点上具备强大的优势，也不是每一次机会都要去抓。当他认为机会不合适的时候，则"隐介藏形，潜伏于波涛之内"，按兵不动，当他认为机会来时，则应当机立断、纵横四海！**

希望这本书的每一位读者都能成为投资界的"英雄"。

陶朱振羽

2024 年 8 月

# 目录
## CONTENTS

1 期货资产的优势 ·················································· 1
  1.1 大家对期货资产的误解 ···································· 1
  1.2 期货资产优势详解 ·········································· 2
    1.2.1 确定性较高 ·············································· 2
    1.2.2 择时难度较低 ·········································· 2
    1.2.3 全球化资产 ·············································· 3
    1.2.4 做空机制 ·················································· 3
    1.2.5 品种多，可以实现内部对冲 ······················ 3

2 打造期货投资的策略体系 ···································· 5
  2.1 道——期货投资的底层哲学 ···························· 5
    2.1.1 什么是确定性 ·········································· 5
    2.1.2 正确地表述确定性 ·································· 6
    2.1.3 风险控制 ·················································· 7
    2.1.4 稳收益、降波动 ······································ 9
  2.2 法——打造自身投资策略体系 ······················ 10
    2.2.1 期货资产的特点 ···································· 10
    2.2.2 期货投资策略 ········································ 13
    2.2.3 借助科技的力量 ···································· 28
  2.3 势——扶摇直上九万里 ·································· 28
    2.3.1 不是抓住机会，而是等待机会 ·············· 29
    2.3.2 势的诱因 ················································ 30

3 知行合一 ·························································· 34
  3.1 影响交易的七大情绪 ···································· 35

|  |  |  |
|---|---|---|
| 3.1.1 | 贪婪 | 35 |
| 3.1.2 | 恐惧 | 35 |
| 3.1.3 | 喜悦 | 36 |
| 3.1.4 | 沮丧 | 37 |
| 3.1.5 | 焦躁 | 37 |
| 3.1.6 | 懊悔 | 38 |
| 3.1.7 | 气馁 | 38 |
| 3.2 | 放下妄念 | 38 |
| 3.2.1 | 一夜暴富 | 38 |
| 3.2.2 | 不劳而获 | 39 |
| 3.2.3 | 把投资当作唯一的救命稻草 | 39 |
| 3.2.4 | 把自己当作"期神" | 40 |
| 3.3 | 正确的心态 | 40 |
| 3.3.1 | 坦然接受一切 | 40 |
| 3.3.2 | 找到投资快乐的源泉 | 41 |
| 3.3.3 | 要有正确的信念 | 41 |
| 3.4 | 有助于提升心态的行为 | 41 |
| 3.4.1 | 充足的现金流 | 41 |
| 3.4.2 | 轻仓 | 42 |
| 3.4.3 | 多思考少操作 | 42 |
| 3.4.4 | 强制止盈止损 | 42 |
| 3.4.5 | 不要分享投资中的喜悦和悲伤 | 42 |
| 3.4.6 | 谋定而动 | 42 |
| 3.4.7 | 养成良好的投研和交易习惯 | 43 |
| 4 | 把握基础信息 | 45 |
| 4.1 | 交易所概况 | 45 |
| 4.1.1 | 中国金融期货交易所 | 45 |
| 4.1.2 | 上海期货交易所 | 45 |
| 4.1.3 | 上海国际能源交易中心股份有限公司 | 46 |
| 4.1.4 | 大连商品交易所 | 47 |

- 4.1.5 郑州商品交易所 ............ 47
- 4.1.6 广州期货交易所 ............ 48
- **4.2 各类交易品种详解** ............ **48**
  - 4.2.1 铜 ............ 49
  - 4.2.2 锌 ............ 53
  - 4.2.3 铅 ............ 58
  - 4.2.4 镍 ............ 63
  - 4.2.5 锡 ............ 67
  - 4.2.6 氧化铝 ............ 71
  - 4.2.7 黄金 ............ 74
  - 4.2.8 白银 ............ 79
  - 4.2.9 螺纹钢 ............ 84
  - 4.2.10 线材 ............ 89
  - 4.2.11 热轧卷板 ............ 92
  - 4.2.12 不锈钢 ............ 98
  - 4.2.13 燃料油 ............ 102
  - 4.2.14 沥青 ............ 107
  - 4.2.15 丁二烯橡胶 ............ 111
  - 4.2.16 天然橡胶 ............ 116
  - 4.2.17 纸浆 ............ 123
  - 4.2.18 原油 ............ 126
  - 4.2.19 LU 燃油 ............ 133
  - 4.2.20 20号胶 ............ 138
  - 4.2.21 集运欧线 ............ 141
  - 4.2.22 玉米 ............ 145
  - 4.2.23 玉米淀粉 ............ 150
  - 4.2.24 豆粕 ............ 153
  - 4.2.25 豆油 ............ 158
  - 4.2.26 棕榈油 ............ 163
  - 4.2.27 鸡蛋 ............ 168
  - 4.2.28 生猪 ............ 172

- 4.2.29 聚乙烯（塑料） ……………………………… 177
- 4.2.30 聚氯乙烯（PVC） ……………………………… 181
- 4.2.31 聚丙烯 ……………………………… 188
- 4.2.32 焦炭 ……………………………… 191
- 4.2.33 焦煤 ……………………………… 197
- 4.2.34 铁矿石 ……………………………… 200
- 4.2.35 乙二醇 ……………………………… 204
- 4.2.36 苯乙烯 ……………………………… 209
- 4.2.37 液化石油气 ……………………………… 214
- 4.2.38 白砂糖 ……………………………… 218
- 4.2.39 棉花 ……………………………… 225
- 4.2.40 棉纱 ……………………………… 230
- 4.2.41 菜籽油 ……………………………… 237
- 4.2.42 花生仁 ……………………………… 243
- 4.2.43 苹果 ……………………………… 247
- 4.2.44 红枣 ……………………………… 252
- 4.2.45 PTA ……………………………… 256
- 4.2.46 甲醇 ……………………………… 260
- 4.2.47 纯碱 ……………………………… 274
- 4.2.48 尿素 ……………………………… 278
- 4.2.49 对二甲苯 ……………………………… 282
- 4.2.50 烧碱 ……………………………… 285
- 4.2.51 玻璃 ……………………………… 289
- 4.2.52 硅铁 ……………………………… 297
- 4.2.53 锰硅 ……………………………… 301
- 4.2.54 工业硅 ……………………………… 306
- 4.2.55 碳酸锂 ……………………………… 311

# 1　期货资产的优势

我在《追寻：50倍投资收益的逻辑与心法》里写过，一个投资者想要快速成功，捷径之一就是选择一个好的大类资产，如果大类资产选得好，投资者就不需要操很多心，如果大类资产选得不好，投资者极有可能遭遇"一顿操作猛如虎"，投资收益率则是"定睛一看原地杵"的体验。为什么说商品期货抑或以期货为主要投资标的的期货基金是最优的投资资产之一？

## 1.1　大家对期货资产的误解

在回答这个问题之前，我想先解释下大众投资者对期货资产的几个误解：

### 误解1：期货资产的风险高

由于商品资产是保证金交易制度，确实会出现爆仓甚至是穿仓。但是，宝剑太锋利划伤自己，不是宝剑的问题，而是持剑人的问题。同样，如果投资期货爆仓了，则不能把爆仓归因于期货的高杠杆，而是投资人自身的问题。在资金量足够的情况下，投资者可以通过仓位控制来解决高杠杆问题。

### 误解2：商品期货比较复杂

商品期货乍看之下，品种较多，不仅包括黄金、白银、苹果、白糖等大家比较熟悉的品种，也包括光看名字就很复杂的品种，比如对二甲苯（PX）、聚丙烯（PP）、热轧卷板（HC）、集运欧线（EC）等。尽管期货品类很多，但是期货定价原理相对简单。除去原油、黄金、铜等容易受到大环境影响的品种，剩下大多数品种从长期来看，价格波动主要还是由供需驱动，从短期来看，主要由资金面驱动。但无论是从长期还是从短期来看，决定期货价格的因素是相对较少的。

股票的估值，本质上是对股价高于净资产部分商誉的估值。商誉本身就是看不见摸不着的，这就导致了股票估值的复杂性，从大类上讲就分为相对估值法和绝对估值法，相对估值法又分为PE、PB、PS等，绝对估值法则分为单阶段DCF、多阶段DCF、FCFF、FCFE，如果考虑到现金流的调整，股票的估值会更加复杂。

相较股票，期货资产的定价原理和逻辑要清晰明了得多。

**误解3：期货投资策略容量小**

很多投资者觉得期货属于小众品种，策略容量小。实际上是很大的误解，期货市场固然比不上债券和股票，但是经过多年的发展，我国的期货市场已经相当成熟。如果做的是大品种，分散一下品种，分批建仓那个，只要不是天量大资金，都是可以容纳的。

## 1.2　期货资产的优势

### 1.2.1　确定性高

与上无顶下无底的股票资产相比，期货资产的估价确定性要高得多。从上有顶来看，铜价涨上天也不会比金价高；从下有底来看，商品期货有实物支撑，确定性要好很多。

### 1.2.2　择时难度较低

中信建投首席经济学家周金涛曾说过"人生致富靠康波"。

投资想要快速成功，入场时机很重要，尽管投资者都希望逢低多，但实操起来非常地困难。因为有的资产的周期是很长的，快则3—5年，慢则20—30年。但是期货资产不存在这样的问题，很多期货资产的周期是很短的。而且，商品期货品种多，正所谓东方不亮西方亮，期货品种70类左右，每年总有行情好的品种。

### 1.2.3　全球化资产

当做股票投资时会遇到，如果A区域的经济不好，A区域的股票一般不会好，但是商品市场不一样，原因有三：

第一，商品期货的标的往往是国计民生的标的，很多标的受宏观影响较小。当一个国家经济不景气时，居民可能会少买汽车，汽车股票不一定会好，但是居民对苹果、鸡蛋、红枣这些农产品的消耗不会有太大变化。

第二，部分商品定价受全球市场影响，如果A区域的房地产、钢材需求不景气，但是B、C国大力发展基建，对钢材需求整体还是很旺盛的。

第三，期货可以做空，即便A区域的经济不好，也可以通过做空实现盈利。

### 1.2.4　做空机制

做空机制，可以称得上是期货资产的最大优势。相对股票而言，期货投资最大的优势就是方便灵活的做空手段。这就意味着无论环境变好还是变坏，期货资产都可以实现盈利。

### 1.2.5　品种多，可以实现内部对冲

衡量一个基金管理得是否成功最好的指标就是夏普比率。夏普比率的底层逻辑就是鼓励基金经理在控制波动率的前提下，实现收益率最大化。根据马科维茨的理论，提高夏普比率的有效途径之一就是分散化投资。但是对大多数资产而言，由于资产之间

相关性的存在，分散化难度很大。但是期货资产品种多，相互之间相关性低，可以在大类资产内实现分散化。但是期货投资资产在充分做好准备前，还是不建议直接上场，购买CTA基金是较好的选择。

## 2　打造期货投资的策略体系

查理·芒格说过:"长期以来,我发现一个有趣的规律,有系统思维的人比有目标思维的人走得更远。"

在期货投资领域,依托"道(底层哲学)"打造"法(投资策略)",等待"势"的到来,是期货投资制胜的不二法门。

### 2.1　道——期货投资的底层哲学

无论是期货投资还是其他投资,最重要的是要有自己的底层逻辑。做投资不能凭感觉,只有具有坚固的底层逻辑,面临极端行情时才能做到不动摇,把握住机会。作者的底层逻辑就是在风险可控的前提下,将"稳收益"永远放在第一位,把握好进场,在确定性的大行情下注,盈利后迅速离场。

#### 2.1.1　什么是确定性

期货投资的本质就是预测未来,提高预测准确度的核心就是找到关键因素。那哪些因素会影响期货价格运行的规律呢?是什么决定的期货价格涨跌?供需?资金?情绪?

其实答案是"矛盾",矛盾是事物发展的源泉和动力,同样也推动着期货价格的运行,这个矛盾可以是供需关系产生的,也可以是资金面和技术面产生的,还可以是突发的黑天鹅事件产生的。期货价格往往由多种矛盾事件引发,怎么判断哪一种矛盾是推动价格走势的核心呢?

《矛盾论》指出:"任何过程如果有多数矛盾存在的话,其中必定有一种是主要的，起着领导的、决定的作用，其他则处于次要和服从的地位。"如果研究中存在两个以上矛盾，就要用全力去找出它的主要矛盾。因此，一个优秀的期货投资者至少要具备以下两种能力：第一，他对期货价格发展的各种矛盾了然于胸；第二，他能判断出这一系列矛盾中的主要矛盾。找到主要矛盾很重要，预判主要矛盾的走势更加重要。

期货市场定价效率已经相当成熟了，如果大家对某个大趋势的判断非常一致，跟风者买不进去，持异议者占比过少，价格会很快反映在盘面上，这其实是比较难赚钱的。相反，当决定价格因素的各类趋势得出来的结论彼此冲突时，往往会酝酿出一波行情和机会，这一波行情往往不是那么快，那么急，操作空间比较大。找到主要矛盾，并预判主要矛盾的走势永远是投资成功的最关键因素。

### 2.1.2 正确地表述确定性

当我们进行建仓或追加投资时，主要考虑两个因素，一是赔率，二是不能突破安全底线。

#### 2.1.2.1 赔率

很多时候，商品的行情趋势很清晰，但是并不适合增加投资，为什么呢？因为趋势已经反馈在价格当中了，标的已经涨得很高了，如果再追高盈利空间不大，一旦回调，损失不少，盈亏比不合适。

作者认为值得操作的盈亏比至少是1∶2，才是合适的建仓价格。

#### 2.1.2.2 不能突破安全底线

期货是高杠杆的产品，操作不好不仅会爆仓，还会穿仓。有的时候，矛盾看得清楚，方向看得准确，赔率合适，但是万一发生黑天鹅，还是会跌破底线。因此，在增加投资这个事情上，也要注意以下两点：

其一，无论投资有多大，都要有底线。

其二，当做价值反转和回归策略时，投资一定也要缓慢加仓。

### 2.1.3 风险控制

#### 2.1.3.1 仓位控制

由于期货是保证金交易，杠杆投资。亏损时，先亏损的是可用资金，这与股票非常不一样。股票投资是可以满仓的，而期货投资是一定不可以满仓的，整体85%以上的资金使用率都是非常高的。同时，期货品种的波动大，单品种的资金占比也不宜过高，在一个投资组合中，单品种资金占比超过20%都是非常高的。

#### 2.1.3.2 多元化投资

做期货投资最大的优势在于不同标的间的差异化，这也是与股票标的最大的不同。尽管不同的股票可能处于不同行业，绝大多数的股票和宏观经济走势的相关性都比较高，因此多数股票的价格走势的相关性比较高。期货不一样，豆粕和焦煤，苹果和苯乙烯，这些品种不仅在价格表现上相关性很低，而且从品种本身的投资逻辑上来讲也几乎毫无关系。

以玻璃为例，玻璃2023年1月至12月与其他42种标的的相关性系数如下。

表2-1　玻璃2023年1—12月与其他42种标的的相关性系数

| 序号 | 品种名称 | 相关性系数 | 品种名称 | CZCE 玻璃 |
|---|---|---|---|---|
| 1 | CZCE 玻璃 | 1 | DCE PVC | 0.079 |
| 2 | CZCE 红枣 | 0.602 | SHFE 螺纹钢 | 0.069 |
| 3 | SHFE 铝 | 0.403 | SHFE 锌 | 0.005 |
| 4 | SHFE 橡胶 | 0.366 | DCE 豆油 | 0.004 |

续表

| 序号 | 品种名称 | 相关性系数 | 品种名称 | CZCE 玻璃 |
|---|---|---|---|---|
| 5 | CZCEPTA | 0.363 | CZCE 纯碱 | −0.011 |
| 6 | 苹果（APPLE） | 0.354 | DCE 棕榈油 | −0.086 |
| 7 | DCE 苯乙烯 | 0.342 | SHFE 纸浆 | −0.095 |
| 8 | DCE 焦煤 | 0.329 | SHFE 线材 | −0.116 |
| 9 | DCE 乙二醇 | 0.328 | GFEX 工业硅 | −0.146 |
| 10 | SHFE 氧化铝 | 0.321 | DCE 生猪 | −0.237 |
| 11 | SHFE 铅 | 0.317 | CZCE 对二甲苯 | −0.249 |
| 12 | SHFE 铜 | 0.305 | CZCE 锰硅 | −0.25 |
| 13 | DCE 塑料 | 0.303 | CZCE 硅铁 | −0.314 |
| 14 | DCELPG | 0.288 | SHFE 镍 | −0.391 |
| 15 | CZCE 甲醇 | 0.229 | CZCE 花生 | −0.405 |
| 16 | DCE 聚丙烯 | 0.215 | SHFE 不锈钢 | −0.41 |
| 17 | CZCE 尿素 | 0.181 | 上证 50 | −0.411 |
| 18 | CZCE 烧碱 | 0.129 | DCE 玉米 | −0.413 |
| 19 | DCE 焦炭 | 0.122 | 中证 500 | −0.436 |
| 20 | SHFE 锡 | 0.109 | 沪深 300 | −0.443 |
| 21 | SHFE 热轧卷板 | 0.102 | 中证 1000 | −0.445 |
| 22 | DCE 豆粕 | 0.095 | | |

这样期货投资的优势就非常明显了，投资者仅需要一个账户就可以分散化投资，起到降低波动、减少时间成本、降低黑天鹅影响力的作用。

（1）通过分散头寸来降低波动

由于很多标的之间的相关性较低，通过分散化投资这些相关性低的品类可以降低整体仓位的波动。降低波动对期货投资的意义无比重大。期货投资是保证金交易，由于使用了杠杆，存在爆仓可能性，因此期货投资的仓位一般不会很重，这在保证安全性的同时也降低了资金使用效率。当波动变小时，可以尽可能地提高仓位，提高资金使用效率。

(2) 减少等待成本

大多数期货品种都会受到周期的影响，因此期货投资必须要等。如果只投资一个品种，等待时间可能会很长，在等待时间中，投资者可能会手痒，搞不好交易几笔，犯一些低级的投资错误。如果投资品种较多，东方不亮西方亮，则可以大幅降低投资的等待周期和时间成本。

(3) 降低黑天鹅影响力

在投资过程中，尽管每一个标的在投资时都会谨慎地分析，但是无论是从基本面的角度，还是从技术面的角度，都很难将黑天鹅事件考虑其中。如果投资者只投资一个标的，发生黑天鹅事件的概率会很高。如果投资者同时投资多个品种，这些品种同时发生黑天鹅事件的概率就会大幅降低。

### 2.1.4 稳收益、降波动

虽然期货资产是高杠杆、高波动的品种，但也是一个能够快速致富的品种。但是基金经理仍应该把稳收益、降波动放在第一位，作者十年观察到行业内最终能做大做强的大佬也一定是把降波动放在第一位的，绝不会赌。为什么呢？因为"赌"不论从成功概率而言，还是从风险收益比而言，都是远不如分散化投资的。

在对行业深入研究的基础上，对多品种进行左侧（最好是看涨）投资的整体成功概率是非常高的。可能一个标的会出现黑天鹅事件或者情绪引发的极端行情导致出现。

## 2.2 法——打造自身投资策略体系

在期货投资的世界里，盲目努力和投资收益是不成正比的，甚至可以说是没有关系的。如果投资者掌握一套正确的方法论，通过这套体系做规划指导，对于投资者来说可以起正向作用的。什么是好的投资策略体系，作者觉得好的投资策略体系至少满足以下三点：

第一，策略的基石基于对标的运行的正确规律的理解，是有底层哲学作打底的。

第二，策略体系搭建逻辑在相当的一段间内得恰且正确的。

第三，策略体系是可以进行及时的修正和迭代的。

而好的策略体系一定是建立在对期货的特点及运行规律正确理解和把握的前提下。那期货的特点又有哪些？期货的运行规律又有什么样的特点呢？

### 2.2.1 期货的特点

为了更好地了解期货的特点，我将以最常见的投资品种"股票"为参照物，一一对比介绍。

#### 2.2.1.1 交易规则的特点

(1) 交易所规则经常改变

我国股票的交易规则成熟且稳定。期货则不一样，当某个品种出现异动时，交易所当日收盘后会对保证金比例、手续费、开仓手数上限等进行调整，这些指标会对投资产生直接影响，同时也是一种意向指标。

(2) 高杠杆

我国股票投资可以通过融资加杠杆，杠杆倍数往往是 2~3 倍，但是期货投资属于保证金交易，放 8~10 倍杠杆也非常容易。

(3) 做空策略

期货做空是一种投资策略，通过卖出期货合约来对冲风险或投机获利。然而，做空操作也存在相应的风险，投资者需要具备一定的市场判断能力和风险控制能力。在实际操作中，投资者需要根据市场情况灵活调整自己的交易策略，以实现盈利目标。

(4) 保证金制度

期货是保证金制度。

(5) T+0 交易

我国股票投资是 T+1 交易，期货投资是 T+0 交易。但是很多品种 T+0 交易会加收多倍手续费。与股票相比，期货交易的手续费比较高，频繁的日内交易无论是对绝对收益还是对产品净值都会产生不小的影响。

(6) 需要移仓换月

股票投资时买入股票可以长期持有，但是期货是合约制，如果合约到期不进行移仓换月的话，交易所会强制清盘。

值得注意的是，在每一次移仓中，不仅会产生手续费，而且可能出现交易风险。因此，如果投资者长期看多/看空某一品种时，可以尽可能选择远月合约。

(7) 收盘价和结算价

股票的价格只有一个收盘价，而期货有结算价和收盘价两种，值得注意的是，期货产品的涨跌幅计算是根据结算价来的，而不是收盘价。

### 2.2.1.2 价格走势的特点

(1) 波动大

与股票相比，期货价格呈现短期波动大的特点。

以下为沪深 300 的 2023 年第四季度波动图，最高点 3723.2，最低点 3291.4，最大振幅 11.59%。

图 2-1　沪深 300 的 2023 年第四季度波动图

以下为沪深 300 的 2023 年第四季度波动图，最高点 1924.8，最低点 689，最大振幅 179.36%。

图 2-2　沪深 300 的 2023 年第四季度波动图

从图形上来看，无论是最大振幅，还是内部波动，欧线的波动都是远高于股指的。

**（2）形成大行情的周期短**

与股票和地产相比，期货形成大行情的周期要短得多。

地产一般 10 年，股票一般 2—5 年，而期货则是 0.5—2 年。更重要的是，期货覆盖的品种多，总会有品种出行情。对绝大多数投资者而言，期货是没有长期投资的。几乎不存在在一个价格远低于价值的时刻长期持有，等到价格回归价值时是赚大钱的情况。

因为期货的杠杆高，如果投资者的入场点不是最低点，价格则继续回踩。如果是 10 倍杠杆，1 个 10% 就会本金归零，继续下跌就会穿仓。

**（3）部分品种价格波动的规律性强**

由于期货市场有现货市场作依托，同时，一些标的由于生产规律和季节性供需关系的存在，价格波动会出现很强的规律性。值得注意的是，规律性强，并不意味着凭着规律就能躺赚！一定要结合具体情况具体分析。

因为规律只能够给一个大概的方向，而不能给出精准的判断。由于期货是杠杆交易，假设一个品种是 10 倍杠杆，如果投资者看反了方向，一个 10% 的振幅就可以让投资者的本金归零。

**（4）部分品种价格运行的趋势性强、投机性强**

部分期货产品运行趋势性强，投机属性明显。

### 2.2.2　期货投资策略

根据期货上述特点，我们可以非常容易地判断出，期货是一个规律性强，但同时也是高风险、高收益的大品类。如果方向做对了，收益颇丰，但是如果方向做反了，那就极容易爆仓本金归零，甚至穿仓（倒欠交易所钱）。

相信很多炒期货的人都是期待一夜暴富的，这种想法是比较危险的。寻找规律，打造高收益、低波动的策略，才是取胜的关键。

#### 2.2.2.1　构建期货策略的底层逻辑

从资产属性上来讲：

一方面期货有现货价格、供求关系、生产规律作依托，因此，对大多数产品标的而言，剔除通货膨胀的影响后，长期来看，期货价格会出现回归属性。而另一方面，期货市场的短期热点品种的大部分投资者都是非产业投资者，因此，短期上，资金面和情绪面的影响更大，期货价格会出现趋势属性。

当我们搭建策略时，要将期货市场运行的底层逻辑充分考虑进去。依据期货投资运作的底层逻辑，期货投资的策略可以分为两大类：

**（1）右侧趋势策略**

本质上是顺资金面和情绪面能短期大幅度影响，短期跟随资金面及情绪面，做趋势投资。

**（2）左侧价值策略**

本质上是顺供需平衡的关系，预判出现期货市场价格走势，中长期走价格回归基本面逻辑，做价值投资。

值得注意的是，无论是趋势策略还是价值策略，都是需要有基本面做支撑的，因此做投资的方向一定要和基本面的方向一致。这样即便是短期没有以一个最好的买点入，也不会有太大的问题。

### 2.2.2.2 策略一：右侧趋势策略

当我们观察期货市场时，如果观察到有很多品种的趋势很明显，一年之内来回翻一倍或者跌一倍都是较常见的现象。

要运用趋势投资策略，我们就需要知道趋势是怎么形成的。趋势策略的特点是赚钱快，如果跟住了行情赚钱体量也大，缺点是确定性不强，容易亏损。趋势投资中会有很多不理性的行为，这些不理性的行为也会加大亏损，初学者一定要注意。

**（1）趋势的形成**

①**基本面的支撑**。好的基本面不一定形成强的趋势，但是强的趋势一定会有基本面的支撑。

尽管很多时候期货基本面和价格走向毫无关系可言，但有基本面的支撑，实施趋势投资策略的安全系数会高很多。在需求大于供给的大环境下，做看多的趋势是很安全的，相反，即便此时出现了做空趋势也要非常谨慎。

②**资金面的强势涌入**。一个看多大趋势的形成，必然包含几个大涨或者涨停，一个大涨或涨停打不住强趋势的形成。

③**舆论支持**。强趋势成型后，各种消息、研报都会接踵而至，对趋势起到推波助澜的作用，也会各种鼓吹趋势不可持续。

慢慢发现趋势不减，啪啪被打脸，这个时候消息和研报，就会报道客观数据，但是又不给出实质性建议。

（2）趋势的完结及判断

①基本面持续变坏。基本面持续变坏，不利的消息频出。

"持续"非常重要，一个导致反转的消息不会对大趋势产生质的影响。这与股票是非常不一样的，也是很多新手最容易犯的错误。

为什么呢？主要有两个原因：

其一，因为股票的涨跌看的是预期，某只股票的大涨可能就是因为某个概念炒起来的，如果这个概念突然被证伪，那就是灾难，股价会哗哗往下掉。其二，与商品期货不一样，股票价格是没有现货价格作支撑的，而是以"估值"作支撑，当一个利空消息或者政策出现时，不会立马影响企业的生产和经营利润。

商品期货中虽然带个"期"字，却比股票有现实支撑得多。一个消息或者政策的出现，尽管对未来会有很大的影响，但是现货价格的冲击不会太大。

期货的涨价少有纯靠概念炒作起来的，而且，一些品种的生产也需要周期。特别是部分农产品，生产需要周期，再缺货也变不出来。

期货是资金面驱动的，而且有些品种本身总盘子就小，很容易被操作，只要主力不走，趋势就不会完。

趋势还没走完就离场是非常可惜的，如果头脑发热就去赌反转，期货杠杆大，一个涨停板就会爆仓，赌错了是非常危险的。

②趋势持续时间。一般而言，小品种大趋势一旦形成，持续时间是比较长的，基本1个月起步，所以当我们看到某个小品种持续2—3周地爆发，就可以关注了。如果投资者持有的品种还在周期中，也不要轻易下车。所以在一个强劲大趋势的周期下，可以多持有一段时间。

③反转的参考指标。尽管是否是真的反转不能100%判断，但是观察以下指标还是可以帮助判断是否到达顶部或者底部：

指标1：趋势持续时间。如果趋势持续的时间太短（比如刚刚十几二十天），那就大概率没有结束。

指标2：基本面的消息。如果基本面没有出现反转的消息，或者没有持续出现反转的消息，那么趋势往往是可以继续的。

指标3：交易所政策的出现和改变。当一个产品涨跌过度时，交易所会出台包括提高保证金比例，提高手续费等政策，这往往也是盘整理的前兆。

(3) 趋势策略下的仓位管理

相对于股票，期货品种较少，对冲工具也少，无法通过分散化投资和对冲工具控制风险。

因此，仓位不仅是盈利的唯一手段，也是控制风险的唯一手段。

说两种常见的失败情况：

情形一：启动之初，投入资金比较少，而此时标的猛涨；发现猛涨后仍不敢大幅跟仓，又

情形二：上来就看反了，没有及时空仓或降低仓位，一路被打到爆仓。

①初始建仓。做趋势策略，一定要非常谨慎，不能频繁出手，但是每次出手仓位不能太轻，因为趋势策略是浮盈减仓的思路，仓位太轻，减仓是没有空间的。

如果是一上来就发现自己看错了，那也先看一看原因，如果发现震荡时间加长，建议要撤。因为趋势投资的动能很多是由情绪带动的，一旦震荡横盘，情绪就会下降，趋势就会延缓。

②浮盈减仓。如果趋势判断正确，那就可以采取浮盈减仓，并进一步加大本金加仓。值得注意的是，即便每次浮盈加仓都是按照设定好风控值进行操作，但是越往后风险还是越大的。

③浮盈加仓。趋势投资不太建议浮盈加仓。如果是浮盈加仓，最好是因为新的因素产生而导致的浮盈加仓，而不是沿用过去的趋势浮盈加仓。

④震荡趋势下的控制仓位。一旦出现震荡或者盘整行情，第一件事就是降低仓位！因为震荡后到底是顺延趋势还是反转行情，很难判断，甚至没法判断。把仓位降低到一个进可攻退可守的仓位是非常正确的策略。如果震荡后是反转行情，仓位轻亏损有限；如果震荡后是进攻行情，那么没关系，而且进攻的趋势一定会越来越弱，风险也会加剧，可以等它走出一个强势行情再撤。

**(4) 趋势投资中常犯的错误**

①没有基本面支撑的伪趋势。做趋势投资也是一定要看基本面，如果趋势和基本面相背离，是一种伪趋势。

举个碳酸锂例子：

2023年9月27日—2023年10月16日，从最低145000涨到175050，涨幅高达20.72%。2023年12月6日—2023年12月11日，从最低85650涨到240450，涨幅高达180.74%。

这两次暴力拉升虽然都非常强劲，但是碳酸锂的基本面是供大于求的，即便是非常强的看多趋势，在这种有悖于大的基本面也很难持续。

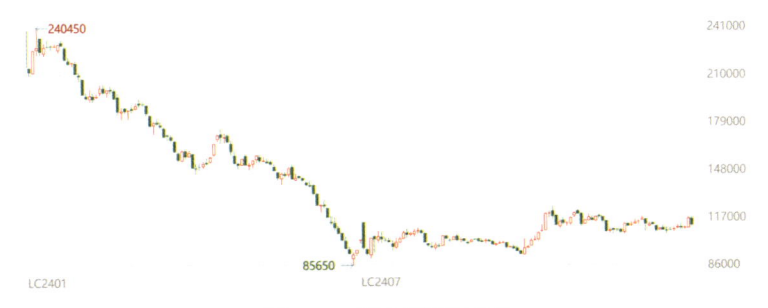

图 2-3 碳酸锂涨幅趋势

②频繁交易。其实趋势投资的机会并不多，可能每天都有，如果每天都做趋势投资，那一定不对。

③没有把握的浮盈加仓。趋势投资，越往后走风险越大，没有把握千万不要浮盈加仓。正所谓浮盈加仓，一把亏光。

### 2.2.2.3 策略二：左侧价值策略

价值反转策略的盈利逻辑依据产业发展规律，抓住供需大矛盾，判断价格走势，算好盈亏比，等待时机，择时入场。与右侧趋势策略相比，左侧价值策略有以下四个特点：

**其一：确定性较强**。右侧趋势策略主要依靠资金和情绪推动，不确定性是较高的，"赌"的成分比较大。但是左侧价值策略主要看供需关系、基差收敛、套利回归这一些确定性相对高的底层逻辑，因此确定性较右侧而言要强。

**其二：操作上建议先轻仓后加仓**。右侧趋势策略是先重仓后减仓的思路，因为趋势越往后是越弱的，是一定会反转的。但是左侧价值策略，一定是先轻仓后加仓的思路，因为市场终究会回归基本面，越往后拖，市场的回归力量就会越强。

**其三：左侧价值策略需要扛回撤**。右侧趋势策略，如果一旦发现看错了，需要立刻止损离场，在这种情况下，由于离场快，即便是亏损，亏损比例也是有限的。

但是左侧价值策略是需要扛亏损的。单品种，浮亏超过100%也很正常，甚至还需要越浮亏越加仓，因此价值策略初始建仓的仓位一定要轻。

**其四：多空操作盈亏比不对称**。在左侧价值策略中，建议以逢低抄底做多为主，最好不要走高位做空的思路。因为对大多数商品而言，由于有现货的支撑，他们的价格往往是下有底而上无顶的。

**（1）盈亏比空间的成因及判断**

作者认为商品期货的价格由两部分组成：其一是现货价格，其二是预期价格。投资标的当前的供需矛盾已经体现在期货价格中，左侧价值策略博弈的本质就是未来的期货价格和当下的期货价格不一致，产生这种价格不一致的原因在哪？主要有以下原因。

①供需走势的变化。当前的期货市场已经比十年前的期货市场透明很多，信息传递也比过去快了很多，依靠信息差赚钱的难度越来越大。标的的期货价格只反映当前市场对标的的理解，伴

随着时间推移，供需矛盾的变化一定会体现在价格中（尽管当下还未体现）。对行业深度研究，把握标的运行规律是左侧价值策略成功的最关键因素。在供需判断中，一定少不了研究员和产业方的支持。在和他们的沟通交流中，以下几点是非常值得注意的。

第一点，好的研究员和产业投资者是非常稀缺的。

第二点，要能迅速辨别出好的研究员。好的研究员永远是少数。具体怎么辨别出好的研究员，优秀的研究员不一定身居要职，也不一定要有很大的名气，只可意会，不可言传。

第三点，尽可能与研究员多交流，期货市场和股票市场不一样，期货的数据透明度不高，想通过公开数据查询非常困难，研究体系也不统一，每个研究员的方法也不一样，横看成岭侧成峰。多和研究员交流，在方法论上能够海纳百川，在数据和消息上能够尽可能地领先一步，这对投资收益率有很大的帮助。

第四点，对研究员和产业从业者的风格要把握到位。不同研究员的风格特点完全不一样，有的只看基本面，有的基本面和量价一起看，有的口风紧一些，有的口风松一些。

第五点，有的产业从业者的观点比较激进，容易以偏概全，要多观察，建议多听，作决策一定要谨慎。

②不理性的场景。期货市场的品种多，杠杆大，波动大，资金容量相对股市而言较小，遇到突发极端事件时，在情绪的带动下，市场容易出现不理性的场景。

常见场景一：最常见的不理性场景就是标的期货价格长期显著低于真实的成本价格。

这里面有两个关键词，其一是"显著"。期货价格，一是"赔本赚吆喝"；二是"淘汰过剩产能"；三是有的商品没法存放。其二是"真实成本"。其实很多商品的真实成本是无法预测的，有些产业从业者比较自信，认为自己可以预测真实成本，但是往往不对。一是很多产业从业者经营的商品，达不到期货交割标准，这些商品价格对期货价格的影响十分有限；二是产业从业者经营的商品成本不是行业的成本。

**常见场景二**：近年来，板块之间容易出现同涨的情况。比如2024年初，铜价大涨带动铝、锌、镍整个大板块大涨，但是值得注意的是，镍是显著供大于求的，如果盲目跟风做多镍，会有很大风险。

图2-4　2024年1月2日至4月30日铜价走势图

图2-5　2024年1月2日至4月30日铝价走势图

图2-6　2024年1月2日至4月30日锌价走势图

图 2-7　2024 年 1 月 2 日至 4 月 30 日镍走势图

③黑天鹅。极端事件会对标的品种的供给产生影响，进而对期货价格产生影响。

当黑天鹅事件彻底打破以往的供需关系时，比如，欧线在胡赛事件后，价格直线上涨。

图 2-8　欧线价格趋势图

但是人本身是一种容易受到外界刺激的生物，人的主观感受一般会放大对供给变化的影响。

投资者如果能利用黑大鹅引发的不理性行为，反向建仓，可以赚取超额收益。

因此，针对黑天鹅，其实不必紧张，做好以下几点可以大幅提升收益。

其一：留有应对资金。很多投资者在投资时，几乎不会把黑天鹅或极端情况考虑进去，仓位上得非常满，这是非常危险的。期货投资的杠杆大，一个波段就会爆仓甚至穿仓。

其二：抓住黑天鹅产生的过度反应。投资者往往会对突发极端事件有过激反应，利用投资者过度反应的情绪，反向建仓，等熬过情绪期，都会反转。

其三：预判黑天鹅。黑天鹅并非完全不可预判。三国里面有句话"天下大势，分久必合，合久必分"。经济不会永恒地平稳运行，平稳运行得太久一定会有黑天鹅事件的发生。

值得注意的是，有的时候黑天鹅事件不一定要真实发生，当矛盾积压得太久，一点小的风波就会拿出来炒作，引发的市场震荡不亚于黑天鹅。

（2）左侧策略如何确定建仓价位

价值策略，本质上是一种左侧策略，就是在价格偏离供需价值时，进行建仓。

价值投资能提高胜率的底层逻辑在于对标的运行规律的深入把握，这是需要很深的研究功底的。

有很多研究员和投资者明明对该品种的研究很深刻，但是一操作起来就赔钱，举3个常见的投资者做错场景。

场景一：上来就建错仓了。尽管研究员和产业投资者对某些品种的研究很深刻，但是有些品种的周期实在太长，有的研究员和产业投资者等不到最优的建仓时点匆忙建仓，结果一入场就被套。

场景二：长期建不了仓。有的投资者心中会设置一个理想的价位，不到那个价位不建仓，但是他的这个价位设置得太严苛了，长期达不到，最终错过了很多机会。

场景三：好不容易扛回来就全跑了。有的投资者是很有信仰的，浮亏后仍继续持有，浮亏半年后终于回本，回本的一瞬间就全撤。如果后期价格再涨上去，后面的收益就没有了。

产生这些问题的主要原因，就在于对左侧价值策略的理解不够深刻。

投资既是一门科学也是一门艺术。

好的研究是一门科学，帮助投资者画好框架，确保整体胜率；好的交易则是一门艺术，帮助投资者选出最好的买点和卖点，实现收益最大化。

下面我先讲一讲科学的部分，左侧投建仓价位分为两种：

①<u>最优建仓价位</u>。最优建仓价位理论上是最舒服的策略价位，一般就是指趋势的反转点。

以2024年初至今纸浆价格走势为例。2024年2月7日5530是最好的买点。

图 2-9　纸浆价格走势图

趋势的反转点理论上是最优的买点，但是执行起来非常难。主要有以下两个原因：

其一：最优建仓价位等待时间非常长。最优建仓价位是需要等待的，有的品种周期很长，等起来动辄3—5年，这个过程是非常熬人和考验人性的。

其二：真到了最优建仓价位，反而不敢建仓。最优建仓价位往往是一段极端行情的尾部，极端行情会酝酿极端情绪，在整个市场都处于极端恐惧的大环境下，建仓是非常需要勇气的。

②<u>试探价位</u>。很多时候，其实是等不到真正的最优建价仓位的，如果每次建仓都要等最优价位，那会错过很多次机会。因此，

可以选一些安全边际高的点位，试探性地逐步建仓。如果做对了，那就浮盈减仓，如果做错了，那也不要着急，再进行2~3次加仓。

值得注意的是，加仓是有技巧的，谨慎在相近的时间，同一价位附近反复加仓。再次加仓最好满足以下两个条件。

其一：要有足够的价差。以镍2024年2月7日至3月27日的波动为例，投资者认为135000以上就可以做空。投资者在135000价格完成一次建仓，二次建仓就不能在135000或者135100、135200附近建仓，可以等价差拉大后，比如135800后加仓。

图 2-10　镍价波动趋势图

其二：要相隔一段时间再建仓。以银2024年3月14—27日的波动为例，投资者认为3月14日6166为低点，当完成一次建仓后，就不宜在3月15日、3月16日建仓，而是要等几天。

图 2-11　银价波动趋势图

### (3) 左侧策略如何确定减仓价位

之所以说左侧策略是一种比较安全的策略，是因为我认为左侧策略是一定要浮盈减仓的，浮盈减仓是确保收益落袋为安的重要手段。那浮盈减仓的价位应该如何确定呢？

①**强制止盈价位**。投资者可以给自己设置几档强制止盈价位，比如30%、50%、100%、200%。当浮盈触达这些点位时，投资者可以进行减仓（但不一定要全减完）。

②**趋势末端价位**。当图形上趋势走到尽头时，需要进行浮盈减仓。

③**支撑价格走向的底层逻辑不在**

### (4) 左侧策略的建仓与止盈

①**前期准备工作**。对尽可能多的标的进行研究，挑选出矛盾突出、逻辑通畅、未来走势明确的一组标的，再从这一组标的中挑出盈亏比合适的品种进行重点跟踪，等待时机。可以按照以下投资决策流程进行建仓。

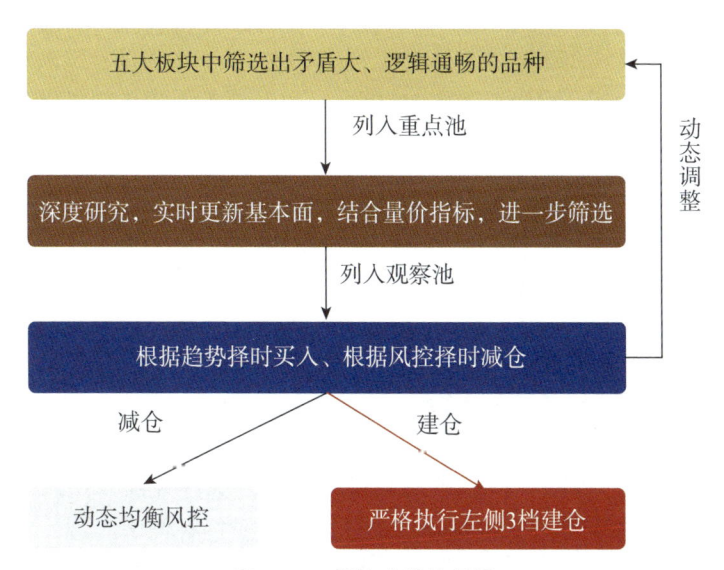

图 2-12 投资决策流程图

②建仓工作。第一笔建仓，千万不要着急，慢慢建。如果发现不是最优建仓位，再缓慢进行加仓。值得注意的是，再次建仓一定要有价差，或者时差，具体操作中有以下2个注意点：

注意点1：左侧建仓要有充分耐心，千万不要着急。

注意点2：低位建议要勇于加仓，低位勇于加仓是期货市场赚大钱的不二法门。

③减仓。当触发止盈门槛，或者基本面发生大的变化，要及时地减仓进行止盈。

在减仓时需要注意的具体细节：

细节1：要及时止盈。要及时止盈，但不一定要全部止盈。及时止盈可以实现落袋为安，起到平滑净值的作用。但值得注意的是，止盈是分阶段的，而且对于在投资时就做好规划的战略性标的，也可以不止盈。

细节2：不要轻易止损。如果建仓是比较谨慎的，分批建仓的，即便点位买得不会特别好，但是也不会特别糟糕，坚持扛一扛往往会有好的结果。

以碳酸锂2023年12月6日至12月11日空头为例，碳酸锂从85650上涨到113800，涨幅32.86%，如果空头立刻止损，损失很大；但如果投资者能扛住，损失能减少很多。

图2-13 碳酸锂价格走势图

细节3：大幅亏损回本后建议要部分减仓。大幅亏损回本后强烈建议进行部分头寸的减仓。很多投资者抱有侥幸心理，觉得我已经扛了这么久了，不能不赚钱或者不赚大钱就走，这种想法是错误的。因为在一个较好的位置建仓，仍然出现了大幅亏损，这一定是投资逻辑或者投资环境出现了极大的变化。既然回本了，那说明"变化"也大幅减少。在市场上，任何大幅变化的出现或者消失都很难得，投资者遇此情况应进行部分减仓。

（5）左侧投资中常见的问题

左侧投资虽然稳，但是在操作中也可能会遇到以下问题，投资者需要提前做好准备。

①*左侧投资需要扛回撤*。左侧投资的底层逻辑是在期货价格大幅偏离投资者心里的"期货价值"时，进行做多或者做空建仓。但是不可能每一次建仓都在最佳建仓点，投资者可能需要扛段时间再回撤。如果是做策略，在判断没有失误的情况下，一遇到回撤就走，遇到大的回撤不敢加仓，这是有问题的。

*应对策略*：轻仓。初始轻仓是应对回撤最好的方法。当仓位不重的时候，有回撤也能扛得住，遇到机会了，也能继续加仓。

②*有较大的"僵尸仓位"*。在左侧投资的策略中，由于需要扛回撤，会有一些浮亏的仓位。但是如果投资者运气不太好，在一个时期内，有很多仓位都被套，处于浮亏的状态，止损离场有点可惜，继续坚持，压力又很大。我们把这些处于浮亏又动不了的大型仓位，称作"僵尸仓位"。

*形成的原因*：在同一价位频繁建仓导致的。举个例子，投资者王先生上午 9：30 认为纯碱此时 2000 点是高位，大概率会下跌，但是他又拿不准是不是最高点，他试探性地建了 4% 的仓位，下午快收盘时，纯碱突然下跌到 1950，他心中暗喜：果然是要下跌。于是匆忙加了 4% 的仓位，夜盘纯碱又回到 2000 点，他心想：上天又赐给我上车的机会。于是继续加仓 4%，累计仓位到 12%。次日中午，受到环保检修的影响，纯碱价格飙升至 2120，王先生被深套。

*应对策略*：不要在同一仓位反复建仓。

#### 2.2.2.4 灵活搭配投资策略——成为期货投资中的英雄

期货市场是风云变幻的，优秀的投资者需要具备什么品质，才能取得成功呢？用《三国演义》中一段关于"英雄"的描述来比拟优秀的投资者特别合适。

操曰："使君知龙之变化否？"玄德曰："未知其详。"操曰："龙能大能小，能升能隐；大则兴云吐雾，小则隐介藏形；升则飞腾于宇宙之间，隐则潜伏于波涛之内。方今春深，龙乘时变化，犹人得志而纵横四海。龙之为物，可比世之英雄。"

当趋势来时，不去做趋势，守着价值策略；当没有趋势时，又强追趋势，最后追涨杀跌，投资收益终不会太好。投资者的择机变化不是盲目的，是要有底层逻辑作依托，有自己的方法论作支撑的。要在期货市场上赚大的投资者，一定是要适应变化的，当天时地利人和优势占尽时，要敢于出击，奋力一搏，当大环境低迷时，就轻仓不动以待天时。依托价值寻找趋势，在趋势中最大化价值，这才是期货投资的大成之路。投资者不能熟练将左侧策略和右侧策略有效融合起来，做不到将底层逻辑隔离开，投资一会儿左侧，一会儿右侧，反而是非常危险的。

### 2.2.3 借助科技的力量

投资者在构建投资策略时，一定要借助科技的力量。无论是程序化下单以节省交易员的体力，还是通过 AI 工具提供辅助决策，都能节省投资者不少的时间和精力，使投资者将精力放在更加重要的事情上。

## 2.3 势——扶摇直上九万里

在期货市场，要想赚大钱，光靠努力远远不够，要对势有把握。正如《上李邕》所述"大鹏一日同风起，扶摇直上九万里"。

### 2.3.1 不是抓住机会，而是等待机会

有底层的投资逻辑以及一个投资体系，通过期货投资实现正收益其实难度并不大，但是要赚大钱，还是要靠势。只有靠大势，靠大的行情，才能赚到大钱。

我刚开始做投资时，也曾反复地问自己，我怎么才能抓住势？结果我一次都没有抓住。我曾经非常懊恼，每一个品种，每年都会有行情，为什么我老是抓不住？

后来我才慢慢明白，势是抓不住的，是等和忍来的。"等"和"忍"看似是非常简单的事情，实际操作上，却是非常难的。在"等"的过程中，需要每天参加晨会，每天和研究员交流，每天看新闻，每天看盘面，但是90%的信息都不是主要矛盾，从结果来看，你90%的努力都是无用功，即便如此，你还是要每天坚持做这些工作。

"忍"则是另外一种修行，难点也主要体现在两个方面。

其一，忍住不操作，这也是非常反人性的，尽管每天都要学习，但是大多数时候都是不能操作的。

其二，忍住不恐惧，对我而言，尽管期货赚起钱来不会特别兴奋，但是跌下来的时候，确实是非常恐怖，虽然有的时候无比确定一定会反弹，但是期货是高杠杆投资，不仅会爆仓，甚至会穿仓。

以中证1000期货（IM）为例，从2023年11月21日6237.0跌到2024年1月22日4716.7，跌幅已经高达24.38%。在如此惨淡环境下，谁也不会想到，中证1000期货（IM）仍会从4716.7下跌到4081.2，跌幅高达13.47%。

图 2-14  中证 1000 期货（IM）

降低"等"和"忍"的难度，有两个简单的方法，其一，尽可能多地覆盖品种，多元化投资。由于多品种的投资终是东方不亮西方亮，总会有品种做对，可以大幅降低忍耐和等待的时间。其二，降低头寸，不要去赌。当头寸降低时，会大幅降低试错成本和心理压力。

### 2.3.2　势的诱因

宋玉的《风赋》中，"夫风生于地，起于青蘋之末，止于草莽之间"。期货市场中的势和风很像，要抓住势，就要抓住青蘋之末，找出那些可能形成大势的品种。

**（1）期货价格失衡（新品种居多）**

近几年，新品种刚上市时是很容易形成大行情的。这主要在于很多品种在上市之前没有统一集中报价，一旦集中报价，市场上就很快出现了供大于求或者供小于求的情况，形成价格的暴跌或者暴涨。比如 2023 年上市后的碳酸锂、工业硅，上市后就一路下跌。

图 2-15　碳酸锂成立后 2023 年 K 线图①

图 2-16　工业硅成立后 2023 年 K 线图②

## （2）供需长期的矛盾的积压

当一个标的长期处于供大于求的情况下，期货价格会大幅下降。在这种情况下，供应商会减产。例如 2024 年春节后的生猪价格。

---

① 图来自 WIND 数据库，LC.GFE 日 K 线图（不复权），仅作示例，最高值与最低值或与当月合约存在差异。
② 图来自 WIND 数据库，SI.CZC 日 K 线图（不复权），仅作示例，最高值与最低值或与当月合约存在差异。

图 2-17　2024 年春节后的生猪价格走势图

（3）突发事件

某些突发事件会对期货供需产生影响，造成价格大涨。比如 2023 年的欧线和 2024 年的锰硅。

图 2-18　2023 年欧线 K 线图

图 2-19　2023 年锰硅 K 线图

### （4）资金面和消息面炒作

在短期，资金面和消息面会对期货价格产生很大影响，比如 2023 年的纯碱。

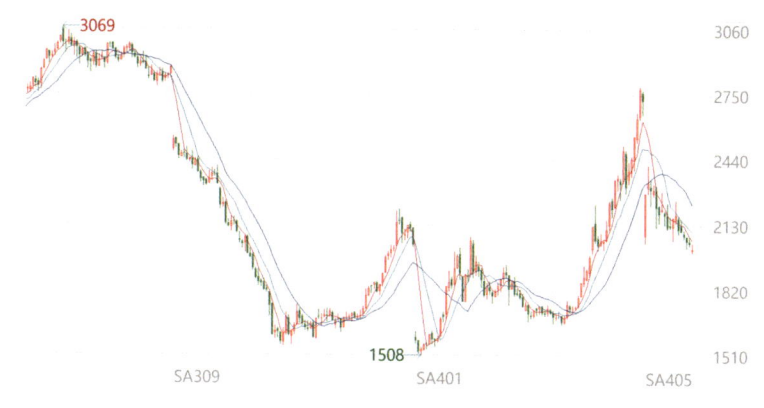

图 2-20　2023 年纯碱 K 线图①

---

①　图来自 WIND 数据库，SA.CZC 日 K 线图（不复权），仅作示例，最高值与最低值或与当月合约存在差异。

## 3　知行合一

"知行合一"是长期正收益的关键。打造一套正确的投资方法论只是投资成功的前提，在执行交易策略中经常马失前蹄，阴沟里翻船。很多投资者经常懊悔，为什么没有坚持初心，为什么改策略了。作者认为做不到知行合一往往是心态失衡所致。

期货投资需要有非常好的心态。期货价格波动非常大，涨的时候一飞冲天，翻个几倍也是常见的情况，跌的时候，不仅会出现本金归零，甚至会出现穿仓的情况。资产量快速变化不断地冲击着投资者的思绪，使投资者变得不理性，逐渐背离自己的初心，无视设定的投资纪律。而投资成功最关键的一点就是保持冷静，控制仓位。投资者应该不断磨炼自己的心智，提醒自己保持冷静，这个世界既不会像有些投资者想象得那么好，也不会像有些投资者想象得那么糟糕，任何极端的事情都不会长久，保持定力，将注意力放回到标的价格运行发展规律的本源上，这才是成功的方法论，不要被"这单要是赌对了会给我带来多少收益"等想法蒙蔽了双眼。

要怀着一种真正喜欢和热爱的态度去做投资，而不是一味索取的心态。要始终把关注点放在寻找规律上，而不是收益和损失上。投资者的快乐应该来自市场检验了自己的方法论后获得的充实感，应该来自对自己投资体系的修正，千万不要放在我今天赚了多少钱上，这是非常可悲的，如果投资者不能从这些情绪中解脱出来，那就注定成为市场的奴隶，等待投资者的结局只有一个，那就是止损离场。

## 3.1 影响交易的七大情绪

### 3.1.1 贪婪

贪婪是导致盈利回吐甚至亏损的重要因素。很多时候，在大幅获利的情况下，仍然选择浮盈加仓，看似资金风险度依然可控，但由于前期的快速上涨和回调已经导致反转的趋势能量很大了，此时资金风险度已经不能反映实际风险了。

应对策略：

（1）强制止盈

贪婪在投资方面会引发的恶果之一就是浮盈不走，投资收益坐电梯。针对这种情况，最好的方法是设置强制止盈的线，比如30%、50%或者100%。但是止盈并不意味着全部平仓，针对未来有盈利空间的品种，也可以分批平仓。

（2）浮盈加仓一定要谨慎

当投资者看到自己投资的标的上涨时，往往会产生出一种后悔的情绪——"早知道涨得这么好，我当时多买点就好了"，甚至也会产生一种恐慌——"这个价格以后会不会再也买不回来了，我要赶紧买"。如果投资者是基于情绪而不是理性判断，抱着赌一把的心态，这是非常危险的，正所谓浮盈加仓，一把亏光。

（3）不要在同一时间同一价位反复建仓

当投资者买入某个标的后，标的价格并没有如期上涨，这个时候不要着急加仓，要不等价格到一个更好的买点再加仓，要不再多等一段时间。

### 3.1.2 恐惧

贪婪带来的只是守不住盈利，而恐惧带来的则是本金大幅亏损。当价格走势和投资的预判出现反差时，投资者会非常恐慌，不计成本地止损或者逃离。其实这个时候一定要冷静下来问一下自己，自己不计成本地逃离，是真的由于自己判断失误，还是由于自己过度恐惧所致。即便是止损和逃离，也可以一部分一部分地撤离。恐惧也不是一蹴而就的。最开始，方向做反了，第一天觉得这也很正常，第二天安慰自己迟早会反转的，第三天看看仓位也能扛得住，第四天发现触及止损线了，第五天就纠结要不要补保证金了。

应对策略：

(1) 谨慎建仓

建仓是非常严肃的事情，一定要谨慎。

(2) 轻仓

轻仓是应对恐惧的最好的策略。

(3) 在做投资时就要把这种极端情况考虑进去，提前做好心理准备

很多投资者抱有侥幸心理，觉得极端事件不会发生在自己身上，这种心态是非常危险的。期货品种多，波动大，形成行情的周期又短，因此每年总有品种会有极端行情的出现。在建仓之初就要把极端行情考虑进去。

(4) 离场时反复确认

在撤离时一定要确认好真的是因为自己的判断错误了吗？因此在减仓离场时一定要回想一下建仓时的理由，当时的观点有没有问题。切忌在短时间内，观点反复变化。

(5) 要乐观，要敢于加仓

浮亏加仓，越加越慌。当出现浮亏时，要乐观，极端的事情终不会长久，再做一次分析，该加仓还一定要加仓。浮亏加仓，等待反转这是期货市场上为数不多的赚大钱法门。

### 3.1.3 喜悦

负面情绪会对投资产生不良影响，正面情绪同样也会产生不

良影响。在期货投资中，不仅要克服负面情绪，也要克服正面情绪，尽量在交易中保持理性。

应对策略：

不要攀比。一个优秀的投资者，他的重点应该在品种价格波动的规律上，把注意力放在规律的研究和投资体系的打磨上，而不是盈利和亏损上。而且山外有山，人外有人，不要和别人比，你永远不会是最好的。

### 3.1.4 沮丧

沮丧是一种常态，特别是当判断失误造成亏损时。

应对策略：

（1）轻仓

轻仓是应对沮丧最好的方式，因为轻仓不会赔太多，也不会产生太多的沮丧。

（2）降低预期

人获得幸福的方式就是降低预期。求而不得是产生沮丧的重要原因，很多时候求而不得是"求"的东西太多了。

### 3.1.5 焦躁

焦躁是投资大忌，很多时候投资者听了研究员或者产业朋友的建议，就会激情下单，很多投资者等了很久发现实在等不及了，匆忙下单。

应对策略：

永远不要激情下单。

激情下单主要包括以下几种情形：

①看到某条新闻后觉得会对某个资产产生重大影响，匆忙下单；

②听到某个研究员推荐的观点后，也没深入分析，匆忙下单；

③产业朋友和你讲了一个你从未听过的故事，你觉得很有

道理，后悔自己为啥没有早点买，为了赶紧追上进度，匆忙下单。

下单是一件神圣而又严肃的事，下单前一定静一静心，千万不要着急。

### 3.1.6 懊悔

在所有的负面情绪中，我觉得懊悔是影响最不好的。

对于投资者而言，最宝贵的是时间和健康。懊悔不仅浪费时间，而且伤身体。

应对策略：

写总结。把所有的懊悔都写到日志里，一方面能平复心情缓解压力；另一方面也能加速自我水平的提升。

### 3.1.7 气馁

在投资过程中，看错方向，浮亏甚至是爆仓都是常有的事情。当遇到这种情况时，进行反思，看看有没有提升的空间。

应对策略：

将注意力放在对规律的探寻上，而不是盈利和亏损上。

## 3.2 放下妄念

作者是唯物主义者，不能以道德的标准来定义妄念，也不以道德的标准来评价妄念的正确性。那什么是妄念，我的理解是由情绪和欲望引导而产生的，完全脱离了事物发展规律的想法，这些想法必然会把投资者带入歧途。很多投资者数次投资滑铁卢，都是由于这些妄念导致的，教训深刻。

### 3.2.1 一夜暴富

人总是喜欢用"天"这个时间维度来期待汇报。但是矛盾的积累不是在一天完成的，事物的发展也不是一蹴而就的。永远不要期待一夜暴富，期货杠杆再高，也不可能实现。因为理智的投资者不可能全仓，即便该标的当天涨停，资产也就上涨一倍。如果翻一倍投资者就暴富了，那投资者在投资前就应该有半个暴富了。既然投资者已经有半个暴富了，那为什么这么着急要一夜暴富呢？如果初始资金很少，离半个暴富还差很远，那就不着急嘛，多攒点钱再说。

杰夫·贝佐斯（Jeff Bezos）曾经给巴菲特打电话，问他为什么别人不像他一样简单地投资。巴菲特回答说，因为没有人愿意慢慢变富。时间本身就是投资最重要的成本，如果不愿意投入时间，怎么可能致富呢？

### 3.2.2 不劳而获

投资是一件非常辛苦的事情。绝对不是什么"睡后收入"。首先，投资者要把主要交易的品种运行规律琢磨明白，研究出一套适合自己的投资方法和体系，这不仅需要投资者勤勉地学习，而且投资者首先得有悟性。其次，投资者也要跟踪数据和舆情，对这些数据和舆情的异动进行分析和反馈，同时，如果投资体系里面哪有问题第一时间改正。但是研究以及修正投资策略体系，并不是最辛苦的地方，作者认为投资最辛苦的地方，就是和自己的人性作斗争，不要贪婪，也不要恐惧，没有把握的事情不要去做。

这是最难的，也是每日要做的，资产的起伏波动冲击着投资者的情绪和感官，让投资者变得既激动又麻木，而投资者要做的是把自己从这些情绪中拎出来，这就好比当自己快要入睡的时候当头泼一盆冷水，让自己保持冷静，保持警觉。

### 3.2.3 把投资当作唯一的救命稻草

我见过一些投资者，在工作、生活或者其他方面遇到了挫折，就把投资当作唯一的救命稻草，开盘就盯盘。这不是投资者在玩期货，而是期货把投资者玩了。要知道，投资者的对手无时无刻不想利用投资者的不理性来收割投资者，投资者看得越多，交易得越多，投资者情绪上受到的冲击就越频繁，越容易犯错。

真正的强大要做到在局中，但不为局所迷。

### 3.2.4　把自己当作期神

几个正确的交易后，觉得自己是期神，我相信这是很多投资者短暂成功后的真实想法。不好意思地说，作者也有过这样的经历。但在数次碰壁后，我也深刻地意识到，大家都是凡人。我们之所以投资成功，有可能是因为自己认识正确，也有可能是蒙的，不能据天功为己有，不能把运气当实力。判断正确总结经验，失败了总结教训，永远放平心态，每天总结，每天进步。

期货是波动率极大，也是趋势性较强的品种。如果投资看错了方向，还头铁，不进行止损或者减仓，很容易本金赔完，甚至穿仓。而且作为单体投资者在整个世界的面前更是渺小且脆弱，投资者的主观判断不会影响任何一种标的的走势。

## 3.3　正确的心态

### 3.3.1　坦然接受一切

唯有被杀的觉悟，才有开枪的资格。

这句话特别适用于期货投资。每一个投资者来到期货时，可能都抱着大赚特赚的心态，投资世界"二八效应"明显，且期货品种波动大，出现亏损，甚至大幅亏损都是常态。因此做期货投资一定做好损失掉一切的心理准备。

好的投资经理一定要尽可能保持平常心，亏钱的时候保持心态平和，总结教训；赚钱的时候保持冷静，提炼经验，无论失败还是成功，都是宝贵的经验。

### 3.3.2　找到投资快乐的源泉

投资应该是一件非常快乐的事情。但是快乐的来源不应该是这笔投资赚了多少钱，因为，投资者不可能每次都成功，当赔钱时，投资者一定也会不开心。这种一时开心一时不开心的情绪波动是投资大忌，会放大投资中不理智的行为。投资真正的快乐应该来自对规律的探寻上。不断试错、不断探寻，越来越接近期货价格运行的真相，最终找到世界运行的规律。

请记住，保持好奇心，不懈地探索，总结经验，找到规律——这才是快乐的源泉。

### 3.3.3　要有正确的信念

期货市场变幻无常，要想赚大钱，不被短期的变盘吓走，投资者必须要有正确的信念。那什么是正确的信念呢？这需要具体情况具体分析，不能一概而论。

作者认为，越底层的逻辑，越坚固。投资者的信念最好不是某种观点（因为观点是会不断变化的），而是支撑观点的底层逻辑。

## 3.4　有助于提升心态的行为

### 3.4.1　充足的现金流

大多数的期货投资是短期行为，从本质上讲零和博弈，资金量其实是决定性因素，假设投资者有无限的资金量，投资者一定是期货市场上最大的赢家。因为不管标的怎么下跌或上涨，你总有资金下注最后一把，只要能下注最后一把，你就能赢回来。因此在做期货投资时，提高绝对资金量有助提高胜率。

### 3.4.2 轻仓

尽管提高绝对资金量对提升投资收益率有益处，但是也会面临一个现实的问题，那就是投资者不可能无限提高绝对资金量，但是可以通过"轻仓"这个模式提高相对资金量。作者把这称为"修正版的马丁格尔策略"。

### 3.4.3 多思考少操作

在期货投资中，频繁操作一定是不对的，特别是在同一个品种上，因为机会不会每天都有。但是每天都要看行情，看新闻，看研报，找研究员交流。

### 3.4.4 强制止盈止损

在期货投资中一定要阶段性止盈，只有止盈，落袋为安，钱才是自己的。当驱动价格的底层逻辑发生变化时，当趋势走向反转时，当市场风格发生剧变时，该止损一定要止损。

### 3.4.5 不要分享投资中的喜悦和悲伤

要减少，甚至可以说千万不要和朋友或者家人分享自己因投资带来的喜悦或者悲伤。

投资成功要保持冷静，向朋友们分享这些情绪，会放大投资者自身情绪的波动，投资者的情绪波动越大，交易就会越糟糕。

### 3.4.6 谋定而动

期货投资是杠杆投资，风险很大。因此，做投资前，一定要三思而后行。

投资者在做每一笔投资时，就要把这一笔投资的止损点、止盈离场点，中间可能遇到的好的坏的各种极端情况考虑清楚。

投资是一场战争，是一件神圣而严肃的事情，做投资要做好充分的计算和模拟，切不可凭感觉裸奔。

### 3.4.7　养成良好的投研和交易习惯

良好的投研习惯和交易习惯是确保投资成功的最重要因素，但是好的习惯具体是哪些，我觉得很难讲，毕竟每个人的习惯完全不一样。

但是据我观察，成功的投资者往往具备以下特点：

**（1）持续+坚持**

投资是一件非常费力、非常乏味、非常反人性的事情。日复一日地观察，日复一日地研究，日复一日地等待，也不一定能等到好的机会。但不管过程多么乏味，仍要坚持求索。希望就隐藏在不断求索之中。

**（2）保持谦逊**

谦逊是成功的基石与保证。《三体》中有这样一句话："弱小和无知不是生存的障碍，傲慢才是。"做期货投资，当顺风顺水时，赚钱是很容易。赚钱太容易，会产生自满的情绪，觉得自己天下第一也是很正常的，然后就不再那么谨慎地控制仓位，不再有耐心等待最佳买点的到来。当不再严格地止盈，不再有耐心，往往是覆灭的开始。

**（3）保持谨慎**

孙子曰：兵者，国之大事，死生之地，存亡之道，不可不察也。商场如战场，期货投资对人性的考验、对人洞察力的考验和打仗没有区别，胜则一飞冲天，败则一败涂地，再无翻身的机会。因此，在期货投资中，无论是建仓还是减仓，都要非常谨慎，不可不察。听到某个消息、某个新闻后，担心自己会错过致富的机会匆忙下单，往往都会赔钱；遇到极端行情，担心自己永远被套牢，爆仓甚至穿仓，着急减仓也往往导致亏损加大。极端的情况永远不会长久，保持轻仓，留有后手，这才是制胜之道。

# 4 把握基础信息

## 4.1 交易所概况

### 4.1.1 中国金融期货交易所

中国金融期货交易所是经国务院同意，中国证监会批准设立的，专门从事金融期货、期权等金融衍生品交易与结算的公司制交易所。中金所由上海期货交易所、郑州商品交易所、大连商品交易所、上海证券交易所和深圳证券交易所共同发起，于2006年9月8日在上海正式挂牌成立。成立中金所，发展金融期货，对于深化金融市场改革，完善金融市场体系，发挥金融市场功能，适应经济新常态，具有重要的战略意义。[①]

中金所主要交易期货品种包括股指类和利率类。

股指类期货包括：沪深300股指期货、中证500股指期货、中证1000股指期货、上证50股指期货。

利率类期货包括：2年期国债期货、5年期国债期货、10年期国债期货、30年期国债期货。

### 4.1.2 上海期货交易所

上海期货交易所（以下简称"上期所"）成立于1999年，是受中国证券监督管理委员会集中统一监管的期货交易所。上期

---

① 来源：中金所官网 http://www.cffex.com.cn/gk/。

所依照《中华人民共和国期货和衍生品法》《期货交易管理条例》及《期货交易所管理办法》等法律法规，为期货交易提供场所和设施，组织和监督期货交易，维护市场公平、有序和透明，实行自律管理。上期所会员大会是上期所的权力机构，由全体会员组成；理事会是会员大会的常设机构，对会员大会负责；监事会是上期所的监督机构。上海国际能源交易中心股份有限公司、上海期货信息技术有限公司、上海期货与衍生品研究院有限责任公司和上海上期商务服务有限公司是上期所的下属子公司。[①]

上期所交易的品种：

金属类期货包括：铜（Cu）、铝、锌、铅、镍、锡、氧化铝、黄金、白银、螺纹钢、线材、热轧卷板、不锈钢。

能源化工类期货包括：燃料油、石油沥青、丁二烯橡胶、天然橡胶、纸浆。

### 4.1.3　上海国际能源交易中心股份有限公司

上海国际能源交易中心股份有限公司是经中国证监会批准，由上海期货交易所发起设立、面向期货市场参与者的国际交易场所，根据《中华人民共和国公司法》《期货交易管理条例》和中国证监会等有关法律法规履行期货市场自律管理职能。

2013年11月6日，上期能源注册于中国（上海）自由贸易试验区，经营范围包括组织安排期货、期权等衍生品上市交易、结算、交割及其相关活动，制定业务管理规则，实施自律管理，发布市场信息，提供技术、场所和设施服务。

上海国际能源交易中心股份有限公司主要交易期货品种包括能源化工类、有色金属类、指数类。

能源化工类期货包括：原油、低硫燃料油、20号胶。

有色金属类期货包括：铜（BC）。

---

① 来源：https://www.shfe.com.cn/about/introduce/simintro/。

指数类期货包括：SCFIS 欧线。

### 4.1.4　大连商品交易所

大连商品交易所（以下简称"大商所"）成立于1993年，是经国务院批准并由中国证监会监督管理的五家期货交易所之一。大商所成立近30年来，始终坚持服务国家战略、服务实体经济，始终坚持规范运营、稳步发展，已上市包括全球首个实物交割的铁矿石期货、国内首个活体交割畜牧品种——生猪期货等在内的21个大宗商品期货和13个期权品种。截至2022年，大商所共有会员单位160家、有效客户207万户、交割库527个、存管银行16家。2022年，大商所实现成交量23亿手（单边，下同）、成交额124万亿元、日均持仓量1217万手，其中：成交量位居全球衍生品交易所第9位，持仓量居国内交易所首位，是全球重要的农产品及塑料、煤炭、铁矿石期货市场，日益充分发挥发现价格、管理风险、配置资源的基础功能，在服务全国统一大市场建设和全球贸易等方面发挥积极作用。

大商所主要交易期货品种包括农业类和工业类。

农业类期货包括：玉米、玉米淀粉、黄大豆1号、黄大豆2号、豆粕、豆油、棕榈油、纤维板、胶合板、鸡蛋、粳米、生猪。

工业类期货包括：聚乙烯、聚氯乙烯、聚丙烯、焦炭、焦煤、铁矿石、乙二醇、苯乙烯、液化石油气。

### 4.1.5　郑州商品交易所

郑州商品交易所（以下简称"郑商所"）成立于1990年10月，是经国务院批准成立的首家期货市场试点单位，由中国证监会管理。

遵循公开、公平、公正和诚实信用的原则，依据《郑州商品交易所章程》《郑州商品交易所交易规则》及其实施细则和办法，郑商所实行自律性管理，为期货合约集中竞价交易提供场所、设施及相关服务，对期货交易进行市场一线监管，防范市场风险，安全组织交易。

郑商所主要交易期货品种包括农产品类和非农产品类。

农产品类期货包括：强麦、普麦、棉花、白糖、菜籽油、早籼稻、油菜籽、菜籽粕、粳稻、晚籼稻、棉纱、苹果、红枣、花生。

非农产品类期货包括：PTA、甲醇、玻璃、动力煤、硅铁、锰硅、尿素、纯碱、短纤、对二甲苯、烧碱。

### 4.1.6　广州期货交易所

广州期货交易所（以下简称"广期所"）于2021年4月19日挂牌成立，是经国务院同意，由中国证监会批准设立的第五家期货交易所。广期所由上海期货交易所、郑州商品交易所、大连商品交易所、中国金融期货交易所股份有限公司、中国平安保险（集团）股份有限公司、广州金融控股集团有限公司、广东珠江投资控股集团有限公司、香港交易及结算所有限公司共同发起设立，是国内首家混合所有制交易所。设立广期所，是健全多层次资本市场体系，服务绿色发展，服务粤港澳大湾区建设，服务"一带一路"倡议的重要举措。

2021年5月，广期所两年期品种计划获中国证监会批准，明确将16个期货品种交由广期所研发上市，包括碳排放权、电力等事关国民经济基础领域和能源价格改革的重大战略品种，中证商品指数、能源化工、饲料养殖、钢厂利润等商品指数类创新型品种，工业硅、多晶硅、锂、稀土、铂、钯等与绿色低碳发展密切相关的产业特色品种，咖啡、高粱、籼米等具有粤港澳大湾区与"一带一路"特点的区域特色品种，以及国际市场产品互挂类品种。

广期所主要交易期货品种包括碳酸锂和工业硅。

## 4.2　各类交易品种详解

由于部分标的（如强麦、普麦、早籼稻、晚籼稻、粳稻、国际铜、黄大豆1号、黄大豆2号、胶合板、油菜籽、短纤等等）的交易量过小，在本书中不再一一列举。

### 4.2.1 铜

#### 4.2.1.1 交割单基本信息

表4-1 铜交割单基本信息

| 交易品种 | 阴极铜 | 最后交易日 | 合约月份的15日（遇国家法定节假日顺延，春节月份等最后交易日交易所可另行调整并通知） |
|---|---|---|---|
| 合约规模 | 5吨/手 | 交割日期 | 最后交易日后连续三个工作日 |
| 报价单位 | 元人民币/吨 | 交割地点 | 交易所指定交割仓库 |
| 最小变动价位 | 10元人民币/吨 | 最初交易保证金 | 最低交易保证金：合约价值的5% |
| 涨跌停板限幅 | 不超过上一交易日结算价±3% | 交割方式 | 实物交割 |
| 合约交割月份 | 1，2，3，4，5，6，7，8，9，10，11，12 | 交易代码 | CU.SHF |
| 交易时间 | 上午9：00—11：30，下午13：30—15：00，下午21：00—次日1：00（夜盘） | 上市交易所 | SHFE |

#### 4.2.1.2 品种概述

（1）铜的自然属性及应用

铜是人类最早发现的古老金属之一，早在3000多年前人类就开始使用铜。

金属铜，元素符号 Cu，原子量 63.54，比重 8.92，熔点 1083℃。纯铜呈浅玫瑰色或淡红色，表面形成氧化铜膜后，外观呈紫铜色。铜具有许多可贵的物理化学特性。热导率和电导率都很高，仅次于银，大大高于其他金属。该特性使铜成为电子电气工业中举足轻重的材料。化学稳定性强，具有耐腐蚀性。可用于制造接触腐蚀性介质的各种容器，因此广泛应用于能源及石化工业、轻工业中。抗张强度大，易熔接，具有良好了的可塑性、延展性。纯铜可拉成很细的铜丝，制成很薄的铜箔，还能与锌、锡、铅、锰、钴、镍、铝、铁等金属形成合金，用于机械冶金工业中的各种传动件和固定件。结构上刚柔并济，且具多彩的外观。用于建筑和装饰。

（2）铜的生产工艺及流程

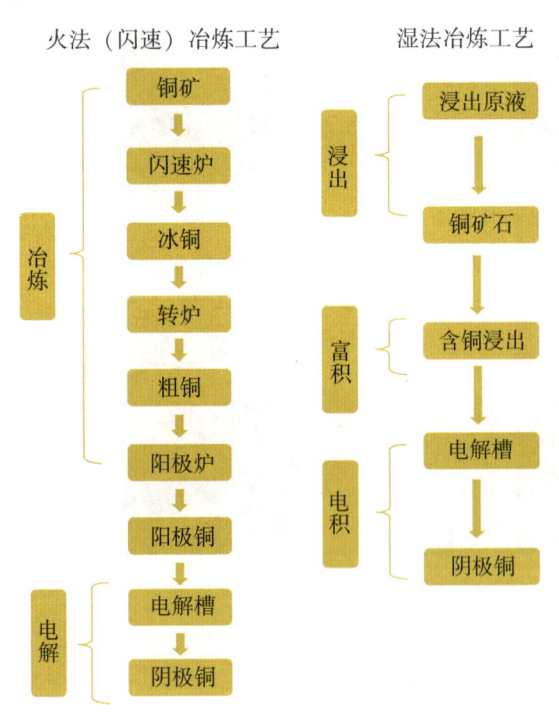

火法（闪速）冶炼工艺：冶炼（铜矿→闪速炉→冰铜→转炉→粗铜→阳极炉→阳极铜）电解（电解槽→阴极铜）

湿法冶炼工艺：浸出（浸出原液→铜矿石）富积（含铜浸出）电积（电解槽→阴极铜）

图 4-1 铜的生产工艺及流程

### 4.2.1.3 价格影响因素

**（1）供需关系**

根据微观经济学原理，当某一商品供大于求时，其价格下跌，反之则上扬。同时价格反过来又会影响供求，即当价格上涨时，供应会增加而需求减少，反之，就会出现需求上升而供给减少。这一基本原理充分反映了价格和供需之间的内在关系。

通常情况下，开展铜期货交易的期货交易所的库存变化是观察铜供需关系变化的重要参考指标。目前，其库存变化对市场较有影响力的期货交易所主要有上海期货交易所（SHFE）、伦敦金属交易所（LME）和纽约商品交易所（COMEX）。

**（2）宏观经济**

铜是重要的工业基础原材料，其需求变化与经济增长密切相关。经济增长时，铜需求增加，从而带动铜价上升，经济萧条时，铜需求萎缩，从而促使铜价下跌。

通常情况下，市场会将经济增长率和工业生产增长率（增加值）及相关货币和产业政策作为宏观经济形势变化的重要分析依据。

**（3）汇率波动**

铜是一种流动性极强的商品，在国际贸易中，通常情况下以美元计价，非美元国家的本币对美元汇率的变化将直接影响铜贸易的成本与利润，并进而因贸易活动的变化而导致供需关系的改变，致使铜价出现波动。

**（4）进、出口关税**

进出口政策，尤其是关税政策是通过调整商品的进出口成本从而控制商品的进出口量来平衡国内供求状况的重要手段。

根据海关总署《2012年关税实施方案》，高纯阴极铜进口执行零关税优惠税率，高纯阴极铜出口名义税率为10%。《2013年关税实施方案》中自2013年1月1日起，增列99.9999%高纯铜税目，取消原定5%的出口暂定税率。

### （5）铜的生产成本

生产成本是衡量商品价格水平的基础，当铜价长期低于铜的生产成本时，会导致铜、矿山、冶炼企业大幅减产，从而改变市场的供需关系，致使铜价出现较大波动。

目前西方国家火法炼铜平均综合现金成本为 70~75 美分/磅，湿法炼铜平均成本约 45 美分/磅。湿法炼铜的产量目前约占总产量的 20%。国内生产成本计算与国际上有所不同。

#### 4.2.1.4 历史价格回顾

### （1）成立以来至 2023 年底 K 线图

沪铜于 1995 年 7 月上市，历史最高价 85500 元（2006 年 5 月 15 日），历史最低价 13670 元（2001 年 11 月 8 日）。

图 4-2　1995—2023 年沪铜 K 线图[①]

### （2）2023 年沪铜 K 线图

2023 年最高价 71500 元（2023 年 1 月 19 日），2023 年最低价 62690 元（2023 年 5 月 25 日）。

---

① 图来自 WIND 数据库，CU.SHF 日 K 线图，仅作示例，最高值与最低值或与当月合约存在差异。

图 4-3　2023 年沪铜 K 线图①

## 4.2.2　锌

### 4.2.2.1　交割单基本信息

表 4-2　锌交割单基本信息

| 交易品种 | 锌 | 最后交易日 | 合约月份的 15 日（遇国家法定节假日顺延，春节月份等最后交易日交易所可另行调整并通知） |
|---|---|---|---|
| 合约规模 | 5 吨/手 | 交割日期 | 最后交易日后连续三个工作日 |
| 报价单位 | 元人民币/吨 | 交割地点 | 交易所指定交割仓库 |
| 最小变动价位 | 5 元人民币/吨 | 最初交易保证金 | 最低交易保证金：合约价值的 5% |
| 涨跌停板限幅 | 不超过上一交易日结算价±4% | 交割方式 | 实物交割 |

---

①　图来自 WIND 数据库，CU.SHF 日 K 线图，仅作示例，最高值与最低值或与当月合约存在差异。

续表

| 合约交割月份 | 1, 2, 3, 4, 5, 6, 7, 8, 9, 10, 11, 12 | 交易代码 | ZN.SHF |
|---|---|---|---|
| 交易时间 | 上午9：00—11：30，下午13：30—15：00，下午21：00—次日1：00（夜盘） | 上市交易所 | SHFE |

4.2.2.2 **品种概述**

（1）锌的自然属性及应用

金属锌，化学符号Zn，原子量为65.4，熔点为419.7℃，沸点907℃。锌是一种银白略带蓝灰色的金属，其新鲜断面呈现出有金属光泽的结晶形状。锌是常用的有色金属之一，其产量与消费量仅次于铜和铝。根据安泰科《有色金属统计》的数据，2018年世界锌产量为1340万吨，消费量为1394万吨。

在自然条件下，并不存在单一的锌金属矿床，通常情况下，锌与铅、银、金等金属以共生矿的形式存在。根据美国地质调查局公布的统计数据，2018年世界锌储量为2.3亿吨，资源量为19亿吨。世界锌储量较多的国家有澳大利亚、中国、秘鲁、墨西哥、印度、美国、哈萨克斯坦等，上述国家合计占世界锌储量的80%。

锌金属具有良好的抗腐蚀性能、延展性和流动性，常被用作钢铁的保护层，能与多种金属制成物理与化学性能更加优良的合金，广泛应用于建筑、汽车、机电、化工等领域。

第一，锌具有优良的抗大气腐蚀性能，所以锌被主要用于钢材和钢结构件的表面镀层，镀锌管、镀锌板及镀锌结构件的用锌量占锌总消费量的70%左右。

第二，锌具有适宜的化学性能。锌可与$NH_4CL$发生作用，放出H+正离子。锌-二氧化锰电池正是利用锌的这个特点，用锌合金做电池的外壳，既是电池电解质的容器，又参加电池反应构成电池的阳极。它的这一性能也被广泛应用于医药行业。

第三，锌具有良好的抗电磁场性能。锌的导电率是标准电工铜的29%，在射频干扰的场合，锌板是一种非常有效的屏蔽材料，同时由于锌是非磁性的，适合做仪器仪表零件的材料及仪表壳体及钱币，同时，锌自身及与其他金属碰撞不会发生火花，适合作井下防爆器材。

第四，锌具有适用的机械性能。锌本身的强度和硬度不高，加入铝、铜等合金元素后，其强度和硬度均大为提高，尤其是锌铜钛合金的出现，其综合机械性能已接近或达到铝合金、黄铜、灰铸铁的水平，其抗蠕变性能也大幅度提高。因此，锌铜钛合金目前已经被广泛应用于小五金生产中。

(2) 锌的生产工艺及流程

目前，锌的生产方式有两种——火法冶炼和湿法冶炼。世界上近80%的锌均产自湿法冶炼，大多数采用酸浸出液电解，在常规流程中，由于对其中浸渣的处理方法不同而派生出不同的湿法冶炼工艺。在中国，许多大型锌冶炼企业，例如，株冶集团、豫光金铅和驰宏锌锗均采用湿法冶炼流程，中金岭南韶关冶炼厂采用火法冶炼流程。

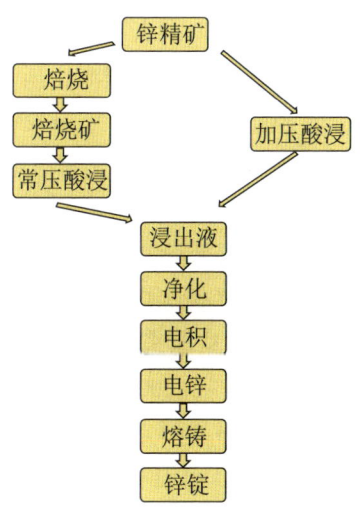

**图4-4　湿法冶炼工艺图**

#### 4.2.2.3 价格影响因素

（1）供需关系

供应增加其价格下跌，反之则上扬。同时价格反过来又会影响供求，即当价格上涨时，供应会增加而需求减少，反之，就会出现需求上升而供给减少。这一基本原理充分反映了价格和供需之间的内在关系。

（2）宏观经济

锌是重要的工业基础原材料，其需求变化与经济增长密切相关。经济增长时，锌需求增加，从而带动价格上升，经济萧条时，锌需求萎缩，从而促使价格下跌。

通常情况下，市场会将经济增长率和工业生产增长率、货币政策、财政政策和产业政策作为宏观经济形势变化的重要分析依据。

（3）库存

库存指标是反映锌供求关系的重要指标之一。库存分为报告库存和非报告库存，报告库存又称"显性库存"，是期货交易所定期公布的指定交割仓库锌的库存数量。非报告库存主要是指全球范围内的生产商、贸易商和消费者手中持有的锌的数量，由于这些库存无专门机构进行统计和对外发布，所以非报告库存又称为"隐性库存"。目前，锌库存变化对市场较有影响力的期货交易所主要有上海期货交易所、伦敦金属交易所。

（4）进、出口关税

进出口政策，尤其是关税政策是通过调整商品的进出口成本从而控制商品的进出口量来平衡国内供求状况的重要手段。2003年10月锌及锌合金出口退税从原来的15%下降到11%，从2005年5月1日起进一步下降到8%，2006年1月1日所有精锌出口退税下降到5%，从2006年5月1日起，≥99.99%的精锌保持5%的出口退税，其他精锌和锌合金退税取消，并加收5%的出口关税，2011年7月1日中国锌锭进口关税由3%下降至1%。

### (5) 精炼锌用途的变化

目前中国钢材的镀锌率只有 20% 左右，与日本、美国等发达国家 55%~60% 的比例相比还有很大差距。近年来汽车、家电、高速公路等行业对镀锌板需求上升，使得国内镀锌行业的投资建设迅猛发展。未来随着铝加工技术的进一步升级，铝对锌也具有一定的替代性。

### (6) 锌冶炼成本

目前锌的冶炼成本主要由锌原辅材料费、燃料和动力费、人工成本、制造成本和其他费用组成。锌精矿价格、燃料及电价的变化都会对锌的冶炼成本产生较为明显的影响。

#### 4.2.2.4 历史价格回顾

### (1) 成立以来至 2023 年底 K 线图

沪锌于 2007 年 3 月上市，历史最高价 35590 元（2007 年 5 月 9 日），历史最低价 8380 元（2008 年 12 月 8 日）。

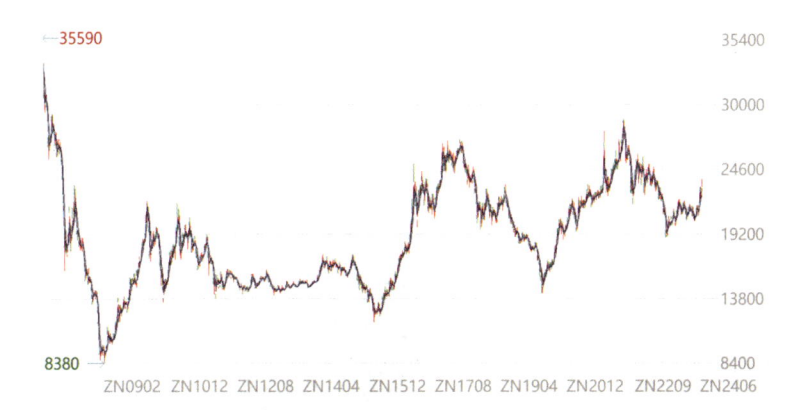

图 4-5　2007—2023 年沪锌 K 线图[①]

---

① 图来自 WIND 数据库，ZN.SHF 日 K 线图，仅作示例，最高值与最低值或与当月合约存在差异。

## （2）2023年沪锌K线图

2023年最高价24800元（2023年1月30日），最低价18600元（2023年5月26日）。

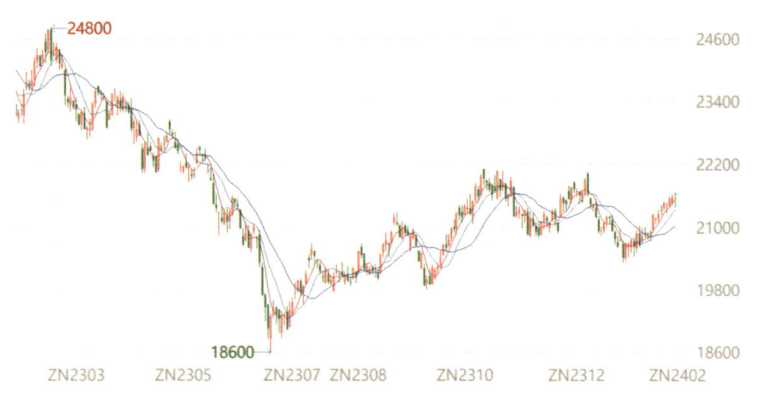

图4-6　2023年沪锌K线图[①]

## 4.2.3　铅

### 4.2.3.1　交割单基本信息

表4-3　铅交割单基本信息

| 交易品种 | 铅 | 最后交易日 | 合约月份的15日（遇国家法定节假日顺延，春节月份等最后交易日交易所可另行调整并通知） |
|---|---|---|---|
| 合约规模 | 5吨/手 | 交割日期 | 最后交易日后连续三个工作日 |

---

① 图来自WIND数据库，ZN.SHF日K线图，仅作示例，最高值与最低值或与当月合约存在差异。

续表

| 报价单位 | 元人民币/吨 | 交割地点 | 交易所指定交割仓库 |
|---|---|---|---|
| 最小变动价位 | 5元人民币/吨 | 最初交易保证金 | 最低交易保证金：合约价值的5% |
| 涨跌停板限幅 | 不超过上一交易日结算价±4% | 交割方式 | 实物交割 |
| 合约交割月份 | 1，2，3，4，5，6，7，8，9，10，11，12 | 交易代码 | PB.SHF |
| 交易时间 | 上午9：00—11：30，下午13：30—15：00，下午21：00—次日1：00（夜盘） | 上市交易所 | SHFE |

#### 4.2.3.2 品种概述

(1) 铅的自然属性及应用

铅是常用的有色金属，其年产销量在有色金属中排在铝、铜和铅之后的第四位。铅的化学符号是Pb（拉丁语Plum bum），原子序数为82，在所有稳定的化学元素中原子序数最高，密度11.34g/cm$^3$，熔点327.5℃，沸点1740℃，有较强的抗放射性穿透的性能。铅是一种银灰色有光泽的重金属，在空气中易氧化生成一层氧化铅或碱式碳酸铅，使铅表面失去光泽并防止进一步氧化。铅的导电性能相当低，抗腐蚀性能很高，质柔软，延性弱，展性强。

铅的消费领域集中在铅酸蓄电池、电缆护套、铅箔及挤压产品、铅合金、颜料及其他化合物、弹药和其他方面，其中铅酸蓄电池是铅消费最主要的领域，2009年美国、日本和中国铅酸蓄电池耗铅量所占比例分别达到了86%、86%和81.4%。基于环保的要求，其他领域中铅的消费都比较低。

铅在没有任何物理和化学性能损失的情况下，可以完全回收，目前可进入循环链的铅有90%得到回收。

### （2）铅的生产工艺及流程

铅精矿 → 干燥 → 烧结锅 → 烧结块 → 鼓风炉 → 粗铅 → 阳极锅 → 铸锭 → 电解铅

**图 4-7　铅的生产工艺及流程**

### 4.2.3.3　价格影响因素

#### （1）供需关系

根据微观经济学原理，当某一商品出现供大于求时，其价格下跌，反之则上扬。同时价格反过来又会影响供求，即当价格上涨时，供应会增加而需求减少，反之就会出现需求上升而供给减少，因此价格和供求互为影响。

体现供求关系的一个重要指标是库存。铅的库存分报告库存和非报告库存。报告库存又称"显性库存"，是指交易所库存。非报告库存又称"隐性库存"，指全球范围内的生产商、贸易商和消费商手中持有的库存。由于这些库存不会定期对外公布，因此难以统计，故一般都以交易所库存来衡量库存变化。

#### （2）国际国内经济发展状况

铅是重要的有色金属品种，铅的消费与经济的发展高度相关，当一个国家或地区经济快速发展时，铅消费亦会出现同步增长。同样，经济的衰退会导致铅在一些行业中消费的下降，进而导致铅价的波动。在分析宏观经济时，有两个指标是很重要的，一个是经济增长率，或者说是 GDP 增长率，另一个是工业生产增长率。

（3）下游行业的景气程度

铅的主要用途是铅酸蓄电池，而铅酸蓄电池主要用在汽车、通信电源、电动自行车等上，因而铅的下游需求行业相对集中，这些行业的景气程度直接影响铅的消费。分析这些下游行业的变化可以对铅的消费有比较全面的把握。

（4）进、出口政策

进出口政策，尤其是关税政策是通过调整商品的进出口成本从而控制某一商品的进出口量来平衡国内供求状况的重要手段。由于国内需求快速增长，资源瓶颈日益突出，国家不鼓励出口耗能多的冶炼产品。

中国贸易政策的变化在精铅的出口上有显著体现。2006 年的贸易政策规定，取消精铅的出口退税，实施前"抢出口"集中出口了大量精铅，使得当年的出口量创下历史最高。2007 年的出口量锐减。2009 年，在国内外比价的支持下，精铅进口量大幅增长，超过出口量，中国首次成为精铅的净进口国。

（5）铅的生产成本

生产成本是衡量商品价格水平的基础。不同矿山和冶炼企业测算铅生产成本有所不同，最普遍的经济学分析是采用"现金流量保本成本"，该成本随副产品价值的提高而降低，在铅冶炼过程中，副产品白银的产量较大，因而白银的价格变化对铅的生产成本也有影响。

4.2.3.4 历史价格回顾

（1）成立以来至 2023 年底 K 线图

沪铅于 2011 年 3 月上市，历史最高价 22,940 元（2016 年

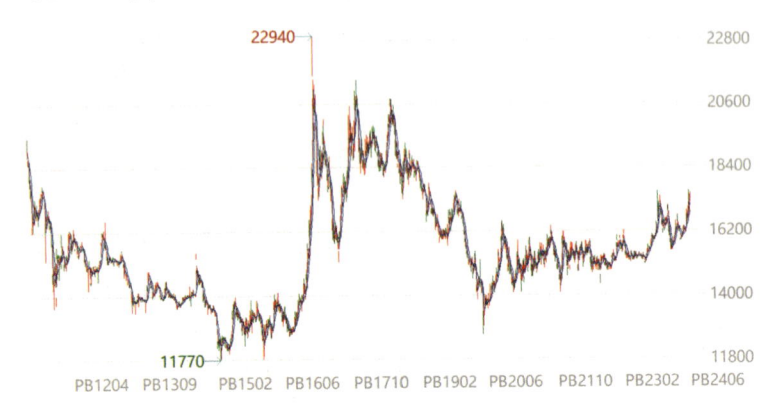

11月29日），历史最低价11,770元（2015年1月14日）。

图4-8  2011—2023年沪铅K线图[1]

（2）2023年沪铅K线图

2023年最高价17,540元（2023年9月4日），最低价15,015元（2023年6月5日）。

图4-9  2023年沪铅K线图[2]

---

[1] 图来自WIND数据库，PB.SHF日K线图，仅作示例，最高值与最低值或与当月合约存在差异。

[2] 图来自WIND数据库，PB.SHF日K线图，仅作示例，最高值与最低值或与当月合约存在差异。

### 4.2.4 镍

#### 4.2.4.1 交割单基本信息

表 4-4 镍交割单基本信息

| 交易品种 | 镍 | 最后交易日 | 合约月份的 15 日（遇国家法定节假日顺延，春节月份等最后交易日交易所可另行调整并通知） |
|---|---|---|---|
| 合约规模 | 1 吨/手 | 交割日期 | 最后交易日后连续三个工作日 |
| 报价单位 | 元人民币/吨 | 交割地点 | 交易所指定交割仓库 |
| 最小变动价位 | 10 元人民币/吨 | 最初交易保证金 | 最低交易保证金：合约价值的 5% |
| 涨跌停板限幅 | 不超过上一交易日结算价±4% | 交割方式 | 实物交割 |
| 合约交割月份 | 1，2，3，4，5，6，7，8，9，10，11，12 | 交易代码 | NI. SHF |
| 交易时间 | 上午 9：00—11：30，下午 13：30—15：00，下午 21：00—次日 1：00（夜盘） | 上市交易所 | SHFE |

#### 4.2.4.2 品种概述

（1）镍的自然属性

金属镍，化学符号 Ni，原子序数 28，密度 $8.902g/cm^3$，熔点 1453℃，沸点 2732℃。镍是一种近似银白色的金属，低温时具有良好的强度和延展性，常温时在潮湿空气中表面会形成致密的氧化膜，能阻止继续氧化，易于与其他金属组成合金。

（2）镍的用途

镍是重要的工业金属，广泛运用于钢铁工业、机械工业、建筑业和化学工业。具体的用途包括：第一，用作金属材料，包括制作不锈钢、耐热合金钢和各种合金；第二，用于电镀，在钢材及其他金属材料的基体上覆盖一层耐用、耐腐蚀的表面层；第三，在石油化工的氢化过程中用作催化剂；第四，用作化学电源，制作镍氢电池、镍镉电池的原料；第五，制作颜料和染料，制作陶瓷和铁素体等新型材料。

（3）镍的分类

镍按照生产原料的不同可分为原生镍和再生镍，原生镍的生产原料来自镍矿，再生镍的生产原料来自含镍废料。按照镍金属的含量，原生镍可以分为四大产品系列，分别是电解镍（镍含量不低于99.8%）、镍铁（镍含量15%~40%）、含镍生铁（镍含量1.5%~15%）、其他（镍盐、通用镍等）。

（4）镍的供需

*国际镍市场：*

2018年，全球原生镍产量214.70万吨，同比增加5.34%。从主要的生产国家来看，中国是全球最大的原生镍供应国，2018年产量达到66.19万吨，约占全球总产量的30.83%。其他国家中，得益于青山集团、江苏德龙镍业等中国企业投资的镍生铁项目的陆续投产，2018年印尼原生镍产量连续三年快速增加，稳居全球第二大原生镍生产国的地位。

*国内镍市场：*

中国的原生镍产品以镍生铁和电解镍为主，通用镍和镍盐的产量较低。2018年，中国原生镍产量66.19万吨，其中镍生铁产量47.57万吨（镍金属量），占比71.87%，电解镍产量15.20万吨，占比22.96%。中国镍资源相对贫乏，原料的对外依存度很高。虽然国内冶炼产能的规模较大，但是仍然无法满足不锈钢等下游行业的巨大需求。因此，中国不仅大量进口镍矿，而且需要进口镍铁、镍生铁、电解镍等冶炼产品。

### 4.2.4.3 价格影响因素

**（1）供求关系**

供求关系是决定长期价格趋势的最主要因素。2011—2013年，由于中国镍铁产能快速扩张，全球镍市场呈现出严重过剩的局面，导致国际镍价持续大幅下跌。然而，2014年1月，随着全球最大的镍矿出口国印尼宣布执行原矿出口禁令政策，引发了市场对于镍将出现供应缺口的广泛担忧。国际镍价一举逆转了此前的疲软态势。

**（2）上下游成本**

供求关系决定价格趋势，成本决定价格上下限。下游行业的成本决定了镍价格的上限，当下游行业成本已经不能承受镍价格的上涨而出现亏损时，市场价格往往由上涨转为下跌；镍冶炼行业的平均生产成本决定了镍价格的下限，当冶炼企业普遍出现亏损时，镍价格继续下跌的空间可能就不大了。

**（3）进出口政策**

印尼和菲律宾是全球最大的两个镍矿生产国和出口国，2013年产量约占全球镍矿产量的40%。因此，这两个国家关于镍矿的进出口政策对镍价的走势有着至关重要的影响。早在2009年，印尼政府就曾表示计划从2014年开始执行镍矿出口禁令。但是出于对印尼政府执行效率等问题的质疑，市场普遍低估了该政策的影响力。当印尼在2014年1月如期实行出口禁令之后，引发了镍价疯狂的上涨。2014年9月，菲律宾可能效仿印尼实行原矿出口禁令的传闻再度刺激镍价大幅上涨。

**（4）市场预期的变化**

市场预期的变化通过改变供求及市场资金，助推价格涨跌。如果市场对未来价格走势预期上涨，贸易商和下游企业往往会比较积极地订货和增加库存，刺激市场价格的进一步上涨；反之亦然。

#### 4.2.4.4 历史价格回顾

**(1) 成立以来至2023年底K线图**

沪镍于2015年3月上市，历史最高价281,250元（2022年3月25日），历史最低价63,310元（2016年2月15日）。

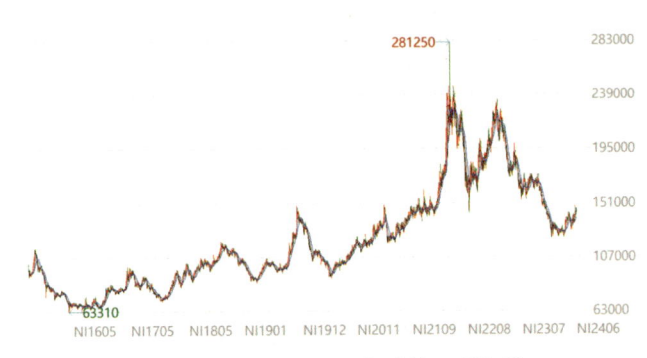

图4-10　2015—2023年沪镍K线图①

**(2) 2023年沪镍K线图**

2023年最高价234,870元（2023年1月4日），最低价121,880元（2023年11月27日）。

图4-11　2023年沪镍K线图②

---

① 图来自WIND数据库，NI.SHF日K线图（不复权），仅作示例，最高值与最低值或与当月合约存在差异。
② 图来自WIND数据库，NI.SHF日K线图（不复权），仅作示例，最高值与最低值或与当月合约存在差异。

### 4.2.5 锡

#### 4.2.5.1 交割单基本信息

表 4-5 锡交割单基本信息

| 交易品种 | 锡 | 最后交易日 | 合约月份的 15 日（遇国家法定节假日顺延，春节月份等最后交易日交易所可另行调整并通知） |
|---|---|---|---|
| 合约规模 | 1 吨/手 | 交割日期 | 最后交易日后连续三个工作日 |
| 报价单位 | 元人民币/吨 | 交割地点 | 交易所指定交割仓库 |
| 最小变动价位 | 10 元人民币/吨 | 最初交易保证金 | 最低交易保证金：合约价值的 5% |
| 涨跌停板限幅 | 不超过上一交易日结算价±4% | 交割方式 | 实物交割 |
| 合约交割月份 | 1, 2, 3, 4, 5, 6, 7, 8, 9, 10, 11, 12 | 交易代码 | SN.SHF |
| 交易时间 | 上午 9：00—11：30，下午 13：30—15：00，下午 21：00—次日 1：00（夜盘） | 上市交易所 | SHFE |

#### 4.2.5.2 品种概述

（1）锡的自然属性

锡的化学符号是 Sn，密度 7.365g/cm$^3$（20℃），熔点 231.9℃，沸点 2270℃。锡是一种柔软的、可延展的、银白色微带淡蓝的金属，化学性质稳定，很容易进行挤压、拉伸、锻造和切割，抗腐蚀、易熔，摩擦系数小。由于锡具有熔点低、展性好、易与许多金属形成合金、无毒、耐腐蚀以及美观等特性，广泛应用于电子、食品、汽车、医药、纺织、建筑、工艺品制造等行业。

(2) 锡的用途

锡的用途主要集中在锡焊料、马口铁、锡化工等领域：一是在电子工业中用作锡焊料，起着机械连接、电连接和热交换等作用；二是用于制造镀锡薄板，如作为食品和饮料包装材料的马口铁；三是锡化合物可用于陶瓷的瓷釉原料、印染丝织品的媒染剂、塑料的热稳定剂以及杀菌剂和杀虫剂。

(3) 锡的生产工艺及分类

现代锡冶炼包括四个主要生产工序：锡精矿预处理、还原熔炼、精炼和烟尘与炉渣的处理。其中，锡精矿的还原熔炼主要有电炉熔炼和澳斯麦特炉熔炼两种生产工艺。锡精矿经过还原熔炼处理后，形成含锡量80%左右的粗锡用于精炼。精炼通常采用火法冶金和电解法冶金两种方法，形成含锡量99.0%以上的精炼锡。锡加工中间产品主要有精锡产品、锡铅焊料锭、锡基铸造合金锭以及锡基轴承合金锭等。

(4) 锡的供需

国际锡市场：

根据国际锡业协会（ITRI）的统计，2018年全球锡精矿产量为28.10万吨，同比减少1.1%。在中国、印度尼西亚、缅甸、玻利维亚和秘鲁等世界主要锡精矿生产国中，除了缅甸产量减少，其他四国都有所增加。2018年，全球精锡消费保持增长。目前，全球精锡消费主要以锡焊料、镀锡板、化工制品为主，其消费量占总量近80%，其中，锡焊料占比最大，为50%左右，主要应用于电子产品。全球精锡消费主要集中在中国、美国和日本等国家。

国内锡市场：

2018年，中国锡精矿产量、精锡产量同比均有不同程度增加。中国锡矿山主要分布在广西、云南、湖南、江西等省区，2018年中国锡精矿产量为8.50万吨，同比增长6.30%，占全球总产量30.25%；中国锡冶炼产能主要集中在矿石资源丰富的云南、广西、湖南和江西四省。2018 年，中国精锡产量 17.77 万吨，同比增长 1.54%，占全球总产量 48.29%。2018 年，中国精锡消费量为 16 万吨，同比减少 0.6%。

#### 4.2.5.3 价格影响因素

(1) 供求关系

锡的库存分报告库存和非报告库存。报告库存又称"显性库存"，指交易所库存。非报告库存又称"隐性库存"，指全球范围内的生产商、贸易商和终端用户持有的库存。由于非报告库存不会定期对外公布，难以统计，因此一般都以报告库存来衡量库存变化。

(2) 国内外经济发展状况

锡是重要的有色金属品种，锡的消费与经济的发展高度相关。当一个国家或地区经济快速发展时，锡消费亦会出现同步增长。同样，经济的衰退会导致锡在一些行业中消费的下降，进而引起锡价的波动。在分析宏观经济形势时，有两个指标很重要，一个是经济增长率，或者说是 GDP 增长率；另一个是工业生产增长率。

(3) 进出口政策

进出口政策是影响供求关系的重要因素。锡是中国重要的战略资源，国家对锡的进出口政策是鼓励进口，限制出口。

(4) 市场预期的变化

市场预期的变化通过改变供求及市场资金，助推价格涨跌。如果市场对未来价格走势预期上涨，贸易商和下游企业往往会比较积极地订货和增加库存，刺激市场价格的进一步上涨；反之亦然。

#### 4.2.5.4 历史价格回顾

(1) 成立以来至 2023 年底 K 线图

沪锡于 2015 年 3 月上市，历史最高价 395,000 元（2022 年 3 月 8 日），历史最低价 80,000 元（2015 年 11 月 24 日）。

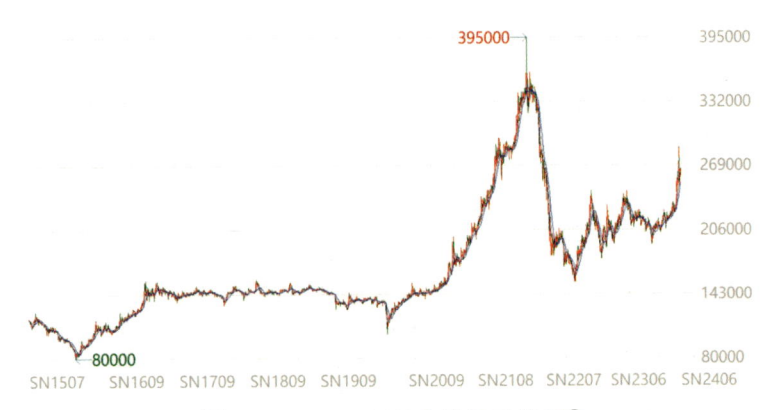

图 4-12　2015—2023 年沪锡 K 线图[①]

**(2) 2023 年沪锡 K 线图**

2023 年最高价 244,650 元（2023 年 1 月 30 日），最低价 177,500 元（2023 年 3 月 16 日）。

图 4-13　2023 年沪锡 K 线图[②]

---

① 图来自 WIND 数据库，SN.SHF 日 K 线图（不复权），仅作示例，最高值与最低值或与当月合约存在差异。

② 图来自 WIND 数据库，SN.SHF 日 K 线图（不复权），仅作示例，最高值与最低值或与当月合约存在差异。

### 4.2.6 氧化铝

#### 4.2.6.1 交割单基本信息

表 4-6 氧化铝交割单基本信息

| 交易品种 | 氧化铝 | 最后交易日 | 合约月份的 15 日（遇国家法定节假日顺延，春节月份等最后交易日交易所可另行调整并通知） |
|---|---|---|---|
| 合约规模 | 20 吨/手 | 交割日期 | 最后交易日后连续二个工作日 |
| 报价单位 | 元人民币/吨 | 交割地点 | 交易所指定交割仓库 |
| 最小变动价位 | 1 元人民币/吨 | 最初交易保证金 | 最低交易保证金：合约价值的 5% |
| 涨跌停板限幅 | 不超过上一交易日结算价±4% | 交割方式 | 实物交割 |
| 合约交割月份 | 1，2，3，4，5，6，7，8，9，10，11，12 | 交易代码 | AO.SHF |
| 交易时间 | 上午 9：00—11：30，下午 13：30—15：00，下午 21：00—次日 1：00（夜盘） | 上市交易所 | SHFE |

#### 4.2.6.2 品种概述

（1）氧化铝的自然属性及应用

氧化铝，又称三氧化二铝，化学式 $Al_2O_3$，分子量 101.96。无毒，无臭，无味，密度 3.9~4.0g/cm³，熔点 2054℃，沸点 2980℃，不溶于水，能溶于无机酸和碱性溶液中。氧化铝是由铝土矿经拜耳法、烧结法等工艺生产的高硬度化合物，是一种白色粉末状或砂状物。根据用途不同,氧化铝分为两大类:一类用作电解铝原料,称为"冶金级氧化铝";另一类是用于陶瓷、化工、制药等领域的非冶金用氧化铝,称为"特种氧化铝",也叫"化学品氧化铝"。目前全球氧化铝约95%的产量用于电解铝冶炼和生产,其他用途用量较低。

(2) **氧化铝的生产工艺流程**

氧化铝生产工艺主要包括拜耳法和烧结法。拜耳法工艺简单,能耗低,流程短,产品质量高,被全球多数氧化铝企业采用。我国氧化铝产业从烧结法生产起步,历经50多年的发展,已经形成技术水平世界领先、工艺技术及装备体系完整,以一水硬铝石型铝土矿为原料的工业体系。

拜耳法工艺流程有以下几个主要工序:铝土矿破碎后和烧碱混合制成合格原矿浆;进行原矿浆的预脱硅、稀释及赤泥的沉降分离;沉降分离物经过晶种分解得到氢氧化铝;氢氧化铝经分离洗涤、焙烧得到氧化铝产品。

烧结法工艺流程有以下几个主要工序:将铝土矿、石灰石和纯碱等按配比制成细磨料浆;进行烧结、溶出和脱硅程序后,制取铝酸钠溶液;铝酸钠溶液经过碳酸化分解后,析出的氢氧化铝和碳酸钠母液分离;将氢氧化铝焙烧最终形成氧化铝。

### 4.2.6.3 价格影响因素

供求关系是影响氧化铝价格变化的最根本因素,其他因素包括宏观经济形势、电解铝价格、氧化铝生产成本(烧碱、铝土矿和能源价格)、进出口政策、汇率变动等会通过影响供求关系间接影响氧化铝价格波动。

(1) **供求关系**

即产量、消费量和库存。当氧化铝产量大于消费量时,会对价格上升构成压力;当产量小于消费量时,会对价格下跌构成支撑。库存是对生产、消费、进口、出口情况的综合反映,库存上升通常表示需求不足，会导致价格下跌，而库存下降则表示需求旺盛，会使价格上涨。

**（2）宏观经济形势**

宏观经济形势是影响整个氧化铝产业供求关系的重要因素，当宏观经济形势处于景气状态时，会导致氧化铝需求增大，从而使价格上升；反之，需求减少，价格下跌。

**（3）电解铝价格**

由于95%的氧化铝是用于电解铝生产，下游需求的变化直接影响氧化铝的价格。

**（4）氧化铝生产成本**

生产成本是商品价格水平的基础，市场价格不可能长期低于全球平均生产成本。氧化铝的原材料成本主要是由铝土矿、烧碱和能源所构成。因此，铝土矿、烧碱和能源成本的大幅波动将会影响氧化铝生产成本，进而对氧化铝价格产生影响。

**（5）利率和汇率变动**

国内利率较低、流动性充沛时，氧化铝价格一般处于高位运行。国际上氧化铝的交易一般以美元标价，美元指数的强与弱，会对国内外氧化铝的价格产生很大的影响。

### 4.2.6.4 历史价格回顾

**（1）成立以来至2023年底K线图**

氧化铝于2023年6月上市，历史最高价3,588元（2023年12月29日），历史最低价2,680元（2023年6月19日）。

**（2）2023年氧化铝K线图**

氧化铝于2023年6月上市，K线图如下。

图 4-14　2023 年氧化铝 K 线图①

## 4.2.7　黄金

### 4.2.7.1　交割单基本信息

表 4-7　黄金交割单基本信息

| 交易品种 | 黄金 | 最后交易日 | 合约月份的 15 日（遇国家法定节假日顺延，春节月份等最后交易日交易所可另行调整并通知） |
|---|---|---|---|
| 合约规模 | 1000 克/手 | 交割日期 | 最后交易日后第一个工作日 |
| 报价单位 | 元人民币/克 | 交割地点 | 交易所指定交割金库 |
| 最小变动价位 | 0.02 元人民币/克 | 最初交易保证金 | 最低交易保证金：合约价值的 4% |
| 涨跌停板限幅 | 不超过上一交易日结算价±3% | 交割方式 | 实物交割 |

---

①　图来自 WIND 数据库，AO.SHF 日 K 线图（不复权），仅作示例，最高值与最低值或与当月合约存在差异。

续表

| 合约交割月份 | 最近三个连续月份的合约以及最近13个月以内的双月合约 | 交易代码 | AU.SHF |
|---|---|---|---|
| 交易时间 | 上午9：00—11：30，下午13：30—15：00，下午21：00—次日2：30（夜盘） | 上市交易所 | SHFE |

#### 4.2.7.2 品种概述

(1) 黄金的自然属性

黄金，又称金，化学符号Au，原子序数79，原子量197，质量数183~204。黄金的熔点1063℃，沸点2808℃。黄金的密度较大，在20℃时为19.32g/cm³。

黄金的柔软性好，易锻造和延展。现在的技术可把黄金碾成0.00001毫米厚的薄膜；把黄金拉成细丝，一克黄金可拉成3.5公里长、直径为0.0043毫米的细丝。黄金的硬度较低，矿物硬度为3.7，24K黄金首饰的硬度仅2.5。

黄金具有良好的导电性和导热性。黄金是抗磁体，但含锰的金磁化率很高，含大量铁、镍、钴的金是强磁体。

此外，国标1499.2—2007标准中还规定了有较高要求的抗震钢筋，标识是在已有牌号后面加E（例如HRB400E、HRBF400E），黄金的反射性能在红外线区域内，具有高反射率、低辐射率的特性。黄金中含有其他元素的合金能改变波长，即改变颜色。黄金有再结晶温度低的特点。

黄金具有极佳的抗化学腐蚀和抗变色性能力。黄金的化学稳定性极高，在碱及各种酸中都极稳定，在空气中不被氧化，也不变色。黄金在氢、氧、氮中明显地显示出不溶性。氧不影响它的高温特性，在1000℃高温下不熔化、不氧化、不变色、不损耗，这是黄金与其他所有金属最显著的不同。

**（2）黄金的其他属性**

黄金不同于一般商品，从被人类发现开始就具备了货币、金融和商品属性，并贯穿人类社会发展的整个历史，只是其金融与商品属性在不同的历史阶段表现出不同的作用和影响力。

黄金是人类较早发现和利用的金属，由于它稀少、特殊和珍贵，自古以来被视为五金之首，有"金属之王"的称号，享有其他金属无法比拟的盛誉。正因为黄金具有这样的地位，一度是财富和华贵的象征，用于金融储备、货币、首饰等。随着社会的发展，黄金的经济地位和商品应用在不断地发生变化，它的金融储备、货币职能在调整，商品职能在回归。随着现代工业和高科技快速发展，黄金在这些领域的应用逐渐扩大，到目前为止，黄金在国际储备、货币、首饰等领域中的应用仍然占主要地位。

**（3）黄金的主要用途**

①*国际储备*。由于黄金的优良特性，历史上黄金具有价值尺度、流通手段、储藏手段、支付手段和世界货币等职能。20世纪70年代黄金与美元脱钩后，黄金退出流通货币的舞台，黄金的货币职能大大减弱。但是，目前许多国家的国际储备中，黄金仍占有相当重要的地位。

②*黄金饰品*。黄金饰品一直是社会地位和财富的象征。随着人们收入的不断提高、财富的不断增加，保值和分散化投资意识的不断提高，也促进了这方面需求量的逐年增加。

③*工业与高新技术产业*。由于黄金所特有的物化性质：具有极高抗腐蚀的稳定性；良好的导电性和导热性；原子核具有较大捕获中子的有效截面；对红外线的反射能力接近100%；在黄金的合金中具有各种触媒性质；还有良好的工艺性，极易加工成超薄金箔、微米金丝和金粉，很容易镀到其他金属、陶器及玻璃的表面上；在一定压力下黄金容易被熔焊和锻焊；可制成超导体与有机金等，使它广泛应用于工业和现代高新技术产业中，如电子、

通信、宇航、化工、医疗等领域。

#### 4.2.7.3 基本面影响因素

(1) 国际政局

国际上重大的政治、战争事件都能影响金价。政府为战争或为维持国内经济的平稳增长而大量支出，政局动荡，大量投资者转向黄金投资，黄金需求扩大，刺激金价上扬。如"二战"、美越战争、1976年泰国政变、1986年"伊朗门"事件等，都使金价有不同程度的上升。再如2001年"9.11"事件曾使黄金价格飙升至当年的最高价300美元/盎司。但战争对金价的影响需综合考虑，历史上也有战争时期金价下跌的例子。

(2) 世界主要货币汇率

美元汇率是影响金价波动的重要因素之一。由于黄金市场价格是以美元标价的，美元升值会促使黄金价格下跌，而美元贬值又会推动黄金价格上涨。美元强弱在黄金价格方面会产生重大影响。但在某些特殊时段，尤其是黄金走势非常强或非常弱的时期，黄金价格也会摆脱美元影响，走出独自的趋势。

美元坚挺一般代表美国国内经济形势良好，美国国内股票和债券将得到投资者竞相追捧，黄金作为价值贮藏手段的功能受到削弱；而美元汇率下降则往往与通货膨胀、股市低迷等有关，黄金的保值功能又再次体现，在美元贬值和通货膨胀加剧时往往会刺激对黄金保值和投机性需求的上升。回顾过去二十年历史，当美元对其他西方货币坚挺，国际黄金价格就会下跌；当美元贬值，国际黄金价格就会上涨。过去十年，金价与美元走势存在80%的逆相关性。

(3) 供求关系

长期以来，在商品属性方面，黄金生产与黄金消费对金价影响有限。但是，在金融属性方面，受近年全球流动性过剩等因素影响，黄金投资需求的快速增长对金价影响较大。2008年全球金融危机发生后，出于对当前全球信用货币体系的担忧以及储备资产多样化的需要，各国央行开始停止售金行为，转为以不同方式增持黄金储备，黄金官方储备需求的变化也对黄金价格产生了一定影响。

(4) **石油供求关系**

由于世界主要石油现货与期货市场的价格都以美元标价，石油价格的涨落一方面反映了世界石油供求关系；另一方面也反映出美元汇率、世界通货膨胀率的变化。石油价格与黄金价格间接相互影响。

通过对国际原油价格走势与黄金价格走势进行比较可以发现，国际黄金价格与原油期货价格的涨跌存在正相关关系的时间较多。

(5) **其他因素**

除上述影响金价的因素外，黄金交易所交易基金（ETF）的持仓水平等因素也会对国际黄金价格的走势产生一定的影响。

#### 4.2.7.4 历史价格回顾

(1) **成立以来至 2023 年底 K 线图**

沪金于 2008 年 1 月上市，历史最高价 486.48 元（2011 年 9 月 6 日），历史最低价 148.89 元（2008 年 10 月 24 日）。

图 4-15　2008—2023 年沪金 K 线图①

(2) **2023 年沪金 K 线图**

2023 年最高价 486.48 元（2023 年 12 月 4 日），最低价 408.5

---

① 图来自 WIND 数据库，AU.SHF 日 K 线图（不复权），仅作示例，最高值与最低值或与当月合约存在差异。

元（2023年1月6日）。

图 4-16　2023 年沪金 K 线图①

### 4.2.8　白银

#### 4.2.8.1　交割单基本信息

表 4-8　白银交割单基本信息

| 交易品种 | 白银 | 最后交易日 | 合约月份的15日（遇国家法定节假日顺延，春节月份等最后交易日交易所可另行调整并通知） |
|---|---|---|---|
| 合约规模 | 15千克/手 | 交割日期 | 最后交易日后连续三个工作日 |
| 报价单位 | 元人民币/千克 | 交割地点 | 交易所指定交割仓库 |
| 最小变动价位 | 1元人民币/千克 | 最初交易保证金 | 最低交易保证金：合约价值的4% |

---

① 图来自 WIND 数据库，AU.SHF 日 K 线图（不复权），仅作示例，最高值与最低值或与当月合约存在差异。

续表

| 涨跌停板限幅 | 不超过上一交易日结算价±3% | 交割方式 | 实物交割 |
| --- | --- | --- | --- |
| 合约交割月份 | 1、2、3、4、5、6、7、8、9、10、11、12 | 交易代码 | AG.SHF |
| 交易时间 | 上午9：00—11：30，下午13：30—15：00，下午21：00—次日2：30（夜盘） | 上市交易所 | SHFE |

### 4.2.8.2 品种概述

（1）白银的自然属性

银，化学符号Ag，原子序数47，相对原子质量107.870，熔点960.8℃，沸点2210℃，密度10.50g/cm$^3$（20℃）。银质软，有良好的柔韧性和延展性，延展性仅次于金，能压成薄片，拉成细丝；1克银可拉成1800米长的细丝，可轧成厚度为1/100000毫米的银箔。

银是所有金属中导电性和导热性最好的金属；银对光的反射性也很好，反射率可达到91%。

银的化学性质不活泼，在常温下不与氧发生反应，银属于较稳定的元素。长久暴露在空气中，则和空气中的硫化氢化合，表面变成黑色，形成黑色的硫化银。常温下，卤素能与银缓慢地化合，生成卤化银。银能与氧化性较强的酸（浓硝酸和浓盐酸）作用。银粉易溶于含氧的氰化物溶液和含氧的酸性硫脲液中。

银具有很好的耐碱性能。银在化合物中呈一价形态存在，可与多种物质形成化合物。

（2）白银的主要用途

①货币功能。白银具有货币属性，在历史上很长一段时期同黄金一样充当货币。国际货币史上，除了出现金本位外，还出

现过银本位。随着货币制度改革、信用货币的产生，银币逐渐退出了流通领域。目前铸造的银币主要是投资银币和纪念银币。

②工业应用。白银具有良好的导电导热性能、良好的柔韧性、延展性和反射性等，白银的工业应用和装饰美化生活的功能不断发挥，主要应用于电子电气工业、摄影业、太阳能、医学等领域以及首饰、银器和银币的制作。

白银的多功能性使得它在大多数行业中的应用不可替代，特别是需要高可靠性、更高精度和安全性的高技术行业。白银在电子行业中得到广泛应用，尤其在导体、开关、触点和保险丝上。白银还可用于厚膜浆料，网孔状和结晶状的白银可以作为化学反应的催化剂。硝酸银用于镀银，可制作银镜。碘化银用于人工降雨。

银离子和含银化合物可以杀死或者抑制细菌、病毒、藻类和真菌，反应类似汞和铅。因为白银具有对抗疾病的效果，所以又被称为"亲生物金属"。

### 4.2.8.3 价格影响因素

（1）供求关系

供求关系是影响白银价格的根本因素。通常供大于求，价格下跌；供不应求，价格上升。价格波动反过来又会影响供求，即当价格上涨时，供应将增加而需求减少；反之则需求上升供给减少。新矿藏的发现与开采、新技术的应用、生产企业检修及罢工、进出口政策等将影响产量及供应；白银应用领域发展趋势、白银投资偏好变化等则将影响白银的需求。

（2）进出口政策

进出口政策是影响供求关系的重要方面。如我国于2007年7月1日起将白银及其相关产品出口退税率从13%下调至5%，及2008年8月1日起进一步取消5%的白银出口退税等，直接影响了白银的出口量，进而对国内外市场的供应及价格产生影响。

**(3) 国际国内政治经济形势**

白银是重要的工业原材料，又可作为避险资产，其需求量与经济形势、政治局势密切相关。经济增长时，白银需求增长从而带动银价上涨；经济萧条时，白银需求萎缩从而促使银价下跌。近年来，各国为应对金融危机纷纷出台了宽松的货币政策和积极的财政政策，向市场注入巨大的流动性，白银作为抵御通胀的资产之一，在投资需求的推动下价格持续上涨。

当前欧元区主权债务危机尚未得到有效解决、新兴经济体普遍面临较高通胀压力、日本地震和海啸引发的核泄漏事故以及西亚北非地区局势动荡等给全球经济增添了诸多不确定性，这些变数都将对白银价格产生直接或间接的影响。

**(4) 世界主要货币汇率及黄金价格走势**

国际上白银交易一般都以美元计价，而目前几种主要货币均实行浮动汇率制。根据经验，美元对主要货币汇率的变化将导致白银价格短期内的一些波动，但不会改变白银市场的大趋势。

白银和黄金在历史上都曾作为货币使用，二者有着相似的金融属性，因此白银价格与黄金价格在一定程度上具有正相关性，但这只是长期趋势上的一致。短期看，白银价格与黄金价格的正相关性并不十分突出，通常白银价格波动比黄金价格波动更剧烈。

**(5) 基金投资方向**

随着基金参与商品期货交易程度的大幅提高，基金在白银价格波动中起到了推波助澜的作用。基金具有信息以及技术上的优势，因此它们在一定程度上具有先知先觉性与前瞻性。白银 ETF 基金近几年规模迅速扩大，持仓量较高，该基金与其他基金的交易方向成为影响白银价格波动因素之一。分析基金净寸头变化，有助于判断白银价格走势。

### 4.2.8.4 历史价格回顾

**(1) 成立以来至 2023 年底 K 线图**

沪银于 2012 年 5 月上市，历史最高价 7,506 元（2012 年 9

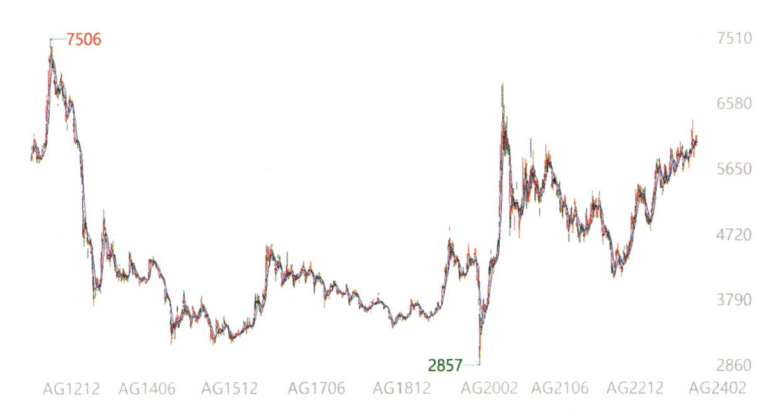

月14日），历史最低价2,857元（2020年3月19日）。

图 4-17　2012—2023年沪银K线图①

**（2）2023年沪银K线图**

2023年最高价6343元（2023年12月4日），最低价4,756元（2023年3月8日）。

图 4-18　2023年沪银K线图②

---

① 图来自WIND数据库，AG.SHF日K线图（不复权），仅作示例，最高值与最低值或与当月合约存在差异。
② 图来自WIND数据库，AG.SHF日K线图（不复权），仅作示例，最高值与最低值或与当月合约存在差异。

### 4.2.9 螺纹钢

#### 4.2.9.1 交割单基本信息

表4-9 螺纹钢交割单基本信息

| | | | |
|---|---|---|---|
| 交易品种 | 螺纹钢 | 最后交易日 | 合约月份的15日（遇国家法定节假日顺延，春节月份等最后交易日交易所可另行调整并通知） |
| 合约规模 | 10吨/手 | 交割日期 | 最后交易日后连续三个工作日 |
| 报价单位 | 元人民币/吨 | 交割地点 | 交易所指定交割仓库 |
| 最小变动价位 | 1元人民币/吨 | 最初交易保证金 | 最低交易保证金：合约价值的5% |
| 涨跌停板限幅 | 不超过上一交易日结算价±3% | 交割方式 | 实物交割 |
| 合约交割月份 | 1，2，3，4，5，6，7，8，9，10，11，12 | 交易代码 | RB.SHF |
| 交易时间 | 上午9：00—11：30，下午13：30—15：00，下午21：00—23：00（夜盘） | 上市交易所 | SHFE |

#### 4.2.9.2 品种概述

（1）螺纹钢的分类

螺纹钢是热轧带肋钢筋的俗称，常用的分类方法有两种：一是以几何形状分类，根据横肋的截面形状及肋的间距不同进行分类或分型，如英国标准（BS4449）中，将螺纹钢分为Ⅰ型、Ⅱ型。这种分类方式主要反映螺纹钢的握紧性能。二是以性能分类

(级），如我国标准（GB1499.2—2007）中，按强度级别（屈服强度）将螺纹钢分为3个等级；日本工业标准（JISG3112）中，按综合性能将螺纹钢分为5个种类。此外，还可按用途对螺纹钢进行分类，如分为钢筋混凝土用普通钢筋及钢筋混凝土用热处理钢筋等。

目前我国螺纹钢执行的标准是GB1499.2—2007，分为普通热轧钢筋和细晶粒热轧钢筋。按照标准的定义，普通热轧钢筋是按热轧状态交货的钢筋。其金相组织主要是铁素体加珠光体，不得有影响使用性能的其他组织存在。细晶粒热轧钢筋是指在热轧过程中，通过控轧和控冷工艺形成的细晶粒钢筋。其金相组织主要是铁素体加珠光体，不得有影响使用性能的其他组织存在，晶粒度不粗于9级。

普通热轧带肋钢筋牌号由HRB和屈服强度特征值构成；细晶粒热轧带肋钢筋牌号由HRBF和屈服强度特征值构成。H、R、B分别为热轧（Hotrolled）、带肋（Ribbed）、钢筋（Bars）三个词的英文首位字母；F为细（Fine）的英文首位字母。普通热轧钢筋牌号分为HRB335、HRB400、HRB500三个牌号；细晶粒热轧钢筋牌号分为HRBF335、HRBF400、HRBF500三个牌号。

此外，国标1499.2—2007标准中还规定了有较高要求的抗震钢筋，标识是在已有牌号后面加E（例如HRB400E、HRBF400E），抗震钢筋除应满足标准所规定普通钢筋所有性能指标外，还应满足以下三个要求：

①抗震钢筋的实测抗拉强度与实测屈服强度特征之比不小于1.25；

②钢筋的实测屈服强度与标准规定的屈服强度特征值之比不大于1.30；

③钢筋的最大力总伸长不小于9%。

**（2）螺纹钢的用途**

螺纹钢广泛用于房屋、桥梁、道路等土建工程建设。大到高速公路、铁路、桥梁、涵洞、隧道、防洪、水坝等公用设施，小到房屋建筑的基础、梁、柱、墙、板，螺纹钢都是不可或缺的结构材料。目前我国在大力推广应用高强螺纹钢，在满足同样的强度和标准尺寸下，采用三级螺纹钢比二级螺纹钢降低钢材消耗11%~15%。

### 4.2.9.3 价格影响因素

**（1）钢材市场供求关系决定价格趋势**

供求关系决定价格趋势。在2008年之前，国内热轧卷板需求旺盛，市场价格普遍高于螺纹钢、线材等建筑钢材价格。随着国内热轧卷板产量的快速增长，供需矛盾的缓解，市场价格与其他品种价差逐渐缩小。据钢之家网站的数据，国内主要市场2005年5.75mm×1500×热卷的平均价格为4081元/吨，较当年20mm三级螺纹钢平均价格高573元/吨，较当年高线平均价格高675元/吨，此后价差逐渐减小。尤其是2008年金融危机后，我国大规模的投资拉动了螺纹钢、线材需求的增长，螺纹钢平均价格已经高于热轧卷板平均价格，其中2011年螺纹钢均价比热卷价格高出220元/吨。但随着螺纹钢产能日趋过剩，螺纹钢价格与热卷价格逐渐接近，到2013年热卷全年均价已经高出螺纹钢的均价。

**（2）上下游成本约束价格的高点和低点**

成本决定钢材价格上下限。供求关系决定价格趋势，但趋势不能无限延伸，市场价格的涨跌还受到成本的约束。简单地讲，下游行业的成本决定了钢材价格的上限，当下游行业成本已经不能承受钢材价格的上涨，出现亏损的时候，市场价格由上涨转为下跌；钢铁行业平均生产成本决定了钢材价格的下限，当钢厂普遍出现亏损的时候，市场价格继续下跌的空间已经不大。

**（3）国内市场资金供应决定钢材价格水平**

资金决定钢材价格水平。当市场资金相对充足的时候，往往对应高价格，而当资金比较紧张的时候，往往对应低价格。以2011—2012年为例，由于银行收紧贷款，钢贸商资金普遍紧张甚至部分钢贸商资金链断裂，尤其是2012年爆发的钢贸信贷危机，更是造成行业资金紧张,市场价格持续在低价位运行。

**(4) 国内市场竞争态势对市场影响分析**

国内市场竞争态势对市场价格的影响也不容忽视。不同结构的钢厂选择的竞争战略不同,决定了市场竞争态势也会不同。以螺纹钢和热轧卷板为例,从全国市场看,螺纹钢市场基本属于完全竞争态势,国内没有任何一家钢厂处于主导地位,只有部分区域性的主导钢厂,比如河北钢铁之于京津河北地区,沙钢之于江浙地区,韶钢、广钢之于广东市场等,钢厂价格的调整更多的是影响其主导市场,其他市场关注的不多。

热轧卷板有所不同,由于热轧卷板销售半径相对比较大,且产品集中度比较高,钢贸商除关心当地主导钢厂价格政策外,对大型钢厂价格政策调整关注度就比较高。比如沙钢、日照销售区域主要在华东地区,是区域内主导钢厂,但钢贸商同样关心宝钢、鞍钢、武钢、河北钢铁的价格政策的调整,尤其是宝钢,尽管其热轧卷板市场流通量并不大,但其价格政策调整对其他钢厂及市场的引导作用很明显。不过随着国内产能日益过剩,钢铁企业盈利普遍大幅减少甚至亏损,远距离运输的劣势逐渐显现出来。比如华北、东北地区热轧卷板如果在华东地区销售,在运输成本上就明显处于劣势。以上海市场为例,华北地区钢厂汽运或铁路运输成本普遍在120~200元/吨,东北地区钢厂水运成本在120~150元/吨,而华东地区钢厂运输成本仅在50元/吨左右,在钢铁企业普遍微利的情况下,热轧卷板钢厂也在收缩销售半径,普遍开始采取以本地为主,中远地区为辅的销售策略,以期获得较好的收益。

**(5) 市场预期对价格涨跌起到助推作用**

市场预期起到放大的作用,可以通过改变供求及市场资金状况助推价格的涨跌幅度。如果市场对未来价格走势预期上涨,经销商往往会积极地订货和增加库存,市场资金也会大幅增加;同时,市场库存的增加起到拉动需求增长的作用,会刺激市场价格的进一步上涨；反之亦然。

（6）金融市场和大宗商品市场对钢材价格的影响

自钢材期货、铁矿石期货、焦炭期货、焦煤期货上市后，我国钢铁产品更具金融属性，钢铁产业链受金融市场以及大宗商品市场波动影响较大。期货市场与现货市场之间存在着既联系又抗衡的格局，增加了钢材市场的不确定性因素。期货市场对现货市场走势有一定的影响，现货市场更能直观地反映市场形势的变化，远期市场的震荡与现货市场构成了相互制约的平衡，同时，也成了钢厂定价考量的一个重要因素。从螺纹钢期货与现货市场价格走势看，期货价格与现货价格有着较强的相关性。

（7）钢材的成本构成

钢材的成本组成主要包括原材料成本、能源成本、人工成本、折旧和财务成本等。

### 4.2.9.4 历史价格回顾

（1）成立以来至2023年底K线图

螺纹钢于2009年4月上市，历史最高价6,208元（2021年5月11日），历史最低价1,618元（2015年12月1日）。

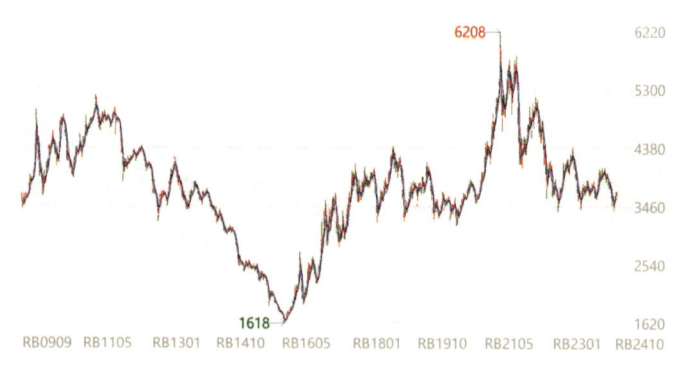

图4-19 2009—2023年螺纹钢K线图[①]

---

① 图来自WIND数据库，RB.SHF日K线图（不复权），仅作示例，最高值与最低值或与当月合约存在差异。

### （2）2023年螺纹钢K线图

螺纹钢2023年最高价4,401元（2023年3月14日），最低价3,388元（2023年5月26日）。

图4-20  2023年螺纹钢K线图[①]

## 4.2.10  线材

### 4.2.10.1  交割单基本信息

表4-10  线材交割单基本信息

| 交易品种 | 线材 | 最后交易日 | 合约月份的15日(遇国家法定节假日顺延，春节月份等最后交易日交易所可另行调整并通知) |
|---|---|---|---|
| 合约规模 | 10吨/手 | 交割日期 | 最后交易日后连续三个工作日 |
| 报价单位 | 元人民币/吨 | 交割地点 | 交易所指定交割仓库 |

---

① 图来自WIND数据库，RB.SHF日K线图（不复权），仅作示例，最高值与最低值或与当月合约存在差异。

续表

| | | | |
|---|---|---|---|
| 最小变动价位 | 1元人民币/吨 | 最初交易保证金 | 最低交易保证金：合约价值的7% |
| 涨跌停板限幅 | 不超过上一交易日结算价±5% | 交割方式 | 实物交割 |
| 合约交割月份 | 1，2，3，4，5，6，7，8，9，10，11，12 | 交易代码 | WR. SHF |
| 交易时间 | 上午9：00—11：30，下午13：30—15：00以及交易所规定的其他时间 | 上市交易所 | SHFE |

### 4.2.10.2 品种概述

**（1）线材概述**

线材（行业内也俗称"高线"或"盘条"）是指经线材轧机热轧后卷成盘状交货的钢材，一般直径在 5.5~14mm。线材主要用于建筑和拉制钢丝及其制品。由于制造标准件的需要，许多冷拉坯料直接使用盘条，盘条具有比直条拉拔头少、连续性强、拉拔效率高等优点。常见线材多为圆断面，异形断面线材有椭圆形、方形及螺纹形等，但生产数量很少。

**（2）线材的分类**

线材按照生产工艺可分为两种：用复二重轧机生产和用高速线材轧机生产。用复二重轧机生产出来的线材叫普线。普线一般盘重小，100~200公斤，尺寸精度差，主要用于建筑行业，复二重轧机属被淘汰的轧制工艺。高速线材轧机是指轧机纵向排列，轧件同时在各架轧机上轧制，每架只轧一道，轧辊转数与延伸系数成比例地增加。高速线材轧机轧制速度高，最高可达120米/秒，产量高，头尾温差小，产品尺寸精度高、质量高、盘重大，一般为1.5~2.0吨。目前我国新建线材轧机均是高速线材轧机。

随着工业的发展，线材的应用领域越来越广，对其品种质量要求日益严格和专业化。线材的钢种非常广泛，有碳素结构钢、弹簧钢、碳素工具钢、合金结构钢、轴承钢、合金工具钢、不锈钢等。凡是需要加工成丝的钢种大都经过线材轧机生产成盘条再拉拔成丝。因为钢种、钢号繁多，所以在线材生产中通常将线材分为以下四大类：

软线：指普通低碳钢热轧圆盘条，牌号主要是碳素结构钢标准中所规定的 Q195、Q215、Q235、Q275 和优质碳素结构钢中所规定的 10、15、20 号钢。

硬线：指优质碳素结构钢类的盘条，如制绳钢丝用盘条，轮胎钢丝等专用盘条。硬线一般含碳量偏高，泛指 45 号以上的优质碳素结构钢、40Mn～70Mn 等。

焊线：指焊条用盘条，包括碳素焊条钢和合金焊条钢的盘条。

合金钢线材：指各种合金钢和合金含量高的专用盘条。如轴承钢盘条、合金结构钢、不锈钢、合金工具钢盘条等。低合金钢线材一般划归为硬线，如有特殊性能也可划入合金钢类。

### 4.2.10.3 历史价格回顾

**（1）成立以来至 2023 年底 K 线图**

线材于 2009 年 4 月上市，历史最高价 6,995 元（2021 年 9 月 30 日），历史最低价 1,698 元（2015 年 12 月 1 日）。

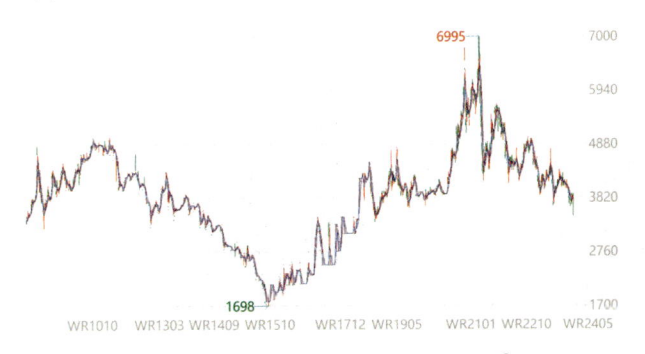

**图 4-21　2009—2023 年线材 K 线图**[①]

---

① 图来自 WIND 数据库，WR.SHF 日 K 线图（不复权），仅作示例，最高值与最低值或与当月合约存在差异。

(2) 2023 年线材 K 线图

2023 年最高价 5,017 元（2023 年 1 月 10 日），最低价 3,650 元（2023 年 10 月 20 日）。

图 4-22　2023 年线材 K 线图[①]

## 4.2.11　热轧卷板

### 4.2.11.1　交割单基本信息

表 4-11　热轧卷板交割单基本信息

| 交易品种 | 热轧卷板 | 最后交易日 | 合约月份的 15 日（遇国家法定节假日顺延，春节月份等最后交易日交易所可另行调整并通知） |
|---|---|---|---|
| 合约规模 | 10 吨/手 | 交割日期 | 最后交易日后连续三个工作日 |

---

[①]　图来自 WIND 数据库，WR.SHF 日 K 线图（不复权），仅作示例，最高值与最低值或与当月合约存在差异。

续表

| 报价单位 | 元人民币/吨 | 交割地点 | 交易所指定交割仓库 |
| --- | --- | --- | --- |
| 最小变动价位 | 1元人民币/吨 | 最初交易保证金 | 最低交易保证金：合约价值的4% |
| 涨跌停板限幅 | 不超过上一交易日结算价±3% | 交割方式 | 实物交割 |
| 合约交割月份 | 1, 2, 3, 4, 5, 6, 7, 8, 9, 10, 11, 12 | 交易代码 | HC.SHF |
| 交易时间 | 上午9: 00—11: 30, 下午13: 30—15: 00, 下午21: 00—23: 00（夜盘） | 上市交易所 | SHFE |

### 4.2.11.2 品种概述

（1）热轧卷板概述

热轧卷板（Hot rolled coils）是以板坯为原料，经加热后由粗轧和精轧机组轧制而成的钢板。

我国是全球最大的热轧卷板生产国、消费国和出口国，2013年产量达到1.83亿吨。钢铁工业的发展有效支撑了我国国民经济平稳较快发展，热轧卷板产量和质量的提升也较好地满足了我国建筑、机械制造等行业不断增长的实际需求。

（2）热轧卷板的主要用途

热轧卷板是重要的钢材品种，主要反映工业化需求。它具有强度高、韧性好、易于加工成型及良好的可焊接性等优良性能，被广泛应用于船舶、汽车、桥梁、建筑、机械、压力容器等制造行业。

（3）热轧卷板的主要分类

热轧卷板一般包括中厚宽钢带、热轧薄宽钢带和热轧薄板。中厚宽钢带是其中最具代表性的品种，其产量占比约为热轧卷板总产量的三分之二，上海期货交易所即将上市的热轧卷板期货合约的标的物属于中厚宽钢带。

中厚宽钢带是指厚度≥3mm 且小于 20mm，宽度≥600mm，用连续式宽带钢热轧机或炉卷轧机等设备生产、卷装交货的钢带。

热轧薄宽钢带是指厚度<3mm，宽度≥600mm，用连续式宽带钢热轧机或炉卷轧机或薄板坯连轧等设备生产、卷装交货的钢带。

热轧薄板是指厚度<3mm 的单张钢板。热轧薄板是用连续式宽带钢轧机、薄板坯连铸连轧等设备生产、板装交货的钢带。

### 4.2.11.3 基本面影响因素

(1) 钢材市场供求关系决定价格趋势

供求关系决定价格趋势。2008 年前，国内热轧卷板需求旺盛，市场价格普遍高于螺纹钢、线材等建筑钢材价格。随着国内热轧卷板产量的快速增长，供需矛盾的缓解，市场价格与其他品种价差逐渐缩小。

(2) 上下游成本约束价格的高点和低点

成本决定钢材价格上下限。供求关系决定价格趋势，但趋势不能无限延伸，市场价格的涨跌还受到成本的约束。简单地讲，下游行业的成本决定了钢材价格的上限，当下游行业成本已经不能承受钢材价格的上涨，出现亏损的时候，市场价格由上涨转为下跌；钢铁行业平均生产成本决定了钢材价格的下限，当钢厂普遍出现亏损的时候，市场价格继续下跌的空间已经不大。

(3) 国内市场资金供应决定钢材价格水平

资金决定钢材价格水平。当市场资金相对充足的时候，往往对应高价格，而当资金比较紧张的时候，往往对应低价格。以 2011—2012 年为例，由于银行收紧贷款，钢贸商资金普遍紧张甚至部分钢贸商资金链断裂，尤其是 2012 年爆发的钢贸信贷危机，更是造成行业资金紧张，市场价格持续在低价位运行。

(4) 国内市场竞争态势对市场影响分析

热轧卷板销售半径相对比较大，且产品集中度比较高，直供比例大，钢贸商除关心当地主导钢厂价格政策外，对大型钢厂价格政策调整关注度就比较高。比如沙钢、日照销售区域主要在华东地区，是区域内主导钢厂，但钢贸商同样关心宝钢、鞍钢、武钢、河北钢铁的价格政策的调整，尤其是宝钢，尽管其热轧卷板市场流通量并不大，但其价格政策调整对其他钢厂及市场的引导作用很明显。不过随着国内产能日益过剩，钢铁企业盈利普遍大幅减少甚至亏损，远距离运输的劣势逐渐显现出来。比如华北、东北地区热轧卷板如果在华东地区销售，在运输成本上就明显处于劣势。以上海市场为例，华北地区钢厂汽运或铁路运输成本普遍在120~200元/吨，东北地区钢厂水运成本在120~150元/吨，而华东地区钢厂运输成本仅在50元/吨左右，在钢铁企业普遍微利的情况下，热轧卷板钢厂也在收缩销售半径，普遍开始采取以本地为主，中远地区为辅的销售策略，以期获得较好的收益。

(5) 市场预期对价格涨跌起到助推作用

市场预期起到放大的作用，可以通过改变供求及市场资金状况助推价格的涨跌幅度。如果市场对未来价格走势预期上涨，经销商往往会积极地订货和增加库存，市场资金也会大幅增加；同时，市场库存的增加起到拉动需求增长的作用，会刺激市场价格的进一步上涨；反之亦然。

(6) 金融市场和大宗商品市场对钢材价格的影响

自钢材期货、铁矿石期货、焦炭期货、焦煤期货上市后，我国钢铁产品更具金融属性，钢铁产业链受金融市场以及大宗商品市场波动影响较大。期货市场与现货市场之间存在着既联系又抗衡的格局，增加了钢材市场的不确定性因素。期货市场对现货市场走势有一定的影响，现货市场更能直观地反映市场形势的变化，远期市场的震荡与现货市场构成了相互制约的平衡，同时，也成了钢厂定价考量的一个重要因素。从螺纹钢期货与现货市场价格走势看，期货价格与现货价格有着较强的相关性。

(7) 钢材的成本构成

钢材的成本组成主要包括原材料成本、能源成本、人工成本、折旧和财务成本等。

①炼铁成本构成。炼铁工艺的生产成本构成主要为原材料（球团、铁矿石等）、辅助材料（石灰石、白云石、耐火材料等）、燃料及动力（焦炭、煤粉、煤气、氧气、水、电等）、直接工资和福利、制造费用、成本扣除（煤气回收、水渣回收、焦炭筛下物回收等）。根据高炉冶炼原理，生产1吨生铁，需要1.5~2.0吨铁矿石、0.4~0.6吨焦炭和0.2~0.4吨熔剂。

炼铁工艺中影响总成本的主要因素是原料（铁矿石、焦炭）成本，而包括辅料、燃料、人工费用在内的其他费用与副产品回收进行冲抵后仅占总成本的10%左右。

生铁制造成本＝（1.6×铁矿石+0.5×焦炭）/0.9

②炼钢成本构成。炼钢工艺的生产成本构成主要为生铁、废钢、合金、电极、耐火材料、辅助材料、电能、维检和其他费用。我国目前主要的炼钢工艺为转炉炼钢，一般需配置10%~15%的废钢。

炼钢工艺中因为耗电量的增加、合金的加入以及维检费用的上升使得除主要原料外的其他费用占到炼钢总成本的18%左右。

粗钢吨制造成本＝（0.96×生铁+0.15×废钢）/0.82

③轧钢成本。炼钢工艺的生产成本构成主要为生铁、废钢、合金、电极、耐火材料、辅助材料、电能、维检和其他费用。我国目前主要的炼钢工艺为转炉炼钢，一般需配置10%~15%的废钢。

### 4.2.11.4 历史价格回顾

（1）成立以来至2023年底K线图

热轧卷板于2014年4月上市，历史最高价6,727元（2021年5月12日），历史最低价1,675元（2015年11月13日）。

图 4-23　2014—2023 年热轧卷板 K 线图①

（2）2023 年热轧卷板 K 线图

2023 年最高价 4,498 元（2023 年 3 月 15 日），最低价 3,507元（2023 年 5 月 26 日）。

图 4-24　2023 年热轧卷板 K 线图②

---

① 图来自 WIND 数据库，HC.SHF 日 K 线图（不复权），仅作示例，最高值与最低值或与当月合约存在差异。
② 图来自 WIND 数据库，HC.SHF 日 K 线图（不复权），仅作示例，最高值与最低值或与当月合约存在差异。

### 4.2.12 不锈钢

#### 4.2.12.1 交割单基本信息

表 4-12 不锈钢交割单基本信息

| | | | |
|---|---|---|---|
| 交易品种 | 不锈钢 | 最后交易日 | 合约交割月份的15日（遇国家法定假日顺延，春节月份等最后交易日交易所可另行调整并通知） |
| 合约规模 | 5 吨/手 | 交割日期 | 最后交易日后连续三个工作日 |
| 报价单位 | 元人民币/吨 | 交割地点 | — |
| 最小变动价位 | 5 元人民币/吨 | 最初交易保证金 | 最低交易保证金：合约价值的5% |
| 涨跌停板限幅 | 不超过上一交易日结算价±4% | 交割方式 | 实物交割 |
| 合约交割月份 | 1, 2, 3, 4, 5, 6, 7, 8, 9, 10, 11, 12 | 交易代码 | SS.SHF |
| 交易时间 | 每周一至周五，9:00—11:30, 13:30—15:00，下午21:00—01:00（夜盘） | 上市交易所 | SHFE |

#### 4.2.12.2 品种概述

（1）不锈钢的品种分类

不锈钢种类繁多，按组织结构可分为铁素体不锈钢、奥氏体不锈钢、马氏体不锈钢、双相不锈钢和沉淀硬化不锈钢。

按化学成分可分为铬锰镍系不锈钢、铬镍系不锈钢和铬系不锈钢，分别对应于美国 AISI 标准的 200、300 和 400 系列。铬镍系不锈钢（300系）综合性能优异，被广泛使用，其中代表钢种304不锈钢产量占300系产量的80%以上，现货市值约为1500亿元。

（2）不锈钢的主要用途

不锈钢以其良好的耐腐蚀、耐热、耐低温等性能被广泛应用于餐具、家用电器、机械制造、建筑装饰、煤炭、石油化工等领域。比如具备强度高、加工性好、淬火后硬度高、有磁性的马氏体不锈钢，能用于生产餐具、刀刃、机械零件、涡轮机叶片等对硬度要求较高的产品；具备良好的耐腐蚀性、耐热性、低温强度和机械特性，冲压、弯曲等热加工性好、无磁性的奥氏体不锈钢，能用于众多家用电器、汽车配件、医疗器具以及建材、食品工业、农业等领域；添加了钛元素、具备高温耐腐蚀性及高温下强度较好的铁素体不锈钢，能用于生产汽车排气管、热交换机、集装箱等产品。

（3）不锈钢生产与消费

21世纪以来，我国不锈钢行业进入了新的发展阶段。2001年我国不锈钢粗钢产量仅为73万吨；2006年我国不锈钢产量达到530万吨，首次超过日本成为世界最大的不锈钢生产国；2018年我国不锈钢产量为2670.7万吨，年均复合增长率14.4%。目前，我国不锈钢产量已占世界不锈钢产量的50%以上，确立了在世界不锈钢市场中的重要地位。

我国不锈钢产业起步较晚，新中国以来到改革开放前，不锈钢的需求主要是以工业和国防尖端使用为主。20世纪90年代后，尤其是进入21世纪以来，我国不锈钢消费量增势强劲。2001年我国不锈钢表观消费量达到225万吨，超过美国成为世界第一消费大国。2008年受全球金融危机的影响，我国不锈钢表观消费量为624万吨，同比下降5%，出现了近15年来的唯一一次负增长。之后，又恢复增长态势，2018年我国不锈钢钢材表观消费量达到了2132万吨。

展望未来，随着我国经济增长放缓，不锈钢生产与消费快速增长阶段也即将结束，步入稳步发展期。当前不锈钢需求从以民用为主正在向民用与工业需求并举的方向发展，一些不锈钢应用的新领域、新产业正在不断涌现。

### 4.2.12.3 价格影响因素

（1）经济周期

钢铁工业是国民经济的基础性产业，国民经济周期性波动是客观存在的经济规律，不锈钢是与经济周期关系最为密切的行业之一，长期看不锈钢价格随着宏观经济的波动而跌宕起伏。国家宏观经济政策、货币政策、外汇政策以及进出口政策变动，比如国家出台促进消费升级的政策会刺激不锈钢终端制品的需求，或者某些国家对部分不锈钢制品实施贸易壁垒等，这些因素对不锈钢价格也有一定的影响。

（2）原材料成本

不锈钢产品价格与原料（主要是镍、铬）价格之间存在较强的关联性，产品价格在很大程度上随原料价格的变动而波动。镍主要用于生产不锈钢，消费量主要受不锈钢生产驱动，近年来不锈钢产量的大幅增加拉动了镍的消费。总体来看不锈钢冷轧卷板价格与电解镍价格的相关性在 2017 年之前保持在一个较高的水平上，近年来两者价格相关性下降，主要有以下两个原因：第一，镍未来的供需结构可能分化为"镍铁-不锈钢""电解镍-动力电池"两条产业链，动力电池广阔的发展前景给电解镍带来了新的需求溢价；第二，随着不锈钢生产工艺的发展，企业为了降低成本大量使用镍铁代替电解镍的一步法工艺冶炼不锈钢，使得不锈钢成本与电解镍价格相关性降低。

（3）市场供需

进入 21 世纪以来，在需求增长的带动下，世界不锈钢产能大幅增长。世界不锈钢生产中心已经从欧美发达国家转入亚洲，特别是以我国为代表的亚洲新兴经济体。在亚洲不锈钢产量大幅增加的背景下，当前不锈钢市场已经开始出现供给相对过剩的迹象，无疑将给不锈钢价格造成压力。随着经济的发展和生活水平的提高，以及对产品美观和使用寿命的要求，不锈钢的应用将越来越普及，继而推升不锈钢需求。

**（4）技术创新**

技术创新对国际不锈钢市场行情产生的影响包括：第一，科技进步会在一定程度上提高产品的功能与性能，拓宽不锈钢应用领域，刺激不锈钢产品市场需求，提高市场价格；第二，对生产工艺的影响，可提高劳动生产率以及改善不锈钢生产结构，降低全球不锈钢供应价格；第三，科技进步可能出现新型替代材料，从而减少对不锈钢的需求，也能够降低其市场价格，但目前来看能够完全代替不锈钢的新型金属材料还没有出现。

### 4.2.12.4 历史价格回顾

**（1）成立以来至 2023 年底 K 线图**

不锈钢于 2019 年 9 月上市，历史最高价 24,785 元（2022 年 3 月 9 日），历史最低价 11,680 元（2020 年 3 月 23 日）。

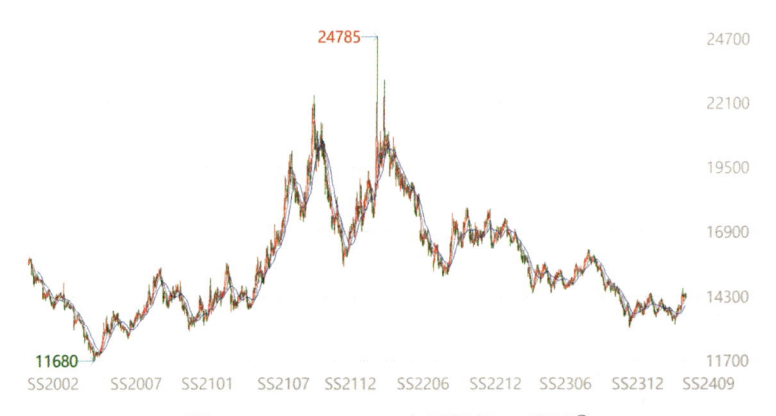

图 4-25 2019—2023 年不锈钢 K 线图[①]

---

① 图来自 WIND 数据库，SS.SHF 日 K 线图（不复权），仅作示例，最高值与最低值或与当月合约存在差异。

(2) 2023 年不锈钢 K 线图

2023 年最高价 17,470 元（2023 年 1 月 30 日），最低价 13,010 元（2023 年 12 月 6 日）。

图 4-26　2023 年不锈钢 K 线图[①]

## 4.2.13　燃料油

### 4.2.13.1　交割单基本信息

表 4-13　燃料油交割单基本信息

| 交易品种 | 燃料油 | 最后交易日 | 合约月份前一月份的最后一个交易日；交易所可以根据国家法定节假日调整最后交易日 |
|---|---|---|---|
| 合约规模 | 10 吨/手 | 交割日期 | 最后交易日后连续三个工作日 |

---

[①] 图来自 WIND 数据库，SS.SHF 日 K 线图（不复权），仅作示例，最高值与最低值或与当月合约存在差异。

续表

| 报价单位 | 元人民币/吨 | 交割地点 | 交易所指定交割地点 |
| --- | --- | --- | --- |
| 最小变动价位 | 1元人民币/吨 | 最初交易保证金 | 最低交易保证金：合约价值的8% |
| 涨跌停板限幅 | 不超过上一交易日结算价±5% | 交割方式 | 实物交割 |
| 合约交割月份 | 1，2，3，4，5，6，7，8，9，10，11，12 | 交易代码 | FU.SHF |
| 交易时间 | 上午9：00—11：30，下午13：30—15：00，下午21：00—23：00（夜盘） | 上市交易所 | SHFE |

### 4.2.13.2 品种概述

**(1) 燃料油的自然属性**

一般来说，在原油的加工过程中，较轻的组分总是最先被分离出来，燃料油（Fuel Oil）作为成品油的一种，是石油加工过程中在汽、煤、柴油之后从原油中分离出来的较重的剩余产物。燃料油主要是由石油的裂化残渣油和直馏残渣油制成的，其特点是黏度大，含非烃化合物、胶质、沥青质多。燃料油主要用于炼油与化工、交通运输、建筑业和冶金等行业。目前，锅炉烧油、发电用油出现较大幅度减少，而船用油市场需求却呈稳定增长态势。

燃料油作为炼油工艺过程中的最后一种产品，产品质量控制有着较强的特殊性。最终燃料油产品形成受到原油品种、加工工艺、加工深度等许多因素的制约。

**(2) 燃料油的分类**

根据不同的标准，燃料油可以进行以下分类：根据出厂时是否形成商品量，燃料油可以分为商品燃料油和自用燃料油。商品燃料油指在出厂环节形成商品的燃料油；自用燃料油指用于炼厂生产的原料或燃料而未在出厂环节形成商品的燃料油。

根据加工工艺流程,燃料油可以分为常压燃料油、减压燃料油、催化燃料油和混合燃料油。常压燃料油指炼厂常压装置分馏出的燃料油;减压燃料油指炼厂减压装置分馏出的燃料油;催化燃料油指炼厂催化、裂化装置分馏出的燃料油(俗称"油浆");混合燃料油一般指减压燃料油和催化燃料油的混合。

根据用途,燃料油可以分为船用燃料油、炉用燃料油及其他燃料油。

### 4.2.13.3 价格影响因素

(1)供求关系

供求关系是影响任何一种商品市场定价的根本因素,燃料油也不例外。随着我国经济持续高速的发展,我国对能源的需求也快速增长,到2003年国内燃料油的产量仅能满足国内需求的一半,而进口资源占供应总量的半壁江山,进口数量的增减极大地影响着国内燃料油的供应状况,因此权威部门公布的燃料油进出口数据是判断供求状况的一个重要指标。

新加坡普式现货价格(MOPS)是新加坡燃料油的基准价格,也是我国进口燃料油的基准价格,所以MOPS及其贴水状况反映了进口燃料油的成本,对我国的燃料油价格影响更为直接。

(2)原油价格走势的影响

燃料油是原油的下游产品,原油价格的走势是影响燃料油供需状况的一个重要因素,因此燃料油的价格走势与原油存在着很强的相关性。据对近几年价格走势的研究,纽约商品交易所WTI原油期货和新加坡燃料油现货市场180CST高硫燃料油之间的相关度高达90%,WTI指美国西得克萨斯中质原油,其期货合约在纽约商品交易所上市。国际上主要的原油期货品种还有IPE,IPE是指北海布伦特原油,在英国国际石油交易所上市。WTI和IPE的价格趋势是判断燃料油价格走势的两个重要依据。

(3) 产油国特别是 OPEC 各成员国的生产政策的影响

自 20 世纪 80 年代以来，非 OPEC 国家石油产量约占世界石油产量的三分之二，最近几年有所下降，但其石油剩余可采储量是有限的，并且各国的生产政策也不统一，因此其对原油价格的影响无法与 OPEC 组织相提并论。OPEC 组织国家控制着世界上绝大部分石油资源，为了共同的利益，各成员国之间达成的关于产量和油价的协议，能够得到多数国家的支持，所以该组织在国际石油市场中扮演着不可替代的角色，其生产政策对原油价格具有重大的影响力。

(4) 国际与国内经济的影响

燃料油是各国经济发展中的重要能源，特别是在电力行业、石化行业、交通运输行业、建材和轻工行业的使用范围越来越广泛，燃料油的需求与经济发展密切相关。在分析宏观经济时，有两个指标是很重要的，一个是经济增长率，或者说是 GDP 增长率，另一个是工业生产增长率。在经济增长时，燃料油的需求也会增长，从而带动燃料油价格的上升，在经济滑坡时，燃料油需求的萎缩会促使价格下跌。因此，要把握和预测好燃料油价格的未来走势，把握宏观经济的演变是相当重要的。

(5) 原油价格走势的影响

在影响油价的因素中，地缘政治是不可忽视的重要因素之一。在地缘政治中，世界主要产油国的国内发生革命或暴乱，中东地区爆发战争等，尤其是近期恐怖主义在世界范围的扩散和加剧，都会对油价产生重要的影响。回顾近 30 年来的油价走势不难发现，世界主要产油国或中东地区地缘政治发生的重大变化，都会反映在油价的走势中。

(6) 投机因素

国际对冲基金以及其他投机资金是各石油市场最活跃的投机力量，由于基金对宏观基本面的理解更为深刻并具有"先知先觉"，所以基金的头寸与油价的涨跌之间有着非常好的相关性，虽然在基金参与的影响下，价格的涨跌都可能出现过度，但了解基金的动向也是把握行情的关键。

（7）相关市场的影响

国际上燃料油的交易一般以美元标价，而目前国际上几种主要货币均实行浮动汇率制，以美元标价的国际燃料油价格势必会受到汇率的影响。利率的影响。利率是政府调控经济的一个重要手段，根据利率的变化，可了解政府的经济政策，从而预测经济发展情况的演变，以及其对原油和燃料油的需求影响。所以汇率市场和利率市场都对油价有相当的影响。

### 4.2.13.4 历史价格回顾

（1）成立以来至 2023 年底 K 线图

燃料油于 2004 年 9 月上市，历史最高价 5,667 元（2008 年 7 月 15 日），历史最低价 1,343 元（2015 年 9 月 15 日）。

图 4-27　2004—2023 年燃料油 K 线图[①]

（2）2023 年燃料油 K 线图

2023 年最高价 3,892 元（2023 年 9 月 28 日），最低价

---

① 图来自 WIND 数据库，FU.SHF 日 K 线图（不复权），仅作示例，最高值与最低值或与当月合约存在差异。

2,479元（2023年1月10日）。

图 4-28　2023 年燃料油 K 线图①

### 4.2.14　沥青

#### 4.2.14.1　交割单基本信息

表 4-14　沥青交割单基本信息

| 交易品种 | 石油沥青 | 最后交易日 | 合约月份的 15 日（遇国家法定节假日顺延，春节月份等最后交易日交易所可另行调整并通知） |
|---|---|---|---|
| 合约规模 | 10 吨/手 | 交割日期 | 最后交易日后连续三个工作日 |
| 报价单位 | 元人民币/吨 | 交割地点 | 交易所指定交割地点 |
| 最小变动价位 | 1 元人民币/吨 | 最初交易保证金 | 最低交易保证金：合约价值的 4% |

---

① 图来自 WIND 数据库，FU.SHF 日 K 线图（不复权），仅作示例，最高值与最低值或与当月合约存在差异。

续表

| 涨跌停板限幅 | 不超过上一交易日结算价±3% | 交割方式 | 实物交割 |
|---|---|---|---|
| 合约交割月份 | 最近1—12个月为连续月份以及随后四个季月 | 交易代码 | BU.SHF |
| 交易时间 | 上午9:00—11:30,下午13:30—15:00,下午21:00—23:00(夜盘) | 上市交易所 | SHFE |

### 4.2.14.2 品种概述

(1) 沥青的品种特性

沥青主要是指由高分子的烃类和非烃类组成的黑色到暗褐色的固态或半固态黏稠状物质,它全部以固态或半固态存在于自然界或由石油炼制过程制得。

(2) 沥青的分类

根据不同标准,沥青可以进行以下分类。

按其在自然界中获得的方式可分为地沥青和焦油沥青两大类。地沥青又分为天然沥青和石油沥青。焦油沥青是煤、木材等有机物干馏加工所得的焦油经再加工后的产品,分为煤沥青和木沥青。

天然沥青是石油在自然界长期受地壳挤压并与空气、水接触逐渐变化而形成的,以天然形态存在的天然沥青,其中常混有一定比例的矿物质。按形成的环境可分为湖沥青、岩石沥青、海底沥青、页岩油等。

石油沥青是原油加工过程的一种产品,在常温下是黑色或黑褐色的黏稠的液体、半固体或固体,主要含有可溶于三氯乙烯的烃类及非烃类衍生物,其性质和组成随原油来源和生产方法的不同而变化。

工程中采用的沥青绝大多数是石油沥青,石油沥青是复杂的碳氢化合物与其他非金属衍生物组成的混合物。

根据加工方法，石油沥青可分为直馏沥青、溶剂脱油沥青、氧化沥青、调和沥青、乳化沥青、改性沥青等。直馏沥青是指由原油通过常减压蒸馏的方法直接得到的产品，在常温下是黏稠液体或半固体；溶剂脱油沥青是指由减压渣油经溶剂沉淀法得到的脱油沥青产品或半成品；氧化沥青是由以减压渣油为原料经吹风氧化法得到的产品。由上述生产方法得到的沥青再加入溶剂稀释，或用水和乳化剂进行乳化，或加入改性剂进行改性，就可以分别得到稀释沥青、乳化沥青和改性沥青。

根据用途，石油沥青可以分为道路沥青、建筑沥青、水工沥青以及其他按用途分类的各种专用沥青。

表 4-15　沥青分类表

| 沥青 | 地沥青 | 天然沥青：湖沥青、岩石沥青、海底沥青 |
|---|---|---|
|  |  | 石油沥青：用原料精炼加工得到 |
|  | 焦油沥青 | 煤沥青 |
|  |  | 木沥青 |

### 4.2.14.3　价格影响因素

（1）道路建设的刚性需求

道路建设的刚性需求引导沥青价格上涨。例如，2011 年在国家抑制通货膨胀压力下，公路等基础设施建设资金紧张，造成了全年石油沥青价格小幅下滑。2012 年，公路建设资金到位情况较上年稍有好转，石油沥青价格出现小幅反弹。

（2）国际原油价格的影响

沥青在国际原油高价格的成本压力的推动下将呈现涨势。一般情况下，当石油沥青价格的上涨幅度小于原油时，出于经济最大化考虑，部分炼厂削减沥青供应，导致部分地区资源供应紧张，沥青价格将再度上涨。

### (3) 季节因素

寒冷的冬季使我国绝大部分地区气温低于10℃，按照公路交通部门施工要求，不能进行搅拌和摊铺。所以，按惯例每年11月中旬以后，我国绝大部分地区会停工并进入冬储季节。沥青价格因此表现出季节性特征。

此外，还有一些其他因素会影响石油沥青的价格走势，例如焦化料的影响。2012年11月底，焦化料价格反弹，对石油沥青价格形成利好支撑，在一定程度上缓解了石油沥青的下滑趋势。

#### 4.2.14.4 历史价格回顾

(1) 成立以来至2023年底K线图

沥青于2013年10月上市，历史最高价4,912元（2022年6月9日），历史最低价1620元（2013年10月9日）。

图4-29　2013—2023年沥青K线图[①]

---

① 图来自WIND数据库，BU.SHF日K线图（不复权），仅作示例，最高值与最低值或与当月合约存在差异。

## (2) 2023年沥青K线图

2023年最高价4,028元（2023年9月19日），最低价3,452元（2023年7月3日）。

图4-30　2023年沥青K线图①

## 4.2.15　丁二烯橡胶

### 4.2.15.1　交割单基本信息

表4-16　丁二烯橡胶交割单基本信息

| 交易品种 | 丁二烯橡胶 | 最后交易日 | 合约月份的15日（遇国家法定节假日顺延，春节月份等最后交易日交易所可另行调整并通知） |
|---|---|---|---|
| 合约规模 | 5吨/手 | 交割日期 | 最后交易日后连续二个工作日 |

---

① 图来自WIND数据库，BU.SHF日K线图（不复权），仅作示例，最高值与最低值或与当月合约存在差异。

续表

| 报价单位 | 元人民币/吨 | 交割地点 | 交易所指定交割地点 |
|---|---|---|---|
| 最小变动价位 | 5元人民币/吨 | 最初交易保证金 | 最低交易保证金：合约价值的7% |
| 涨跌停板限幅 | 不超过上一交易日结算价±5% | 交割方式 | 实物交割 |
| 合约交割月份 | 1, 2, 3, 4, 5, 6, 7, 8, 9, 10, 11, 12 | 交易代码 | BR.SHF |
| 交易时间 | 每周一至周五，09：00—10：15、10：30—11：30 和 13：30—15：00，下午21：00—23：00（夜盘） | 上市交易所 | SHFE |

### 4.2.15.2 品种概述

(1) 自然属性及应用

合成橡胶是采用化学方法人工合成的一种性能类似或超过天然橡胶的新型有机高分子弹性体，它是以石油、天然气、煤炭等为初始原料，通过多种化学方法先制取合成橡胶的基本原料（即单体），再经过聚合或缩合反应以及凝聚、洗涤、脱水、干燥、成型等工序，制得具有弹性的高分子均聚物或共聚物。

合成橡胶按成品状态的不同可分为液体橡胶、固体橡胶、乳胶和粉末橡胶等；按照用途的不同，可分为通用合成橡胶与特种合成橡胶两大类。目前，丁二烯橡胶（BR）与丁苯橡胶（SBR）是应用最为广泛的两大合成橡胶品种。丁二烯橡胶以丁二烯为单体在催化剂作用下聚合而成。如按照分子结构来区分，主要有顺式聚丁二烯橡胶（简称"顺丁橡胶"）和反式聚丁二烯橡胶两类。其中，顺丁橡胶根据顺式-1,4-聚丁二烯构型含量，又分为高顺式（顺式含量95%~98%）、中顺式（顺式含量90%~95%）

和低顺式（顺式含量40%以下）聚丁二烯橡胶三种类型。顺丁橡胶作为丁二烯橡胶中最重要的品种，主要用于制造轮胎、塑料抗冲改性剂以及各类橡胶制品等。在合成橡胶中，顺丁橡胶的弹性及耐寒性最佳，可显著改善轮胎的耐磨性能，提高其使用寿命。由于高顺式聚丁二烯橡胶（简称"高顺顺丁橡胶"）的物理机械性能接近于天然橡胶，某些性能还超过了天然橡胶，目前各国都以生产高顺顺丁橡胶为主。

(2) 丁二烯生产工艺

目前，世界上丁二烯橡胶的生产大部分采用溶液聚合法。采用不同催化体系生产的丁二烯橡胶，主要生产工序有：

①催化剂、终止剂和防老剂的配制计量；

②丁二烯的聚合；

③胶液的凝聚；

④橡胶的脱水和干燥；

⑤单体、溶剂的回收和精制。催化剂经配制、陈化后，与单体丁二烯、溶剂油一起进入聚合装置，在此合成丁二烯橡胶。胶液在进入凝聚工序前加入终止剂和防老剂。用水蒸汽凝聚后，橡胶成颗粒状与水一起输送到脱水、干燥工序。干燥后的生胶包装后进入成品仓库。在凝聚工序用水蒸汽蒸出的溶剂油和丁二烯经回收精制后循环使用。

### 4.2.15.3 价格影响因素

(1) 宏观经济环境因素

作为全球合成橡胶的标杆价格以及拥有较强金融属性的大宗商品，丁二烯橡胶价格与全球经济形势息息相关。例如，2010—2011年伴随全球主要国家在后金融危机时代的普遍经济刺激政策，全球大宗商品价格出现联动性上涨；2018—2020年，国际油价受地缘政治影响大幅波动，中美贸易摩擦致使国内下游外贸型橡胶制品企业受影响，合成橡胶价格随之整体呈现低位区间震荡走势。2021—2022年，合成橡胶供应持续收紧，外加宏观经济环境改善，价格小幅度上涨。

(2) **合成橡胶市场供需结构因素**

2005年后，全球合成橡胶短期内产能增长和需求增速贡献主要来自以中国为代表的亚太国家和地区。当2012年以来国内橡胶扩产带来供应过剩的问题时，丁二烯橡胶价格则一路走低；而2016年当该行业去产能、去库存缓解供应压力时，橡胶价格则大幅上升。2020年受疫情影响，全球合成橡胶需求量显著下降，现货价格持续低迷。2021年部分主流生产装置意外停车，外加四季度双控限电政策影响，市场供应紧缺情况凸显，带动丁二烯橡胶现货价格持续上行。

(3) **原材料丁二烯供需及价格因素**

丁二烯是合成橡胶最主要的生产原料之一，因此丁二烯的供应与价格波动情况对合成橡胶尤其是丁二烯橡胶价格产生直接影响。鉴于下游需求增量预计远不及丁二烯产能增速，未来丁二烯供应将维持相对宽松格局，合成橡胶生产成本压力将得以缓解。

(4) **汽车轮胎等下游消费需求因素**

以汽车轮胎制造业为代表的下游市场需求情况对合成橡胶市场价格波动起直接决定作用。对于丁二烯橡胶，高顺顺丁橡胶主要受全钢子午线轮胎、胶鞋、管带等橡胶制品行业需求影响，低顺顺丁橡胶则主要受ABS与HIPS的改性需求及高端子午线轮胎发展趋势影响。

(5) **原油价格波动因素**

原油作为全球大宗商品之王，其价格走势对其他大宗商品价格有着广泛的影响。此外，合成橡胶作为原油的下游产品，各类基础有机原料均从原油中提炼而来，原油价格的波动影响着整个石化产业链。因此，合成橡胶价格与国际油价呈现较强的联动性。

(6) **天然橡胶供需及价格因素**

合成橡胶与天然橡胶可部分替代使用，二者价格关联性较强并相互影响。天然橡胶的供需状况、价格走势对合成橡胶价格均产生一定的拉动作用。一般情况下，天然橡胶价格要高于合成橡胶，在轮胎制造中二者的配比也比较稳定。当合成橡胶价格因原油价格与天然橡胶价格出现倒挂时，合成橡胶需求将受到抑制，并进一步压制合成橡胶价格。

### 4.2.15.4　历史价格回顾

（1）成立以来至 2023 年底 K 线图

丁二烯橡胶于 2023 年 7 月上市，历史最高价 14,600 元（2023 年 9 月 6 日），2023 年历史最低价 10,560 元（2023 年 7 月 28 日）。

图 4-31　2023 年丁二烯橡胶 K 线图[①]

（2）2023 年丁二烯橡胶 K 线图

同上图。

---

① 图来自 WIND 数据库，BR.SHF 日 K 线图（不复权），仅作示例，最高值与最低值或与当月合约存在差异。

### 4.2.16　天然橡胶

#### 4.2.16.1　交割单基本信息

表 4-17　天然橡胶交割单基本信息

| | | | |
|---|---|---|---|
| 交易品种 | 天然橡胶 | 最后交易日 | 合约月份的15日（遇国家法定节假日顺延，春节月份等最后交易日交易所可另行调整并通知） |
| 合约规模 | 10 吨/手 | 交割日期 | 最后交易日后连续三个工作日 |
| 报价单位 | 元人民币/吨 | 交割地点 | 交易所指定交割仓库 |
| 最小变动价位 | 5 元人民币/吨 | 最初交易保证金 | 最低交易保证金：合约价值的5% |
| 涨跌停板限幅 | 不超过上一交易日结算价±3% | 交割方式 | 实物交割 |
| 合约交割月份 | 1、3、4、5、6、7、8、9、10、11 | 交易代码 | RU.SHF |
| 交易时间 | 上午9：00—11：30，下午13：30—15：00，下午21：00—23：00（夜盘） | 上市交易所 | SHFE |

#### 4.2.16.2　品种概述

**（1）天然橡胶的自然属性**

通常我们所说的天然橡胶，是指从橡胶树上采集的天然胶乳，经过凝固、干燥等加工工序而制成的弹性固状物。天然橡胶是一种以聚异戊二烯为主要成分的天然高分子化合物，分子式是$C_5H_8$，其橡胶烃（聚异戊二烯）含量在90%以上，还含有少量的蛋白质、脂肪酸、糖分及灰分等。

天然橡胶的物理特性：天然橡胶在常温下具有较高的弹性，稍带塑性，具有非常好的机械强度，滞后损失小，在多次变形时生热低，因此耐屈挠性也很好，并且因为是非极性橡胶，所以电绝缘性能良好。

天然橡胶的化学特性：因为有不饱和双键，所以天然橡胶是一种化学反应能力较强的物质，光、热、臭氧、辐射、屈挠变形和铜、锰等金属都能促进橡胶的老化，不耐老化是天然橡胶的致命弱点，但是，添加了防老剂的天然橡胶，有时在阳光下曝晒两个月依然看不出多大变化，在仓库内贮存三年后仍可以照常使用。

天然橡胶的耐介质特性：天然橡胶有较好的耐碱性能，但不耐浓强酸。由于天然橡胶是非极性橡胶，只能耐一些极性溶剂，而在非极性溶剂中则溶胀，因此，其耐油性和耐溶剂性很差，一般说来，烃、卤代烃、二硫化碳、醚、高级酮和高级脂肪酸对天然橡胶均有溶解作用，但其溶解度则受塑炼程度的影响，而低级酮、低级酯及醇类对天然橡胶则是非溶剂。

（2）天然橡胶的品种分类

天然橡胶按形态可以分为两大类：固体天然橡胶（胶片与颗粒胶）和浓缩胶乳。在日常使用中，固体天然橡胶占了绝大部分的比例。

胶片按制造工艺和外形的不同，可分为烟胶片、风干胶片、白皱片、褐皱片等。烟胶片是天然橡胶中最具代表性的品种，一度曾是用量最大、应用最广的一个胶种，烟胶片一般按外形来分级，分为特级、一级、二级、三级、四级、五级共六级，达不到五级的则列为等外胶。

颗粒胶（即标准胶 SMR，也称技术分级橡胶 TSR）是按国际上统一的理化效能、指标来分级的，这些理化性能包括杂质含量、塑性初值、塑性保持率、氮含量、挥发分含量、灰分含量及色泽指数等，其中以杂质含量为主导性指标。

（3）天然橡胶的主要用途

由于天然橡胶具有上述一系列物理化学特性，尤其是其优良的回弹性、绝缘性、隔水性及可塑性等特性，并且经过适当处理后还具有耐油、耐酸、耐碱、耐热、耐寒、耐压、耐磨等宝贵性质，所以，具有广泛用途。例如日常生活中使用的雨鞋、暖水袋、松紧带；医疗卫生行业所用的外科医生手套、输血管、避孕套；交通运输上使用的各种轮胎；工业上使用的传送带、运输带、耐酸和耐碱手套；农业上使用的排灌胶管、氨水袋；气象测量用的探空气球；科学试验用的密封、防震设备；国防上使用的飞机、坦克、大炮、防毒面具；甚至连火箭、人造地球卫星和宇宙飞船等高精尖科学技术产品都离不开天然橡胶。目前，世界上部分或完全用天然橡胶制成的物品已达7万种以上。天然橡胶与钢铁、石油和煤炭并称为四大工业原料，是关乎国计民生的重要战略物资。

### 4.2.16.3 价格影响因素

（1）天然橡胶国际供求情况

供求情况是影响天然橡胶价格最根本的因素。目前，全球天然橡胶的主产国是泰国、印度尼西亚、马来西亚、印度、越南和中国，由于中国、印度自身用胶量大，而越南产量目前无法与上述前三者相比，因此，天然橡胶主要出口国是泰国、印度尼西亚和马来西亚，三国已经于2002年成立天然橡胶地区销售联盟（ITRCo），并合资成立大然橡胶联盟（IRCo），成立该组织的目的是稳定橡胶的价格，并保持橡胶供需的长期平衡。2011年3月，日本大地震导致橡胶价格大幅下挫，以泰国为代表的国际橡胶联盟申明保持国内价格不低于120泰铢/公斤。全球天然橡胶消费量最大的国家和地区是中国、印度、美国、西欧和日本，其中，中国自身的天然橡胶产量由于这两年消费量快速增长，仅能满足约五分之一的本国消费量，其余需要进口，印度天然橡胶自给率达90%，美国、西欧和日本则完全依赖进口。显而易见，上述三大天然橡胶主要出口国和几个主要进口国及地区之间对天然橡胶的供求关系对天然橡胶的价格起着最基本也是至关重要的影响。另外，在关注全球天然橡胶主产国生产状况的同时，还需关注越南、印度、斯里兰卡等国天然橡胶种植、生产的发展趋势。尤其是越南，政府宣布将扩大天然橡胶种植面积，并采用鼓励出口等措施以增加天然橡胶销售量，近几年播种面积明显增加，预计未来全球份额将会提升。由于橡胶树从种植到可以产胶需要5年以上，因此在分析时要注意扩大种植面积到实际产量的延迟期。天然橡胶消费量最大的就是汽车工业（约占天然橡胶消费总量的65%），因此，汽车工业以及相关轮胎行业的发展情况将会影响天然橡胶的价格。库存亦是影响天然橡胶价格的重要因素之一。

(2) 天然橡胶国内供求情况及关税政策

我国国产的天然橡胶一直处于供不应求的局面，因此，在天然橡胶进口没有完全放开之前，国内天然橡胶的供应情况对我国天然橡胶价格仍有一定的影响。

然而，当我国加入WTO以后，政府如何兑现WTO承诺、调整进出口政策，成为影响我国天然橡胶进口情况乃至天然橡胶价格波动的一个重要因素。我国对天然橡胶的进口实行"二证"管理，具体内容为：进口天然橡胶包括来料加工部分（实行零关税，1999年10月1日开始不受配额许可证限制）、双限部分（限制流向和用途，1997年、1998年为5%关税，1999年调整为10%）和一般贸易部分（2000年以前的关税为25%）。来料加工部分和双限部分被称为"减免税部分"，海关对以这两种方式进口的天然橡胶进行跟踪，监管其流向和用途，只有一般贸易部分能够进入流通市场，并能参与期货市场的交割。

(3) 国际、国内经济大环境

天然橡胶作为一种重要的工业原料，其价格波动与国际、国内经济大环境可以说休戚相关。当经济大环境向好，市场需求充足时，市场对天然橡胶的需求量就会增加，从而推动其价格上涨；相反，当经济大环境向恶，市场悲观情绪严重、需求不足时，市场对天然橡胶的需求就会减少，从而促使其价格下跌，2008年爆发的全球经济危机导致胶价大幅下跌就是一个明证。因此，国际、国内经济大环境的好坏将影响天然橡胶价格的长期走势。

(4) 主要用胶行业的发展情况

天然橡胶消费量最大的就是汽车工业（约占天然橡胶消费总量的65%），而汽车工业的发展带动轮胎制造业的进步。因此，汽车工业以及相关轮胎行业的发展情况将会影响天然橡胶的价格。在欧美、日本等国汽车工业相对进入稳定发展之后，天然橡胶的需求也相对平稳，比较而言，中国的汽车工业刚刚起步，未来发展有很大空间。因此，国内天然橡胶价格受汽车工业和轮胎行业发展影响的程度将加强。

(5) 合成橡胶的生产及应用情况

橡胶制品随着工艺的不断改进，原材料的选用也有所变化，许多产品已经做到利用合成橡胶替代天然橡胶。伴随着合成橡胶工业的不断发展，其价格也越来越具有竞争性。当天然橡胶供给紧张或价格上涨时，许多生产厂商会选择使用合成橡胶，两者的互补性将会越来越强。

同时，由于合成橡胶属于石化类产品，自然而然，其价格受其上游产品——石油的影响。而事实上，石油价格一直是不断波动的，因此，石油价格的波动也会通过影响合成橡胶的价格而作用于天然橡胶的价格。

(6) 自然因素

天然橡胶树的生长对地理、气候条件有一定的要求，适宜割胶的胶树一般要有5—7年的树龄，因此，可用于割胶的天然橡胶树的数量短时期内无法改变。而影响天然橡胶产量的主要因素有以下3个。

①季节因素。进入开割季节，胶价下跌；进入停割季节，胶价上涨。

②气候因素。台风或热带风暴、持续的雨天、干旱、霜冻等都会降低天然橡胶产量而使胶价上涨。

③病虫害因素。如白粉病、红根病、炭疽病等，这些都会影响天然橡胶树的生长，甚至导致天然橡胶树死亡，对天然橡胶的

产量及价格影响也很大。

（7）汇率变动因素

近几年由于全球经济的动荡，汇率变动频繁，对天然橡胶价格，尤其进出口业务有一定的影响。因此，在关注国际市场天然橡胶行情的时候，一定要关注各国尤其是三大产胶国以及日元兑美元的汇率变动情况。有资料表明，通过相关性分析，日元兑美元汇率与TOCOM天然橡胶价格存在一定的相关关系，因此，日元兑美元汇率的变动对进口天然橡胶的成本会产生相应影响，从而引起国内胶价的变动。

（8）政治因素

政治因素除了包括各国政府对天然橡胶进出口的政策影响外，更重要的是指国际范围内的突发事件以及已经发生和将要发生的重大事件，例如灾难性事件的发生以及可能发生的战争因素等。政治因素往往会在相关消息传出的短时期内导致天然橡胶价格的剧烈波动，并且影响其长期价格走势。

（9）国际市场交易情况的影响

天然橡胶在国际期货市场已经成为一个成熟品种，在东南亚各国的期货交易所占有一定的市场份额。因此，天然橡胶期货交易的主要场所，如日本的TOCOM和OME、中国的SHFE、新加坡的SICOM、马来西亚的KLCE以及泰国的AFET等期货交易所的交易价格互相之间也有不同程度的影响。

对国内天然橡胶期货投资者来说，在参与SHFE天然橡胶期货交易时，既要关注国外主要天然橡胶期货市场的交易情况，也要关心国内海南、云南、青岛等现货市场的报价情况。

#### 4.2.16.4 历史价格回顾

（1）成立以来至2023年底K线图

天然橡胶于1995年6月上市，历史最高价43,500元（2011年2月9日），历史最低价6,320元（2023年4月7日）。

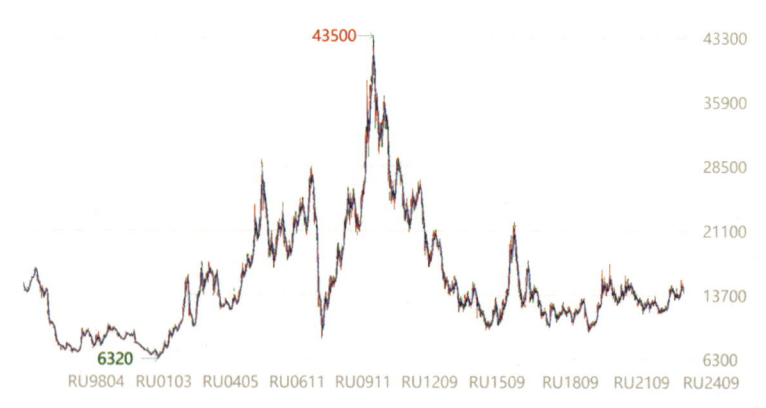

图 4-32　1995—2023 年天然橡胶 K 线图①

**（2）2023 年天然橡胶 K 线图**

2023 年最高价 14，920 元（2023 年 10 月 16 日），最低价 11，550 元（2023 年 3 月 16 日）。

图 4-33　2023 年天然橡胶 K 线图②

---

①　图来自 WIND 数据库，RU.SHF 日 K 线图（不复权），仅作示例，最高值与最低值或与当月合约存在差异。

②　图来自 WIND 数据库，RU.SHF 日 K 线图（不复权），仅作示例，最高值与最低值或与当月合约存在差异。

### 4.2.17 纸浆

#### 4.2.17.1 交割单基本信息

表 4-18 纸浆交割单基本信息

| | | | |
|---|---|---|---|
| 交易品种 | 漂白硫酸盐针叶木浆 | 最后交易日 | 合约月份的 15 日（遇国家法定节假日顺延，春节月份等最后交易日交易所可另行调整并通知） |
| 合约规模 | 10 吨/手 | 交割日期 | 最后交易日后连续三个工作日 |
| 报价单位 | 元人民币/吨 | 交割地点 | 交易所指定交割仓库 |
| 最小变动价位 | 2 元人民币/吨 | 最初交易保证金 | 最低交易保证金：合约价值的 4% |
| 涨跌停板限幅 | 不超过上一交易日结算价±3% | 交割方式 | 实物交割 |
| 合约交割月份 | 1，2，3，4，5，6，7，8，9，10，11，12 | 交易代码 | SP.SHF |
| 交易时间 | 上午9：00—11：30，下午13：30—15：00，下午21：00—23：00（夜盘） | 上市交易所 | SHFE |

#### 4.2.17.2 品种概述

（1）纸浆的自然属性

纸浆（漂白硫酸盐针叶木浆）是以植物纤维为原料，经不同加工方法制得的纤维状物质，是造纸工业的主要原材料。

纸浆中植物纤维主要来自木材，木材提供全球 93% 的植物纤维。木材的主要成分为纤维素，另外还有不同程度的半纤维素、木质素、树脂、色素、果胶和灰分等物质。

（2）**纸浆的分类**

纸浆根据不同制造工艺又可分为化学浆、机械浆和化学机械浆。其中，化学浆是用化学法将纤维与木质素分开获得纤维，化学法包括烧碱法、硫酸盐法、亚硫酸盐法等；机械浆包括磨石磨木浆、盘磨机械浆、热磨机械浆等。按加工深度又可细分为漂白浆、半漂白浆、未漂白浆（本色浆）。

（3）**纸浆的主要用途**

木浆由于其纤维长、破裂强度高、拉伸强度好等特点，成纸具有耐折、耐破、撕裂强度高等特性，多用于生产涂布印刷书写纸、未涂布印刷书写纸、卫生用纸和特种用纸原纸等纸及纸板，所得纸及纸板再经造纸厂加工后制得图书、餐巾纸等纸制品流入市场。

废木浆由于其原材料易得、产地较近、价格低廉等因素，较多用于生产卫生用纸、包装纸及手工纸等，如本色竹浆抽纸、宣纸等。废纸浆根据原料质量不同，经不同工艺处理后可用于生产新闻纸、瓦楞原纸及箱板纸等。

### 4.2.17.3 价格影响因素

（1）**供给变化**

供给方面，国内纸浆市场的供给主要由国内产量、库存、进口量和国家产业政策决定。其中，产量和库存主要受基础材料和人力成本、林地面积和产地气候条件等因素影响。进口量主要受人民币汇率和贸易政策的影响。

我国浆纸行业具有产业集中度低、市场竞争充分、产业链长，并且具有各产业关联度高、市场容量及发展潜力大、市场参与主体众多等特点，已经成为拉动林业、农业、机械制造、化工、自动控制、印刷和包装等产业发展的重要引擎。2017年我国漂针浆进口量为812万吨，同比增加8万吨。我国漂针浆五大进口国分别是加拿大、美国、智利、俄罗斯和芬兰，2017年从上述5个国家进口漂针浆755.2万吨，占进口总量93%。其中，我国从加拿大进口漂针浆254.5万吨，占进口总量约31.3%。

（2）需求变化

需求方面，纸浆需求主要由下游技术和产业发展、季节、产品储备、产品特性，以及国家政策和宏观经济形势共同决定。这些因素的相互作用组成了纸浆价格波动规律。

### 4.2.17.4 历史价格回顾

（1）成立以来至2023年底K线图

纸浆于2018年11月上市，历史最高价7,652元（2021年3月1日），历史最低价4,252元（2020年2月23日）。

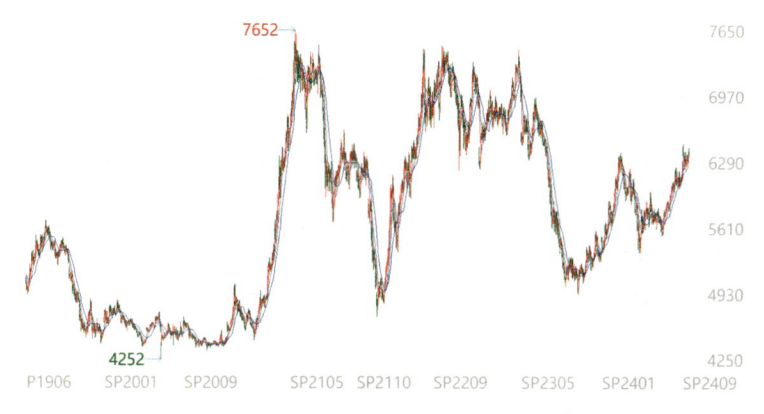

**图 4-34 2018—2023年纸浆K线图①**

（2）2023年纸浆K线图

2023年最高价6,960元（2023年2月6日），最低价4,926元（2023年6月8日）。

---

① 图来自WIND数据库，SP.SHF日K线图（不复权），仅作示例，最高值与最低值或与当月合约存在差异。

图 4-35　2023 年纸浆 K 线图①

## 4.2.18　原油

### 4.2.18.1　交割单基本信息

表 4-19　原油交割单基本信息

| 交易品种 | 中质含硫原油 | 最后交易日 | 交割月份前第一月的最后一个交易日；上海国际能源交易中心有权根据国家法定节假日调整最后交易日 |
|---|---|---|---|
| 合约规模 | 1000 桶/手 | 交割日期 | 最后交易日后连续五个交易日 |
| 报价单位 | 元人民币/桶 | 交割地点 | 上海国际能源交易中心指定交割仓库 |
| 最小变动价位 | 0.1 元人民币/桶 | 最初交易保证金 | 最低交易保证金：合约价值的 5% |

---

① 图来自 WIND 数据库，SP.SHF 日 K 线图（不复权），仅作示例，最高值与最低值或与当月合约存在差异。

续表

| | | | |
|---|---|---|---|
| 涨跌停板限幅 | 不超过上一交易日结算价±4% | 交割方式 | 实物交割 |
| 合约交割月份 | 最近1—12个月为连续月份以及随后八个季月 | 交易代码 | SC. INE |
| 交易时间 | 每周一至周五，9：00— 10：15、10：30—11：30和13：30—15：00，下午21：00—次日02：30（夜盘） | 上市交易所 | INE |

### 4.2.18.2 品种概述

原油是从地下天然油藏直接开采得到的液态碳氢化合物或其天然形式的混合物，通常是流动或半流动的黏稠液体。世界各油区所产原油的性质和外观都有不同程度的差别。从颜色上看，绝大多数是黑色但也有暗黑、暗绿、暗褐，甚至呈赤褐、浅黄乃至无色的；以相对密度论，绝大多数原油介于0.8~0.98。

原油大多具有浓烈的气味，这是因为其中含有臭味的含硫化合物的缘故。原油的主要元素为碳、氢、硫、氮、氧及微量元素。其中，碳和氢占96%~99%，其余元素总含量一般不超过1%~4%，上述元素都以有机化合物的形式存在。组成原油的有机化合物为碳、氢元素构成的烃类化合物，主要是由烷烃、环烷烃和芳香烃以及在分子中兼有这三类烃结构的混合烃构成。原油中一般不含烯烃和炔烃，但在某些二次加工产物中含有烯烃。除了烃类，原油中还含有相当数量的非烃类化合物。这些非烃类化合物主要包括含硫、含氧、含氮化合物以及胶状、沥青状物质，含量可达10%~20%。原油是一种多组分的复杂混合物，其沸点范围很宽，从常温一直到500℃以上，每个组分都有各自的特性。但从油品使用要求来说，没有必要把原油分成单个组分。通常来说，对原油进行研究或者加工利用，只需对其进行分馏即可。分馏就是按照组分沸点的差别将原油"切割"成若干"馏分"。馏分常冠以汽油、煤油、柴油、润滑油等石油产品的名称，但馏分并不是石油产品。石油产品必须符合油品的质量标准，石油馏分只是中间产品或半成品，必须进行进一步加工才能成为石油产品。

(1) 原油及其产品主要性能指标

原油及其产品的性能指标包括密度、黏度、凝固点、胶质和沥青质、硫含量、蜡含量、析蜡点、水含酸值、闪点、比热、爆炸极限等。对原油而言，物理性质是评定原油产品质量和控制原油炼制过程的量的重要指标。

①密度。原油的密度即单位体积原油的质量，一般密度低的原油轻油收率越高。因油品的体积会随温度的升高而变大，密度则随之变小，所以油品密度应标明温度。我国国家标准（GBT 1884）规定20℃时的密度为石油和液体石油产品的标准密度，以 $p20$ 表示。油品的相对密度是其密度与规定温度下水的密度之比。油品在 t℃时的相对密度通常用 $d4$ 表示，我国及东欧各国常用的相对密度是 $d4$；欧美各国常用的相对密度是 $d60°F$（其中 $60°F = 15.6℃$），即 $60°F$油品密度与 $60°F$水的密度之比。欧美各国常采用比重指数表示油品密度，也称为 $60°F$ API 度，简称 API 度，并以此作为油品标准密度。与通常密度的概念相反，API 度数值愈大表示密度愈小。目前，国际上把 API 度作为决定原油价格的主要标准之一，它的数值愈大，表示原油愈轻，价格愈高。

②黏度。原油黏度的表示和测定方法很多，各国有所不同。我国主要采用运动黏度和恩氏黏度，英美等国大多采用赛氏黏度和雷氏黏度，德国和西欧各国多用恩氏黏度和运动黏度。国际标准化组织（ISO）规定统一采用运动黏度。在此仅对运动黏度做一简要介绍。原油的运动黏度是其动力黏度与密度之比。动力黏度的国际单位制（SI）单位式，即 Centimeter-Gram-Second system ofunits）单位为泊（P）和为帕·秒（Pa·s），厘米克秒单位制[CGS，一种国际通用的单位制厘泊（cP），其换算关系为：1Pa·s=10P=103cP。运动黏度的SI单位为$m^2/s$或$mm^2/s$，CGS制为斯（St），1/100斯称为厘斯（cSt），如180cSt燃料油就是运动黏度180厘斯的燃料油。单位间的换算关系为：$1m^2/s = 106mm^2/s = 106cSt$

在易凝高黏原油或重质燃料油的输送过程中，为保持其良好的流动性，通常需进行加热。黏度是衡量原油流动性能的指标，原油黏度随温度升高而减小。

③低温性能。油品的低温性能是一个重要的质量标准，它直接影响油品的运输储存和使用条件。油品低温性能有多种评定指标，如浊点、结晶点、冰点、凝点、倾点、冷滤点等。其中凝点和倾点是原油的重要低温指标。凝点是指在规定的热条件和剪切条件下，油品冷却到液面不移动时的最高温度。倾点是在规定的试验条件下，油品能够保持流动的最低温度。原油的凝点在-50~35℃，其数值分含量高，尤其是石蜡含量的高低与原油中的组分含量有关，轻质组分含量高，凝点低，重质组凝点就高。

④燃烧性能。油品绝大多数都是易燃易爆的物质，其闪点、燃点和自燃点等是表征油品火灾危险性的重要指标，对于确保原油及其产品在储存运输等环节的安全具有重要意义。

⑤硫含量。原油加工及其产品应用的危害是多方面的，如腐蚀金属设备及管道、造成催化剂中毒、影响产品质量等，原油及其产品几乎都含不同浓度水平的硫化物。特别是近年来随着经济发展，汽车拥有量增多，含硫燃料燃烧产生的二氧化硫、三氧化硫等会严重污染环境。因此，限制油品中的硫含量具有重要意义，在原油进行深加工前通常对其进行脱硫处理，从而降低各种产品中的硫含量。

⑥溶解性。原油不溶于水，但可与水形成乳状液；可溶于有机溶剂，如香精、醚、三氯甲烷、四氯化碳等，也能局部溶解于

乙醇之中。

(2) 原油分类

原油通常可以从工业、化学、物理或地质等不同角度进行分类，一般倾向于工业（商品）分类和化学分类。

①工业（商品）分类。比重指数 API 度分类和含硫量分类工业（商品）分类的依据很多，如分别按密度、含量、含氮含蜡量和含胶质量分类等。国际石油市场上常用的计价标准是按比重指数 API 度分类和含硫量分类的，不完全机械地遵循这些标准，往往还会考虑定价基准等其他因素。不同国家和公司对 API 度的划分标准可能会有所差异，现实中油属于中质原油；孤岛原油、乌尔未稠油属于重质原油；辽河油田曙光一区原油和孤岛个别油井采出的原油属于特重质原油。

②化学分类。原油的化学分类以原油的化学组成为基础，通常采用原油某几个与化学组成有直接关系的物理性质作为分类依据。

特性因数分类。原油特性因数 K 是根据相对密度和沸点组合成的复合常数，能反映原油的化学组成性质，可对原油进行分类。

关键馏分特性分类。关键馏分特性分类法以原油的两个关键馏分的相对密度为分类标准。其中两个关键馏分是把原油在特定设备中，按规定条件进行蒸馏，分别在 250~275℃ 和 395~425℃ 取得。

(3) 原油加工

通常将原油加工分为一次加工和二次加工。一次加工过程是根据不同组分的沸点不同将原油用蒸馏的方法分离成轻重不同馏分的过程，常称为"原油蒸馏"，它包括原油预处理、常压蒸馏和减压蒸馏。一次加工产品可以分为：①柴油馏分等；②轻质馏分油，指沸点在 370℃ 以下的馏出油，重质馏分油，如汽油分、煤油馏指沸点在 370~540℃ 的重质馏出油，如重柴油、各种润滑油馏分、裂化原料等；③渣油（常压重油，减压渣油）。二次加工过程是对一次加工过程产物的再加工。主要是指将重质馏分油和渣油经过各种裂化生产轻质馏分油的过程，包括催化裂化、加氢裂化、石油焦化等。另外，还包括催化重整和石油产品精制。

(4) 石油产品及其主要用途

石油产品现有800余种，一般不包括以石油为原料合成的石油化工产品，主要分为六大类：燃料、润滑剂、石油沥青、石油蜡、石油焦、溶剂和化工原料。燃料包括汽油、柴油和喷气燃料等发动机燃料以及灯用煤油、燃料油等，我国的石油燃料约占石油产品的80%，其中约60%为各种发动机燃料。润滑剂品种最多，达百种以上，但产量不高，仅占石油产品总量的5%左右。溶剂和化工原料包括生产乙烯的裂解原料、石油芳烃及各种溶剂油，占石油产品总量的10%左右。石油沥青、石油蜡和石油焦占石油产品总量的5%~6%。

### 4.2.18.3 价格影响因素

期货市场是在现货市场基础上发展起来的，所以期货市场的进一步发展必然不能脱离现货市场。期货市场与现货市场对新的市场信息的反应非常接近，期货价格与现货价格运动的方向基本一致，并且两者的价格变动幅度也非常接近，即原油期货价格与原油现货价格之间相互引导，存在着长期的均衡关系。

国际原油市场的价格是由原油现货市场和期货市场的价格共同决定的。因此，影响原油现货价格的因素，即原油市场供需矛盾等因素也会影响原油期货价格。然而，原油期货价格与现货价格也会出现短时间的偏离，因此还有一些特殊因素会影响原油期货价格，如投资基金的操作等金融因素。

除此之外，原油作为商品，与其他的商品一样，其价格也是由供需关系决定的，但是原油不是一般的商品，它是重要的战略物资，是一种特殊的商品，对于国际原油价格影响因素很多，在很大程度上还受国际政治、经济、外交和军事的影响。综上所述，影响原油期货价格的因素有以下几点：

①现货市场因素；
②投资基金操作；
③美元、汇率、利率及资金流动性；
④突发事件和政治因素。

### 4.2.18.4 历史价格回顾

**(1) 成立以来至 2023 年底 K 线图**

原油于 2018 年 3 月上市，历史最高价 823.6 元（2022 年 3 月 9 日），历史最低价 205.3 元（2020 年 4 月 23 日）。

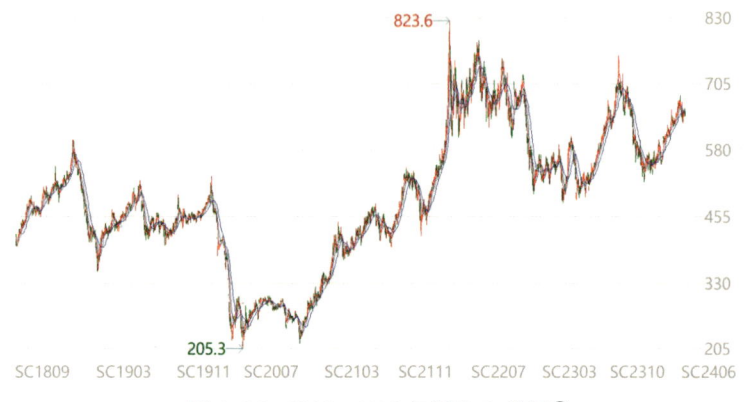

图 4-36　2018—2023 年原油 K 线图[①]

**(2) 2023 年原油 K 线图**

2023 年最高价 758 元（2023 年 9 月 15 日），最低价 480.6 元（2023 年 3 月 20 日）。

---

① 图来自 WIND 数据库，SC.INE 日 K 线图（不复权），仅作示例，最高值与最低值或与当月合约存在差异。

图 4-37　2023 年原油 K 线图①

## 4.2.19　LU 燃油

### 4.2.19.1　交割单基本信息

表 4-20　山燃油交割单基本信息

| 交易品种 | 低硫燃料油 | 最后交易日 | 交割月份前第一月的最后一个交易日（遇国家法定节假日、休息日顺延；上海国际能源交易中心可以根据国家法定节假日、休息日调整最后交易日） |
|---|---|---|---|
| 合约规模 | 10 吨/手 | 交割日期 | 最后交易日后连续五个交易日 |
| 报价单位 | 元人民币/吨 | 交割地点 | 上海国际能源交易中心指定交割仓库 |

---

①　图来自 WIND 数据库，SC.INE 日 K 线图（不复权），仅作示例，最高值与最低值或与当月合约存在差异。

续表

| | | | |
|---|---|---|---|
| 最小变动价位 | 1元人民币/吨 | 最初交易保证金 | 最低交易保证金：合约价值的8% |
| 涨跌停板限幅 | 不超过上一交易日结算价±5% | 交割方式 | 实物交割 |
| 合约交割月份 | 1、2、3、4、5、6、7、8、9、10、11、12 | 交易代码 | LU.INE |
| 交易时间 | 每周一至周五，9：00—10：15、10：30—11：30和13：30—15：00，下午21：00—23：00（夜盘） | 上市交易所 | INE |

### 4.2.19.2 品种概述

（1）燃料油的品种分类

燃料油作为成品油的一种，是石油加工过程中在汽、煤、柴油之后从原油中分离出来的较重的剩余产物。燃料油主要是由石油的裂化残渣油和直馏残渣油制成的，其特点是黏度大，含非烃化合物、胶质、沥青质多。

根据我国国家标准 GB17411 规定，船用燃料油分为馏分燃料油和残渣燃料油。馏分燃料油主要是以轻油（柴油）成分为主的油品，根据密度和十六烷值等质量指标分为四种，分别为 DMX、DMA、DMZ、DMB；残渣燃料油是以重质燃料油为主要成分的油品，其根据质量和黏度分为 7 个黏度、6 个质量档，共 11 个牌号，分别为 RMA10、RMB30、RMD80、RME180、RMG180、RMG380、RMG500、RMG700、RMK380、RMK500、RMK700。

根据硫含量，船用燃料油可分为Ⅰ、Ⅱ、Ⅲ三个等级，其中残渣燃料油对应的标准分别是不大于 3.5% m/m、0.5% m/m、0.1% m/m。从 2020 年 1 月 1 日起，国际海事组织要求全球船舶使用燃料油的硫含量不得超过0.5%m/m。

（2）燃料油的主要用途

燃料油主要用于炼油与化工、交通运输、建筑业和冶金等行业，其中船用油市场，特别是保税市场需求呈稳定增长趋势。2019年作为运输需求用的船燃在国内燃料油消费中的比例约为69%，作为石油化工炼油深加工原料的约为24%，其他类芳烃溶剂油抽提、调和沥青以及工业燃料（锅炉）需求约为7%。

（3）燃料油的生产与消费

①全球燃料油供需情况。全球燃料油的主要生产区集中在中东、南美洲、俄罗斯、中国等，全球年产量约5亿吨，其中3亿~4亿吨在公开市场上进行贸易。根据相关统计数据，近年来全球船用燃料油消费量达到2.8亿吨，其中亚太市场增长较快，占比超45%，已成为全球最大船用油消费市场。全球有四大船用油市场，分别是亚洲地区（新加坡、中国、日本、韩国）、欧洲ARA地区（阿姆斯特丹、鹿特丹、安特卫普）、地中海地区（富查伊拉）和美洲地区（美洲东海岸）。以上地区的海洋贸易繁荣，远洋航运畅旺，船用油市场非常发达。

目前，全球高硫燃料油供应和需求的主要货物流向为欧洲出口至新加坡和美湾地区；中东地区出口至新加坡及东北亚地区；美湾墨西哥及拉丁美洲地区（包括墨西哥、委内瑞拉、巴西等）出口至新加坡及东北亚地区。

②我国燃料油市场概况。燃料油是目前我国石油产品中市场化程度较高的一个品种。在2001年10月15日国家计委公布的新的石油定价办法中，正式放开燃料油的价格，燃料油的流通和价格完全由市场调节，国内价格与国际市场基本接轨，产品的国际化程度较高。

我国燃料油主要的消费领域是船燃市场。我国船用燃料油市场可分为内贸市场和保税市场，内贸市场的资源供应主要来自我国本土的炼厂及调油商，保税市场的资源供应则基本源于进口，而燃料油出口退税政策将改变保税船燃市场供应格局。

### 4.2.19.3 价格影响因素

①*国际原油价格波动*。燃料油是原油的下游产品,其价格趋势与国际原油价格密切相关。2010年以后,航运市场异常疲弱,新加坡燃料油价格随之走弱,价格趋势相对国际原油价格偏弱。高低硫切换时期,燃料油市场供需变化较大,与国际原油价格相关性略有下滑。

②*全球航运市场*。航运市场是燃料油主要的消费方向,直接影响燃料油的需求,进而对价格产生影响。2016年,波罗的海干散货指数(BDI)在2月份创下290点的历史新低,同期,普氏380燃料油价格也创下近十几年的新低点。航运市场需求受国际政治关系、区域经济发展、全球贸易流向影响较大。

③*新加坡市场供需情况*。新加坡是全球燃料油最大的消费地和集散地,套利船货数量、销售量和库存数据都会对燃料油价格造成影响。

④*环保要求*。2020年全球限硫令对保税船燃市场的消费结构带来巨大的变化,加装脱硫装置或者使用低硫燃料油、MGO、LNG和其他清洁能源均会大幅增加船用燃料成本,进而带来剧烈的价格波动。未来IMO或各国政府对于船舶大气排放的相关政策对于燃料油需求也会产生较大影响。

⑤*汇率*。国际市场上燃料油/柴油交易是以美元计价,故美元汇率的变化势必会影响低硫燃料油期货的价格走势。

### 4.2.19.4 历史价格回顾

(1) 成立以来至2023年底K线图

LU燃油于2020年6月上市,历史最高价6,815元(2022年6月9日),历史最低价1,970元(2020年11月2日)。

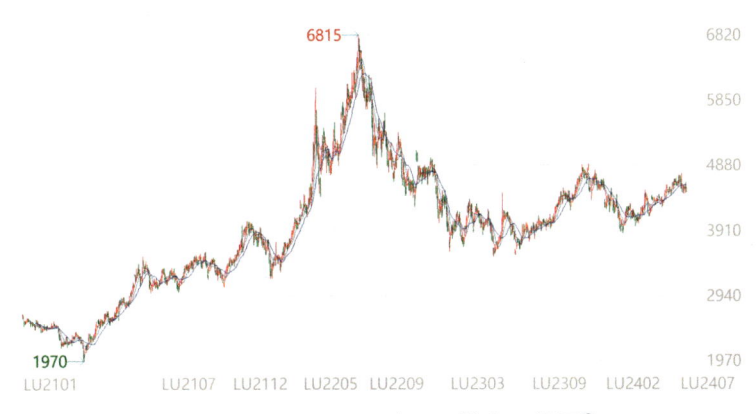

图 4-38　2020—2023 年 LU 燃油 K 线图①

（2）2023 年 LU 燃油 K 线图

2023 年最高价 4,899 元（2023 年 9 月 28 日），最低价 3,509 元（2023 年 3 月 17 日）。

图 4-39　2023 年 LU 燃油 K 线图②

---

① 图来自 WIND 数据库，LU.INE 日 K 线图（不复权），仅作示例，最高值与最低值或与当月合约存在差异。
② 图来自 WIND 数据库，LU.INE 日 K 线图（不复权），仅作示例，最高值与最低值或与当月合约存在差异。

### 4.2.20　20号胶

#### 4.2.20.1　交割单基本信息

表4-21　20号胶交割单基本信息

| 交易品种 | 20号胶 | 最后交易日 | 交割月份的15日（遇国家法定节假日、休息日顺延；上海国际能源交易中心可以根据国家法定节假日、休息日调整最后交易日） |
|---|---|---|---|
| 合约规模 | 10吨/手 | 交割日期 | 最后交易日后连续五个交易日 |
| 报价单位 | 元人民币/吨 | 交割地点 | 上海国际能源交易中心指定交割仓库 |
| 最小变动价位 | 5元人民币/吨 | 最初交易保证金 | 最低交易保证金：合约价值的7% |
| 涨跌停板限幅 | 不超过上一交易日结算价±5% | 交割方式 | 实物交割 |
| 合约交割月份 | 1, 2, 3, 4, 5, 6, 7, 8, 9, 10, 11, 12 | 交易代码 | NR. INE |
| 交易时间 | 每周一至周五，9：00—10：15、10：30—11：30 和 13：30—15：00，下午21：00—23：00（夜盘） | 上市交易所 | INE |

#### 4.2.20.2 品种概述

(1) 20号胶的自然属性

橡胶主要分为天然橡胶和合成橡胶。天然橡胶是指从巴西橡胶树上采集的天然胶乳,经过凝固、干燥等加工工序而制成的弹性固状物。合成橡胶是由人工合成的高弹性聚合物,也称"合成弹性体",广义上指用化学方法合成制造的橡胶,以区别于从橡胶树生产出的天然橡胶。

(2) 20号胶的分类

天然橡胶按形态可分为两大类:固体天然橡胶(胶片与标准胶)和浓缩乳胶。固体天然橡胶有传统制法和标准制法之分:传统制法生产胶片,其中烟胶片占到绝大多数,而烟胶片一般分为RSS1(1号烟胶片)、RSS2(2号烟胶片)、RSS3(3号烟胶片)、RSS4(4号烟胶片)、RSS5(5号烟胶片);标准制法生产标准胶,标准胶即技术分级橡胶(TSR,TechnicallySpecifiedRubber),是按杂质、灰分、氮含量、挥发分、塑性初值及塑性保持率等理化性能指标进行分级的橡胶。根据国家标准和ISO标准,标准胶一般按照原料和性能的不同主要分为以下几类:LoV(低黏恒黏胶,LowViscosityConstantViscose)、CV(恒黏胶,ConstantViscose)、L(浅色胶,Light-colouredRubber)、WF(全乳胶,WholeFieldLatexRubber)、5号胶、10号胶、20号胶、10号恒黏胶(10CV)和20号恒黏胶(20CV)。

天然橡胶分类所涉及到的理化指标中,杂质是指留在筛网上的外来物质;灰分是指煅烧后的残留物含量;氮含量是指氮元素的质量比重;挥发分是指橡胶受热分解后产生的气体含量;塑性初值是表示橡胶分子量和可塑性大小的指数;塑性保持率是表示生胶的抗氧化性能和耐高温操作性能的指标。

(3) 20号胶主要用途

天然橡胶具有优良的回弹性、绝缘性、隔水性及可塑性等特性,并且经过适当处理后还具有耐油、耐酸、耐碱、耐热、耐寒、耐压、耐磨等宝贵性质，所以具有广泛用途。轮胎、胶管、胶带、鞋材是天然橡胶主要的下游应用领域。其中，全球约70%的天然橡胶用于轮胎制造，10%用于橡胶管带，10%用于鞋材，10%用于其他橡胶制品。轮胎制造所使用的天然橡胶中，约80%为20号胶；20号胶的使用已成为一个国家轮胎工业技术与工艺水平的主要标志。

### 4.2.20.3 历史价格回顾

（1）成立以来至2023年底K线图

20号胶于2019年8月上市，历史最高价13,040元（2021年2月6日），历史最低价7,345元（2020年4月1日）。

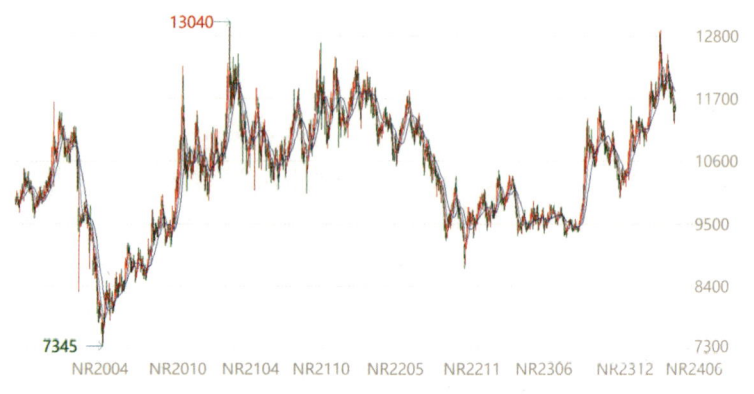

图4-40　2019—2023年20号胶的K线图[①]

（2）2023年20号胶K线图

2023年最高价11,570元（2023年10月16日），最低价9,250元（2023年7月21日）。

---

① 图来自WIND数据库，NR.INE日K线图（不复权），仅作示例，最高值与最低值或与当月合约存在差异。

图 4-41　2023 年 20 号胶 K 线图①

### 4.2.21　集运欧线

#### 4.2.21.1　交割单基本信息

表 4-22　集运欧线交割单基本信息

| 交易品种 | 集运指数（欧线） | 最后交易日 | 合约交割月份最后一个开展期货交易的周一（上海国际能源交易中心可以根据国家法定节假日等调整最后交易日） |
|---|---|---|---|
| 合约规模 | 每点 50 元 | 交割日期 | 同最后交易日 |
| 报价单位 | 指数点 | 交割地点 | — |
| 最小变动价位 | 0.1 指数点 | 最初交易保证金 | 最低交易保证金：合约价值的 12% |

---

① 图来自 WIND 数据库，NR.INE 日 K 线图（不复权），仅作示例，最高值与最低值或与当月合约存在差异。

续表

| 涨跌停板限幅 | 不超过上一交易日结算价±10% | 交割方式 | 现金交割 |
|---|---|---|---|
| 合约交割月份 | 2、4、6、8、10、12 | 交易代码 | EC.INE |
| 交易时间 | 每周一至周五，9:00—10:15、10:30—11:30 和 13:30—15:00 | 上市交易所 | INE |

#### 4.2.21.2　品种概述

（1）集装箱贸易

集装箱海运大约占到全球海运规模的 15.5%，仅次于干散货和油运。标准化的运输模式淡化了运输对象的特征，这是集装箱海运区别于其他海运市场最大的不同。集装箱运输通常用于非大宗类的散货运输，如果从产业链角度进行区分，集装箱的运输对象可以大致定位为制造业成品、半成品，以及部分小宗原料。以美国为例，规模最大的集装箱进口货物分别是家具、机械设备、塑料、玩具、橡胶、钢铁制品、纺织服装等。

（2）集装箱航线

按航线划分，集装箱航线可以简单地划分为东西、南北和内贸航线。其中，东西向和区域内贸易是主要的集装箱航线，在全球集装箱贸易中的占比高达 83.8%，这与全球贸易格局的分布相一致。具体而言，东西向以跨太平洋、亚欧贸易、跨大西洋贸易为主，内贸航线则以亚洲和欧洲两大区域的贸易最为活跃。

亚欧航线大致分为四条——亚洲—西北欧、亚洲—地中海、西北欧—亚洲以及地中海—亚洲。和跨太平洋航线类似，亚欧航线也存在航向上货量的不均衡，西向航线货量明显多于东向，因此亚洲—西北欧和亚洲—地中海是亚欧贸易的核心航线。

从运力来看，东西向主流航线运力占全球的比重为 54%，而内贸航线仅为 15%，两条航线运力之比超过 3∶1。

(3) 欧洲航线介绍

上海出口集装箱结算运价指数（欧洲航线），反映的是中国/亚洲出口到西北欧的集装箱运输的实际结算成本，涵盖了上海和西北欧基本港（汉堡、鹿特丹、安特卫普、弗利克斯托、勒阿弗尔）之间的基本海运费和海运相关附加费。具体航线上，集装箱船由亚洲始发，通过马六甲海峡，进入印度洋、亚丁湾，到达红海并通过苏伊士运河，并往西继续航行，通过直布罗陀海峡，再穿过英吉利海峡，即抵达西北欧沿海港口。按距离评估，欧洲航线航程约为 11000 海里，单程至少需要 5—6 周时间。从运输货物类型来看，亚欧货物主要以家具、服装、玩具、塑料制品、机械设备等制造业成品为主。

(4) 期货合约标的介绍

上海出口集装箱结算运价指数（欧洲航线）表征上海出口集装箱即期海运市场结算运价的变动，反映即期市场上海至欧洲航线集装箱船出发后的结算运价平均水平。

欧洲航线起运港为上海，目的港为欧洲汉堡、鹿特丹、安特卫普、弗利克斯托、勒阿弗尔。运费为 CY—CY（堆场到堆场）条款下的，涉及 20GP（20 英尺普箱）、40GP（40 英尺普箱）和

40HQ（40英尺高箱）三类干货箱的报价。

上海出口集装箱结算运价指数（欧洲航线）每周一15：05（北京时间）发布，以2020年6月1日为基期，基期指数为1000点。指数采集样本实际离港时间（ATD）为上周一0：00（北京时间）至上周日24：00（北京时间）的航班，样本公司涵盖了16家大型班轮公司和货代，样本规模占到欧洲航线实际贸易规模的80%~90%。

### 4.2.21.3 价格影响因素

①集装箱运价波动的影响因素也取决于其自身的供需基本面，供应端主要是运力的变化，包括船队规模和船队周转以及集装箱规模等。

②运力的变化主要受到船队规模的影响，而船队规模变化关注的指标包括新船订单量、手持订单量、新船交付量和旧船拆解量。船队周转是影响短期运力的重要因素，船队可以通过调整航速、航线绕航和船舶停运等方式来进行运力管控。

③需求端则和全球宏观紧密相关，由于集装箱货物多为下游消费品和制造业成品，因此居民收入与消费、通胀水平、财政和货币政策以及库存周期都会影响需求的变化，同时需求也存在一定的季节性；此外，运距也是影响需求的重要因素之一。

④其他因素：财政和货币政策通过居民可支配收入和通胀水平来影响居民实际购买力，从而传导至集装箱贸易需求；库存周期也强化了集运需求的变化。此外，集运需求也存在一定的季节性表现，运距也会在一定程度上影响需求。平均航距的拉升会有效支撑运输需求，从而推升运价水平。

### 4.2.21.4 历史价格回顾

（1）成立以来至2023年底K线图

欧线于2023年8月上市，历史最高价1,849元（2023年12月28日），历史最低价689元（2023年12月28日）。

图 4-42  2023 年欧线 K 线图①

(2) 2023 年欧线 K 线图

欧线于 2023 年 8 月上市，K 线图如上。

## 4.2.22  玉米

### 4.2.22.1  交割单基本信息

表 4-23  玉米交割单基本信息

| 交易品种 | 黄玉米 | 最后交易日 | 合约月份的第 10 个交易日 |
|---|---|---|---|
| 合约规模 | 10 吨/手 | 交割日期 | 最后交易日后第 3 个交易日 |
| 报价单位 | 元人民币/吨 | 交割地点 | 大连商品交易所玉米指定交割仓库 |
| 最小变动价位 | 1 元人民币/吨 | 最初交易保证金 | 最低交易保证金：合约价值的 5% |

---

① 图来自 WIND 数据库，EC.INE 日 K 线图（不复权），仅作示例，最高值与最低值或与当月合约存在差异。

续表

| 涨跌停板限幅 | 上一交易日结算价的4% | 交割方式 | 实物交割 |
|---|---|---|---|
| 合约交割月份 | 1, 3, 5, 7, 9, 11 | 交易代码 | C.DCE |
| 交易时间 | 上午9:00—11:30,<br>下午13:30—15:00,<br>下午21:00—23:00<br>(夜盘) | 上市交易所 | DCE |

### 4.2.22.2 品种概述

(1) 玉米的自然属性

玉米籽粒中含有70%~75%的淀粉，10%左右的蛋白质，4%~5%的脂肪，2%左右的多种维生素。黄玉米还含有胡萝卜素，在人体内可转化为维生素A。每百克玉米热量为1,527焦耳，热量和脂肪的含量均比大米和小麦面粉高。一般玉米籽粒蛋白质中赖氨酸和色氨酸的含量不足，但通过育种可提高赖氨酸含量。玉米胚含油量达36%~41%，亚油酸的含量较高，为优质食用油并可制人造奶油。

(2) 玉米的用途

玉米籽粒主供食用和饲用，工业用途也十分广泛。可烧煮、磨粉或制膨化食品。饲用时的营养价值和消化率均高于大麦、燕麦和高粱。蜡熟期收割的茎叶和果穗，柔嫩多汁，营养丰富，粗纤维少，是奶牛的良好青贮饲料。玉米在工业上可制乙醇、乙醛、醋酸、丙酮、丁醇等。用玉米淀粉制成的糖浆无色、透明、果糖含量高，味似蜂蜜，甜度胜过蔗糖，可制高级糖果、糕点、面包、果酱及各种饮料。此外，穗轴可提取糠醛，秆可造纸及做隔音板等。果穗苞叶还可用以编结日用工艺品。

### 4.2.22.3 价格影响因素

(1) 玉米的供给

从历年来的生产情况看,在国际玉米市场中,美国的产量占31%以上,中国的产量占20%以上,南美的产量占10%以上,成为世界玉米的主产区,其产量和供应量对国际市场的影响较大,特别是美国的玉米产量成为影响国际供给最为重要的因素。其他国家和地区的产量比重都较低,对国际市场影响较小。

(2) 玉米的需求

美国和中国既是玉米的主产国,也是主要消费国,对玉米消费较多的还有日本、巴西、墨西哥等国家,这些国家消费需求的变化对玉米价格的影响较大,特别是近年来,各主要消费国玉米深加工工业发展迅速,大大推动了玉米消费需求的增加。

从国内情况来看,玉米消费主要来自口粮、饲料和工业加工。其中,口粮消费总体变化不大,对市场的影响相对较小;饲料用玉米所占的比例最高,达70%以上,饲料用玉米需求的变化对市场的影响比较大;工业加工用玉米所占比例虽然只占14%左右,但近年来发展很快,年平均用量增加200多万吨,对市场的影响也非常明显。

(3) 玉米进出口

玉米进出口对市场的影响非常大。玉米进口会增加国内供给总量,玉米出口会导致需求总量增加。对国际市场,要重点关注美国、中国、阿根廷等世界主要玉米出口国和日本、韩国、东南亚等玉米进口国情况,这些国家玉米生产、消费的变化对国际玉米进出口贸易都有直接影响。对国内市场,要重点关注国内出口方面的政策,出口对国内玉米市场有较明显的拉动作用。

(4) 玉米的库存

在一定时期内,一种商品库存水平的高低直接反映了该商品供需情况的变化,是商品供求格局的内在反映。因此,研究玉米库存变化有助于了解玉米价格的运行趋势。一般的,在库存水平提高的时候，供给宽松；在库存水平降低的时候，供给紧张。结转库存水平和玉米价格常常呈现负相关关系。

### （5）玉米的成本收益情况

玉米的成本收益情况是影响农民种植积极性的主要因素之一，玉米成本对市场价格有一定的影响力，市场粮价过低，农民会惜售；收益情况会影响农民对下一年度玉米种植的安排，收益增加，农民可能会增加种植面积，反之可能会减少种植面积。

### （6）与其他大宗农产品的比价关系

玉米与其他大宗农产品的比价关系会对玉米的供需产生影响，进而影响玉米的产销情况，导致玉米未来价格的走势发生变化，因此，研究这种比价关系非常重要，其中，玉米与大豆的种植比价关系、与小麦的消费比价关系最为重要。

### （7）金融货币因素

利率变化以及汇率波动已成为各国经济生活中的普遍现象，而这些因素的变化常会引起商品期货行情波动。总的来说，当货币贬值时，玉米期货价格会上涨；当货币升值时，玉米期货价格会下跌。因此，货币的利率和汇率是除了供给量、需求量和经济周期等决定玉米期货价格的主要因素之外的另一个重要的影响因素。

### （8）经济周期

世界经济是在繁荣与衰退周期性交替中不断发展的，经济周期是现代经济社会中不可避免的经济波动，是现代经济的基本特征之一。在经济周期中，经济活动的波动发生在几乎所有的经济部门。因此，经济周期是总体经济而非局部经济的波动。衡量总体经济状况的基本指标是国民收入，经济周期也就表现为国民收入的波动，并由此而发生产量、就业、物价水平、利率等的波动。经济周期在经济的运行中周而复始地出现，一般由复苏、繁荣、衰退和萧条四个阶段构成。受此影响，玉米的价格也会出现相应的波动，从宏观面进行分析，经济周期是非常重要的影响因素之一。

**(9) 玉米的成本收益情况**

影响运输成本的原油、海洋运输费率、运输紧张等其他因素变化。

### 4.2.22.4 历史价格回顾

**(1) 成立以来至 2023 年底 K 线图**

玉米于 2004 年 9 月上市，历史最高价 3,046 元（2022 年 4 月 29 日），历史最低价 1,116 元（2008 年 12 月 12 日）。

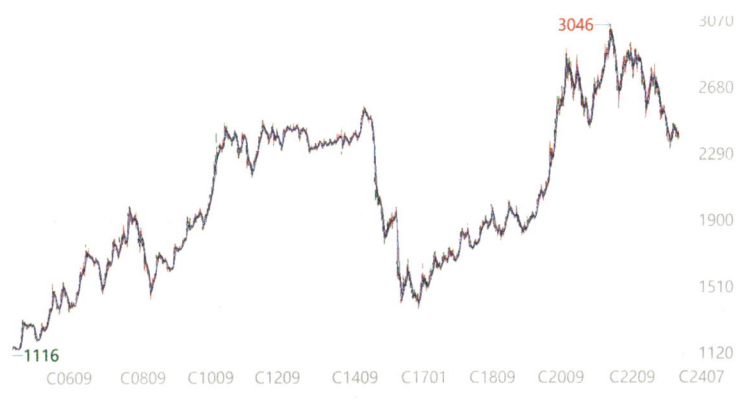

图 4-43 2004—2023 年玉米 K 线图[①]

**(2) 2023 年玉米 K 线图**

2023 年最高价 2,910 元（2023 年 1 月 13 日），最低价 2,364 元（2023 年 12 月 20 日）。

---

① 图来自 WIND 数据库，C.DEC 日 K 线图（不复权），仅作示例，最高值与最低值或与当月合约存在差异。

图 4-44　2023 年玉米 K 线图①

## 4.2.23　玉米淀粉

### 4.2.23.1　交割单基本信息

表 4-24　玉米淀粉交割单基本信息

| 交易品种 | 玉米淀粉 | 最后交易日 | 合约月份第 10 个交易日 |
|---|---|---|---|
| 合约规模 | 10 吨/手 | 交割日期 | 最后交易日后第 3 个交易日 |
| 报价单位 | 元人民币/吨 | 交割地点 | 大连商品交易所玉米淀粉指定交割仓库 |
| 最小变动价位 | 1 元人民币/吨 | 最初交易保证金 | 最低交易保证金：合约价值的 5% |
| 涨跌停板限幅 | 上一交易日结算价的 4% | 交割方式 | 实物交割 |

---

① 图来自 WIND 数据库，C.DEC 日 K 线图（不复权），仅作示例，最高值与最低值或与当月合约存在差异。

续表

| 合约交割月份 | 1、3、5、7、9、11 | 交易代码 | CS.DCE |
|---|---|---|---|
| 交易时间 | 上午9：00—11：30，下午13：30—15：00，下午21：00—23：00（夜盘） | 上市交易所 | DCE |

### 4.2.23.2 品种概述

玉米淀粉是将玉米经粗细研磨，分离出胚芽、纤维和蛋白质等副产品后得到的产品，一般来说，约1.4吨玉米（含14%水分）可以提取1吨玉米淀粉。玉米淀粉用途广泛，下游产品多达3500种，涉及淀粉糖、啤酒、医药、造纸等众多产业，其中淀粉糖用量最大。玉米淀粉消费地域分布较广，沿海地区占据突出地位，其中长三角地区、珠三角地区、胶东半岛地区以及福建地区消费量较大。

我国玉米淀粉产量总体呈逐年增长态势，2019年玉米淀粉产量为3097.4万吨，需求量为2725万吨，供需较为平衡。据中国海关数据，2019年我国玉米淀粉出口量约51.91万吨，我国几乎不进口国外玉米淀粉。玉米淀粉产业集中度较高。玉米淀粉物流流向清晰，华北地区（含山东）和东北地区（含内蒙）除供应区域内部外，主要流向华东和华南地区。

### 4.2.23.3 价格影响因素

玉米淀粉的价格波动较大，玉米淀粉价格变化受季节性效应影响显著，具有较强的周期性特点。从行业发展周期来看，平均每5年为一个大周期，每2—3年为一个小周期。

影响玉米淀粉价格波动的因素较多，大体上有三类，即供给因素、需求因素、政策及其他因素。

(1) 供给因素

包括玉米供应和成本、淀粉企业开工和利润等，它主要影响成本，对玉米淀粉价格有支撑作用。从历史规律来看，玉米价格的高低对玉米淀粉的价格有直接影响。淀粉企业的开工率将会影响玉米淀粉的市场流通，对价格也有影响。

（2）需求因素

包括下游需求增长量、企业效益、替代品数量和价格等，它主要影响淀粉价格的水平和波动幅度。小麦淀粉和木薯淀粉是其主要替代品。由于替代品价格的优势，玉米淀粉的下游需求在减少，特别是在箱板纸与瓦楞纸、餐饮与粉条、结晶葡萄糖、碳酸型饮料及味精与黄原胶这几个领域。

### 4.2.23.4 历史价格回顾

（1）成立以来至 2023 年底 K 线图

玉米淀粉于 2014 年 12 月上市，历史最高价 3,543 元（2022年 4 月 29 日），历史最低价 1,600 元（2016 年 9 月 28 日）。

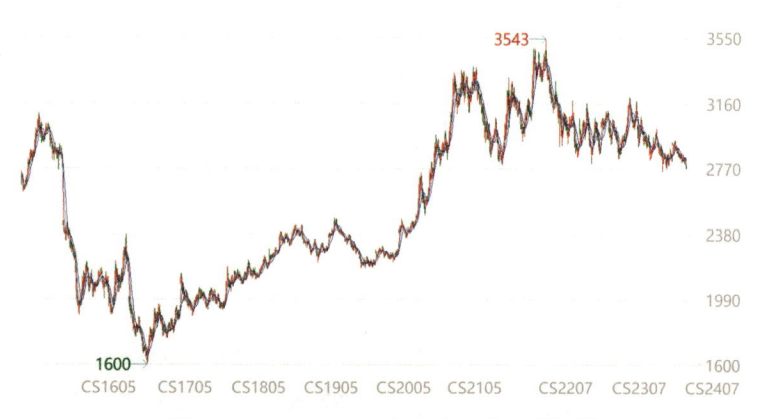

图 4-45　2014—2023 年玉米淀粉 K 线图[①]

（2）2023 年玉米淀粉 K 线图

2023 年最高价 3,202 元（2023 年 7 月 7 日），2023 年最低价

---

① 图来自 WIND 数据库，CS.DEC 日 K 线图（不复权），仅作示例，最高值与最低值或与当月合约存在差异。

2,755元（2023年12月20日）。

图4-46　2023年玉米淀粉K线图①

## 4.2.24　豆粕

### 4.2.24.1　交割单基本信息

表4-25　豆粕交割单基本信息

| 交易品种 | 豆粕 | 最后交易日 | 合约月份的第10个交易日 |
|---|---|---|---|
| 合约规模 | 10吨/手 | 交割日期 | 最后交易日后第3个交易日 |
| 报价单位 | 元人民币/吨 | 交割地点 | 大连商品交易所指定交割仓库 |
| 最小变动价位 | 1元人民币/吨 | 最初交易保证金 | 最低交易保证金：合约价值的5% |

---

① 图来自WIND数据库，CS.DEC日K线图（不复权），仅作示例，最高值与最低值或与当月合约存在差异。

续表

| 涨跌停板限幅 | 上一交易日结算价的 4% | 交割方式 | 实物交割 |
|---|---|---|---|
| 合约交割月份 | 1，3，5，7，8，9，11，12 | 交易代码 | M. DCE |
| 交易时间 | 上午 9：00—11：30，下午 13：30—15：00，下午 21：00—23：00（夜盘） | 上市交易所 | DCE |

### 4.2.24.2 品种概述

（1）豆粕的自然属性

豆粕是大豆经过提取豆油后得到的一种副产品，按照提取的方法不同，可以分为一浸豆粕和二浸豆粕两种。其中以浸提法提取豆油后的副产品为一浸豆粕，而先以压榨取油，再经过浸提取油后所得的副产品为二浸豆粕。一浸豆粕的生产工艺较为先进，蛋白质含量高，是国内目前现货市场上流通的主要品种。

（2）豆粕的用途

豆粕一般呈不规则碎片状，颜色为浅黄色或浅褐色，味道具有烤大豆香味。豆粕是棉籽粕、花生粕、菜粕等 12 种油粕饲料产品中产量最大、用途最广的一种。作为一种高蛋白质原料，豆粕不仅是用作牲畜与家禽饲料的主要原料，还可以用于制作糕点食品、健康食品以及化妆品，此外，豆粕还作为抗菌素原料使用。近些年，水产养殖对豆粕的消费需求也呈快速增长态势。随着科学技术的发展，豆粕的用途将打开更大的空间。

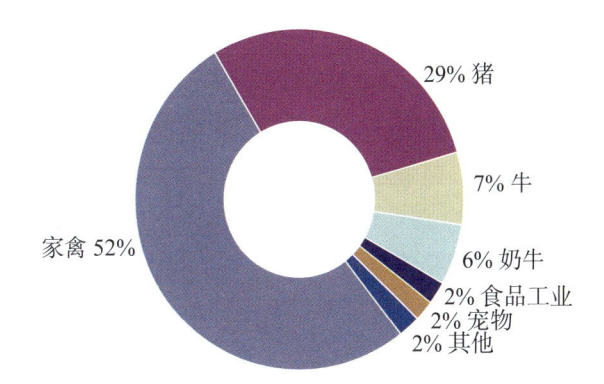

图 4-47 豆粕在饲料中的利用占比

家禽 52%
29% 猪
7% 牛
6% 奶牛
2% 食品工业
2% 宠物
2% 其他

### 4.2.24.3 价格影响因素

**（1）豆粕供应情况**

豆粕的供应主要和以下因素相关。

①**大豆供应量**。豆粕作为大豆加工的副产品，大豆供应量的多少直接决定着豆粕的供应量，正常情况下，大豆供应量的增加必然导致豆粕供应量的增加。大豆的来源主要有两大部分，一是国产大豆，二是进口大豆。中国的东北及黄淮地区是大豆的主产区，近几年，中国大豆年总产量在1,500万吨左右，其中商品大豆量约为600万吨。中国2020/2021年进口大豆超过9,600万吨。

②**大豆价格**。大豆价格的高低直接影响豆粕生产的成本，近几年，中国许多大型压榨企业选择进口大豆作为加工原料，进口大豆价格对中国豆粕价格的影响更为明显。

③**豆粕产量**。豆粕当期产量是一个变量，它受制于大豆供应量、大豆压榨收益、生产成本等因素。一般来讲，豆粕产量与豆粕价格之间存在反向关系，豆粕产量越大，价格相对较低；相反，豆粕产量减少，豆粕价格则上涨。

④**豆粕库存**。豆粕库存是构成总产量的重要部分，前期库存量的多少体现着供应量的紧张程度。供应短缺则价格上涨，供应充裕则价格下降。由于豆粕具有不易保存的特点，一旦豆粕库存

155

增加，豆粕的价格往往会调低。

（2）**豆粕消费情况**

中国是豆粕消费大国，近几年，豆粕消费保持了8%以上的年增长速度。豆粕在饲料业中家禽的使用量占52%，所以牲畜、家禽的价格影响直接构成对饲料需求的影响。正常情况下，牲畜、家禽的价格与豆粕价格之间存在明显的正相关。统计显示，90%以上的豆粕消费是用于各类饲料，所以饲料行业景气状况对豆粕需求的影响非常明显。

（3）**相关商品、替代商品价格的影响**

①**豆粕与大豆、豆油的比价关系**。豆粕是大豆的副产品，每1吨大豆可以压榨出大约0.18吨的豆油和0.8吨的豆粕，豆粕的价格与大豆的价格有密切的关系，一般来讲，每年大豆的产量都会影响豆粕的价格，大豆丰收则豆粕价跌，大豆歉收则豆粕就会涨价。同时，豆油与豆粕之间也存在一定程度的关联，豆油价好，豆粕就会价跌，豆油滞销，豆粕产量减少，豆粕价格将上涨。

大豆压榨效益是决定豆粕供应量的重要因素之一，如果油脂厂的压榨效益一直低迷，那么，一些厂家会停产，从而减少豆粕的市场供应量。

②**豆粕替代品价格的影响**。除了大豆、豆油等相关商品对豆粕价格影响外，棉籽粕、花生粕、菜粕等豆粕的替代品对豆粕价格也有一定影响，如果豆粕价格高企，饲料企业往往会考虑增加使用菜粕等替代品。

（4）**相关的农业、贸易、食品政策**

近几年，禽流感、牛海绵状脑病及口蹄疫的相继发生以及出于转基因食品对人体健康影响的考虑，越来越多的国家实施了新的食品政策。这些新食品政策的实施，对养殖业及豆粕的需求影响都是非常直接的。

### 4.2.24.4 历史价格回顾

（1）成立以来至2023年底K线图

豆粕于2000年7月上市，历史最高价4,514元（2023年8月11日），历史最低价1,511元（2001年12月12日）。

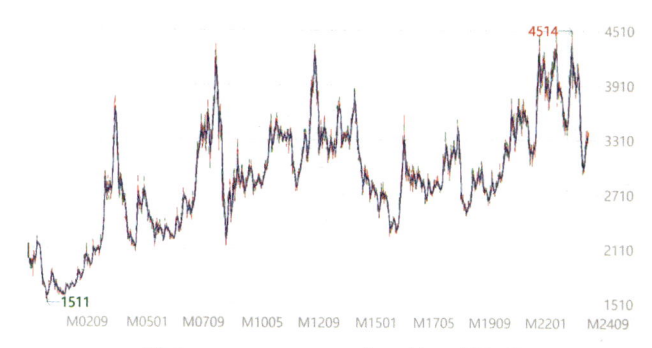

图 4-48  2000—2023年豆粕K线图①

（2）2023年豆粕K线图

2023年最高价4,514元（2023年8月11日），最低价3,311元（2023年12月22日）。

图 4-49  2023年豆粕K线图②

---

① 图来自WIND数据库，M.DEC日K线图（不复权），仅作示例，最高值与最低值或与当月合约存在差异。
② 图来自WIND数据库，M.DEC日K线图（不复权），仅作示例，最高值与最低值或与当月合约存在差异。

### 4.2.25 豆油

#### 4.2.25.1 交割单基本信息

表4-26 豆油交割单基本信息

| 交易品种 | 大豆原油 | 最后交易日 | 合约月份的第10个交易日 |
|---|---|---|---|
| 合约规模 | 10吨/手 | 交割日期 | 最后交易日后第3个交易日 |
| 报价单位 | 元人民币/吨 | 交割地点 | 交易所指定交割仓库 |
| 最小变动价位 | 2元人民币/吨 | 最初交易保证金 | 最低交易保证金：合约价值的5% |
| 涨跌停板限幅 | 上一交易日结算价的4% | 交割方式 | 实物交割 |
| 合约交割月份 | 1，3，5，7，8，9，11，12 | 交易代码 | Y.DCE |
| 交易时间 | 上午9:00—11:30，下午13:30—15:00，下午21:00—23:00（夜盘） | 上市交易所 | DCE |

#### 4.2.25.2 品种概述

（1）豆油的自然属性

豆油是从大豆中提取出来的油脂，具有一定黏稠度，呈半透明液体状，其颜色因大豆种皮及大豆品种不同而异，从淡黄色至深褐色，具有大豆香味。豆油的应用范围很广，人们很早就开始利用大豆加工豆油。豆油的主要成分为甘三酯，还含有微量磷脂、固醇等成分。甘三酯中含有不饱和脂肪酸中的油酸（21.3%）、亚油酸（54.5%）、亚麻酸和饱和脂肪酸中的硬脂酸（3.5%）、软脂酸（11.7%）及少量的木酸和花生酸。1克豆油的热量约为9386卡，消化率高达98.5%。豆油的酸值一般在4.0mgKOH/g以下，皂化值 190~195mgKOH/g，凝固点为-18~-15℃，碘价为 120~135（g/100g）。此外，豆油中还富含维生素 E 和维生素 A，其中维生素 E 的含量在所有油脂中是最高的。作为一种营养成分高、产源丰富的油料，豆油以其物美价廉的特点受到世界人民的喜爱。

### （2）豆油的用途

烹饪用油是豆油消费的主要方式。从世界范围来看，豆油用于烹饪的消费量约占豆油总消费的 70%。从国内看，烹饪用豆油消费量约占豆油消费量的 78%，约占所有油类消费量的 35%，它和菜籽油一起成为中国烹饪的两大主要用油。

豆油除直接食用外，还可用于食品加工。豆油可以用来制作多种食用油，如凉拌油、煎炸油、起酥油等。此外，豆油还被用于制造人造奶油、蛋黄酱等食品。中国食品加工用油量约占豆油总消费量的 12%。由于餐饮习惯不同，西方国家的比例要高于中国，如美国食品加工用油量约占其国内豆油总消费量的 25%以上。

豆油经过深加工，在工业和医药方面的用途也十分广泛。在工业方面，豆油经过加工可制甘油、油墨、合成树脂、涂料、润滑油、绝缘制品和液体燃料等；豆油脂肪酸中硬脂酸可以制造肥皂和蜡烛；豆油与桐油或亚麻油掺和可制成良好的油漆。在医药方面，豆油有降低血液胆固醇、防治心血管病的功效，是制作亚油酸丸、益寿宁的重要原料。

### 4.2.25.3 价格影响因素

### （1）大豆供应量

豆油作为大豆加工的下游产品，大豆供应量的多寡直接决定着豆油的供应量，正常情况下，大豆供应量的增加必然导致豆油供应量的增加。大豆的来源主要有两大部分，一部分是国产大豆；另一部分是进口大豆。

①国产大豆供应情况。中国的东北及黄淮地区是大豆的主产区，收获季节一般在每年 9—10 月，收获后的几个月是大豆供应的集中期。近年来中国大豆产量维持在 1500 万吨左右，其中有接

近半数的大豆用于压榨。

②国际市场供应情况。近几年全球年产大豆3亿吨以上，中国是目前世界上最大的大豆进口国，2020/2021年起年进口量达到9600万吨以上。

（2）豆油产量

豆油当期产量是一个变量，它受制于大豆供应量、大豆压榨收益、生产成本等因素。一般来讲，在其他因素不变的情况下，豆油的产量与价格之间存在明显的反向关系，豆油产量增加，价格则相对较低；豆油产量减少，价格则相对较高。

（3）豆油进出口量

随着中国经济的快速发展，人们生活水平的不断提高，豆油的消费量逐年增加，其进口数量也逐年提高，豆油进口量的变化对国内豆油价格的影响力在不断增强。2006年以后，随着进口豆油配额的取消，国内外豆油市场融为一体。这样，豆油进口数量的多少对国内豆油价格的影响将进一步增强。

（4）豆油库存量

豆油库存是构成供给量的重要部分，库存量的多少体现着供应量的紧张程度。在多数情况下，库存短缺则价格上涨，库存充裕则价格下降。由于豆油具有不易长期保存的特点，一旦豆油库存增加，豆油价格往往会走低。

（5）豆油消费情况

①国内需求状况。中国是一个豆油消费大国。近年来，国内豆油消费高速增长，保持了5%以上的年增长速度。

②餐饮行业景气状况。目前，中国植物油生产和消费位居全球前列。近年来，随着城镇居民生活水平的提高，在外就餐的人数不断增加，餐饮行业的景气状况对豆油需求的影响非常明显。

（6）相关商品、替代商品价格的影响

①大豆价格。大豆价格的高低直接影响豆油的生产成本。近年来，中国许多大型压榨企业选择进口大豆作为加工原料，使得进口

大豆的压榨数量远远超过国产大豆的压榨数量,从而使豆油价格越来越多地受到进口大豆价格的影响。

②豆油与豆粕的比价关系。豆油是大豆的下游产品,每吨大豆可以压榨出大约0.18吨的豆油和0.8吨的豆粕。豆油与豆粕的价格存在着密切的联系。根据多年的经验,多数情况下豆粕价格高涨的时候,豆油价格会出现下跌;豆粕出现滞销的时候,大豆加工厂会降低开工率,豆油产量就会减少,豆油价格往往会上涨。

③豆油替代品的价格。豆油价格除了与大豆和豆粕价格具有高度相关性之外,菜籽油、棕榈油、花生油、棉籽油等豆油替代品对豆油价格也有一定的影响,如果豆油价格过高,精炼油厂或者用油企业往往会使用其他植物油替代,从而导致豆油需求量降低,促使豆油价格回落。

(7) 相关的农业、贸易、食品政策

①农业政策。国家的农业政策往往会影响到农民对种植品种的选择。如近年来国家通过调整相关产业政策引导农民增加大豆播种面积,从而直接增加了国产大豆产量。2004年5月1日以后,中国实行了新的植物油标准,提高了对植物油的产品质量和卫生安全要求,新增了过氧化值和溶剂残留指标检验。这些政策对豆油价格都构成了一定的影响。

②进出口贸易政策。从历年的情况看,国家进出口贸易政策的改变对于中国豆油进出口总量有着较大的影响。

例如:1994年国家税务总局对进口豆油关税税率进行调整,关税税率从20%调减至13%,同时花生油、棕榈油等其他植物油的关税税率也出现不同程度下调,导致了豆油等植物油进口量大增,豆油的供应量快速增加。

③食品政策。近几年,随着禽流感、牛海绵状脑病及口蹄疫的相继发生以及考虑到转基因食品对人体健康的影响,越来越多的国家实施了新的食品政策。这些新的食品政策通过对食品、餐饮行业的影响进而影响了豆油的消费需求。

### 4.2.25.4 历史价格回顾

（1） 成立以来至 2023 年底 K 线图

豆油于 2006 年 5 月上市，历史最高价 14,630 元（2008 年 3 月 4 日），历史最低价 4,970 元（2006 年 2 月 8 日）。

图 4-50　2006—2023 年豆油 K 线图①

（2） 2023 年豆油 K 线图

2023 年最高价 9,052 元（2023 年 3 月 6 日），最低价 6,710 元（2023 年 6 月 1 日）。

图 4-51　2023 年豆油 K 线图②

---

① 图来自 WIND 数据库，Y.DCE 日 K 线图（不复权），仅作示例，最高值与最低值或与当月合约存在差异。

② 图来自 WIND 数据库，Y.DCE 日 K 线图（不复权），仅作示例，最高值与最低值或与当月合约存在差异。

## 4.2.26 棕榈油

### 4.2.26.1 交割单基本信息

表 4-27 棕榈油交割单基本信息

| 交易品种 | 棕榈油 | 最后交易日 | 合约月份的第 10 个交易日 |
|---|---|---|---|
| 合约规模 | 10 吨/手 | 交割日期 | 最后交易日后第 3 个交易日 |
| 报价单位 | 元人民币/吨 | 交割地点 | 大连商品交易所棕榈油指定交割仓库 |
| 最小变动价位 | 2 元人民币/吨 | 最初交易保证金 | 最低交易保证金:合约价值的 5% |
| 涨跌停板限幅 | 上一交易日结算价的 4% | 交割方式 | 实物交割 |
| 合约交割月份 | 1、2、3、4、5、6、7、8、9、10、11、12 | 交易代码 | P.DCE |
| 交易时间 | 上午 9:00—11:30,下午 13:30—15:00,下午 21:00—23:00(夜盘) | 上市交易所 | DCE |

### 4.2.26.2 品种概述

(1) 棕榈油的自然属性

棕榈果经水煮、碾碎、榨取工艺后,得到毛棕榈油,毛棕榈油经过精炼,去除游离脂肪酸、天然色素、气味后,得到精炼棕榈油(RBDPO)及棕榈色拉油(RBDPKO)。根据不同需求,通过分提,可以得到 24 度、33 度、44 度等不同熔点的棕榈油。

棕榈油中富含胡萝卜素(0.05%~0.2%),呈深橙红色,这种色素不能通过碱炼有效地除去,通过氧化可将油色脱至一般浅黄色。在阳光和空气作用下，棕榈油也会逐渐脱色。棕榈油略带甜味，具有令人愉快的紫罗兰香味。常温下呈半固态，其稠度和熔点在很大程度上取决于游离脂肪酸的含量。国际市场上把游离脂肪酸含量较低的棕榈油叫作"软油"，把游离脂肪酸含量较高的棕榈油叫作"硬油"。

（2）棕榈油的用途

棕榈油也被称为"饱和油脂"，因为它含有50%的饱和脂肪。油脂是由饱和脂肪、单不饱和脂肪、多不饱和脂肪三种成分混合构成的。人体对棕榈油的消化和吸收率超过97%，和其他所有植物食用油一样，棕榈油本身不含有胆固醇。棕榈油具有两大特点，一是含饱和脂肪酸比较多，稳定性好，不容易发生氧化变质。二是棕榈油中含有丰富的维生素 A（500~700ppm）和维生素 E（500~800ppm）。正是由于棕榈油含有丰富的营养物质及抗氧化性，在食品工业以及化学工业领域均有广泛应用。

（3）棕榈油主要工业用途

表 4-28　棕榈油主要工业用途

| 类别 | 用途 | 特点 |
| --- | --- | --- |
| 皂类 | 制造肥皂 | 经济性好，保持香味较持久 |
| 环氧棕榈油 | 塑料增塑剂和稳定剂 | 良好的经济性 |
| 多元醇 | 塑料制造 | 良好的疏水性 |
| 聚氨酯 | 制造泡沫塑料 | 制造过程中无需使用危害环境的发泡剂 |
| 聚丙烯酸酯 | 涂料 | |
| 脂肪酸 | 橡胶、蜡烛、化妆品的生产 | 颜色浅、纯度高 |
| 皂用脂肪酸 | 高级肥皂 | 易于生产，配方灵活 |
| 金属皂用脂肪酸 | 金属皂 | |
| 脂肪酸皂 | 工业用合成润滑剂 | 良好的润滑性、低温流动性及抗氧化性 |

续表

| 类别 | 用途 | 特点 |
|---|---|---|
| 皂用脂肪酸酯 | 高品质的纯白皂 | |
| 磺酸盐甲酯 | 洗涤产品 | 生产工艺简单。去污效果好，环保，经济 |
| 脂肪醇 | 表面活性剂 | |
| 甘油 | 医药、工业、军事、日化等 | |

### 4.2.26.3 价格影响因素

（1）供需状况

全球植物油供需状况是影响国际市场棕榈油价格变化的根本原因。1986—2004 年，国际市场棕榈油价格出现几次大幅上涨行情都是因为当年全球油脂油料产量大幅下降，导致棕榈油和其他植物油供应偏紧而引起的，随着来年油脂油料产量的增加，供应状况好转，价格都出现了快速下跌。1986 年全球油籽丰产，油脂油料供应过剩，导致包括豆油在内的所有植物油价格受到压制，棕榈油价格出现阶段性低点。1988 年和 1994 年，全球出现了厄尔尼诺和拉尼娜等恶劣气候，影响了全球植物油产量，棕榈油出现两次规模较大的上涨行情，价格上涨基本上都是从 800 林吉特/吨以下上涨到 1700 多林吉特/吨。1998 年由于全球遭遇灾害性天气，油籽产量大幅下降，植物油供应紧张，而需求却在不断增加，导致棕榈油价格达到历史性高点 2600 林吉特/吨。2003—2004 年受全球油籽产量因灾大幅下降的影响，棕榈油价格再次出现上涨行情，马来西亚棕榈油价格最高达到 2000 林吉特/吨。

（2）国际市场棕榈油价格

我国棕榈油供应完全依赖进口，国际市场棕榈油价格走势是影响国内价格变化的主要因素。国内棕榈油进口量变化、季节性需求不同，以及豆油、菜籽油和棉油价格变化也是影响国内棕榈油价格的重要原因。2001年10月至2004年10月，国内24度棕榈油价格由3390元/吨上涨至6307元/吨，涨幅达到86%；此后展开震荡下跌行情，从2004年3月的6293元/吨下跌至2005年2月的4195元/吨，跌幅达33%；经过1年多的盘整之后，国内棕榈油价格从2006年4月的4150元/吨开始上涨，到2008年3月初价格一度达到13000元/吨，累计涨幅达到213%；从2008年3月中旬国内棕榈油价格开始大幅下跌，2008年12月份一度跌至4250元/吨，跌幅达67%。

(3) 其他影响因素

随着近年来全球棕榈油贸易量的不断增加及用途的不断拓展，国际经济金融市场变化、能源价格、美元汇率、豆油和菜籽油等相关替代品的价格变化对棕榈油价格的影响越来越大。从2006年到2008年3月初，国际市场棕榈油价格的持续上涨，不断创下历史最高纪录，以及2008年3月上旬到2008年11月下旬的持续大幅下跌就是最好的证明。受国际原油价格飙涨、棕榈油等植物油生产生物柴油用量不断增加、美元持续贬值、全球油籽产量下降的影响，国际市场棕榈油等植物油和油料价格持续上涨，大马交易所棕榈油价格从2006年初的1450林吉特/吨上涨到2008年3月的4360林吉特/吨，两年多的时间内累计涨幅达到200%，不断创下历史最高纪录。但受美国次贷危机和全球金融经济危机先后爆发、能源价格暴跌、美元升值以及预期2008/2009年度全球油脂油料产量大幅增加的影响，2008年3月中旬以后，马来西亚毛棕榈油期货价格持续大幅下跌，到2008年11月中旬一度跌破1400林吉特/吨，再次回到价格上涨的起点。

#### 4.2.26.4 历史价格回顾

(1) 成立以来至2023年底K线图

棕榈油于2008年1月上市，历史最高价12,992元（2008年3月4日），历史最低价3,984元（2015年11月20日）。

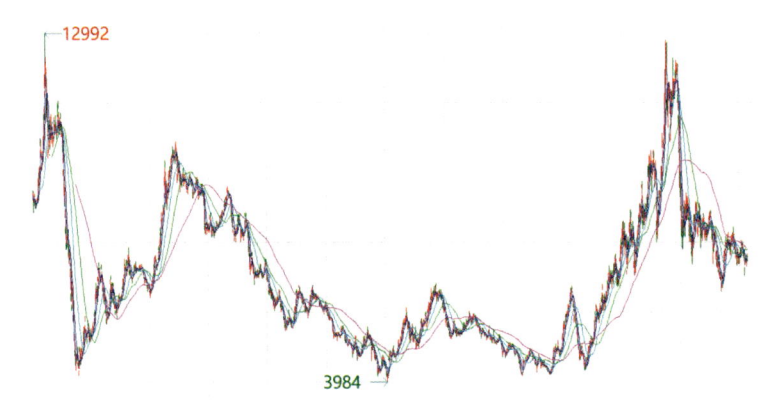

图 4-52　2008—2023 年棕榈油 K 线图①

(2) 2023 年棕榈油 K 线图

2023 年最高价 8,448 元（2023 年 3 月 3 日），最低价 6,226 元（2023 年 6 月 1 日）。

图 4-53　2023 年棕榈油 K 线图②

---

① 图来自 WIND 数据库，P.DCE 日 K 线图（不复权），仅作示例，最高值与最低值或与当月合约存在差异。
② 图来自 WIND 数据库，P.DCE 日 K 线图（不复权），仅作示例，最高值与最低值或与当月合约存在差异。

### 4.2.27 鸡蛋

#### 4.2.27.1 交割单基本信息

表 4-29 鸡蛋交割单基本信息

| | | | |
|---|---|---|---|
| 交易品种 | 鲜鸡蛋 | 最后交易日 | 合约月份倒数第 4 个交易日 |
| 合约规模 | 5 吨/手 | 交割日期 | 最后交易日后第 3 个交易日 |
| 报价单位 | 元人民币/500 千克 | 交割地点 | 大连商品交易所鸡蛋指定交割仓库、指定车板交割场所 |
| 最小变动价位 | 1 元人民币/500 千克 | 最初交易保证金 | 最低交易保证金：合约价值的 5% |
| 涨跌停板限幅 | 上一交易日结算价的 4% | 交割方式 | 实物交割 |
| 合约交割月份 | 1，2，3，4，5，6，7，8，9，10，11，12 | 交易代码 | JD. DCE |
| 交易时间 | 上午 9：00—11：30，下午 13：30—15：00，以及交易所规定的其他时间 | 上市交易所 | DCE |

#### 4.2.27.2 品种概述

鸡蛋，又名鸡卵、鸡子，是母鸡所产的卵，其外有一层硬壳，内侧有气室、卵白及卵黄部分。鸡蛋中含有大量的维生素、矿物质及高价值的蛋白质，是人类最好的营养来源之一。因其具有营养丰富、饲料转化率较高、宗教饮食忌讳少等特点，一直是被世界广泛接受的畜产品。

鸡蛋是最主要的禽蛋品种，约占我国禽蛋总产量的 85%。

2019 年我国禽蛋产量为 3309 万吨,占全球总产量的 40%左右,已连续 34 年保持全球第一位。

鸡蛋产品可以分为未经加工的鲜鸡蛋和以鲜鸡蛋为原料加工而成的蛋制品两种。在所有鸡蛋消费中,鲜鸡蛋消费超过 90%,占主导地位,蛋制品消费不足 10%。从消费结构来看,家庭消费占据了禽蛋消费的主导地位。

我国鸡蛋市场以自给自足为主,有少量出口。据联合国粮食及农业组织统计,2019 年我国鸡蛋出口量为 7.11 万吨,在出口排名前 20 位国家的总量中占比不足 5%,占国内鸡蛋产量的比例为 0.25%。

### 4.2.27.3 价格影响因素

(1) 宏观政策因素

宏观因素主要包括宏观经济政策、产业发展政策、进出口政策、农产品收储政策等。我国的鸡蛋养殖业正在经历四个转变过程,即现代化、规模化、集约化、产业化,这个过程正是在政策的引导下完成的。在这个过程中,我国鸡蛋养殖业发展将愈加规范,鸡蛋价格的波动也将更加平稳。

(2) 供给因素

鸡蛋生产过程中价格易出现周期性波动的现象。市场价格传导与蛋鸡产能调节的不匹配是导致价格暴涨暴跌的根本原因,而这个不匹配一方面是行业本身散户众多导致的"羊群效应"造成的,另一方面也是由蛋鸡养殖的周期决定的。此外,行业内缺少公开透明且权威的产能监测数据,导致行业从业者在生产上带有更多的盲目性和主观性,一旦产能过剩或者不足将很难在短期内有效调节到位,进而造成蛋价的大涨大跌。养殖户从看到利润到形成鸡蛋产量需要一定时间,祖代鸡引种后 150 天左右正式开产,21 天孵化期产出父母代,父母代 150 天开产,21 天孵化期产出商品代,从祖代鸡引种到形成鸡蛋供应需要 492 天,从父母代到形成鸡蛋供应需要 321 天,从商品代到形成鸡蛋供应需要 150 天。

鸡蛋孕育周期图

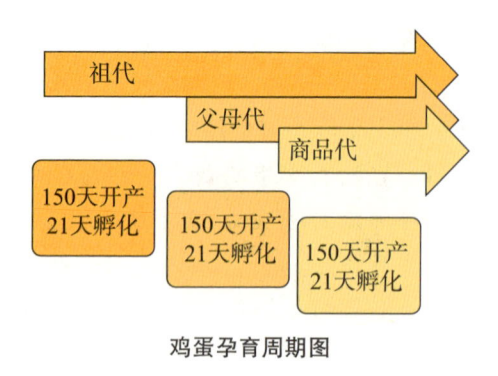

蛋鸡在20周龄后进入产蛋期，产蛋高峰一般可维持20个月，产蛋率在80%以上，40~60周龄后，产蛋率维持在70%~80%，在产蛋率低于70%后，养殖户开始逐渐淘汰老鸡。高峰期的产蛋率与全年的鸡蛋产量呈正相关。

影响鸡蛋供应的直接原因为在产蛋鸡存栏及产蛋率。当蛋鸡存栏量高的时候，鸡蛋价格相对较低；当蛋鸡存栏量低的时候，鸡蛋价格相对较高，蛋鸡存栏量与鸡蛋价格呈负相关性，蛋鸡存栏受150天前补栏鸡苗及当期淘汰量影响，而补栏及淘汰则受养殖利润及蛋鸡价格影响。

（3）需求因素

鸡蛋需求量的变化影响供求关系，进而引起鸡蛋价格的变化。

①消费结构。从消费结构看，家庭消费占据主导。据统计，2015年我国鲜鸡蛋终端消费中，56%为家庭消费，26%为户外消费（包括餐饮行业和企业食堂消费），18%为工业消费（包括保洁蛋、食品行业及深加工等）。

②季节性因素。每年的传统节日前（如中秋、春节、端午等）会迎来短期需求的高峰期，供需博弈下，鸡蛋价格有不同程度上涨，其中中秋>春节>端午，而在节后价格则会迎来一段时间的需求低迷。

③人口流动。人口流动使得产销区供需关系出现变化。首先我国鸡蛋物流流向较为明晰，可以简单概括为从产量较大的华北、

东北等地区流向东南、华南地区以及北京、天津、上海等大城市。近些年我国劳动密集型行业用工减少，流动性人口回乡创业增加，使得原来传统的产销区格局出现变化。

(4) 替代品

肉鸡、猪牛羊肉、牛奶、水产品等作为鸡蛋的替代品，其价格变化会对鸡蛋需求产生影响，一般来说，在鸡蛋价格不变或上涨的情况下，替代品价格的下跌会增加消费者对鸡蛋替代品的消费量；反之，则拉动短期鸡蛋价格上涨。

### 4.2.27.4 历史价格回顾

(1) 成立以来至2023年底K线图

鸡蛋于2013年11月上市，历史最高价5,559元（2014年7月11日），历史最低价2,530元（2020年5月28日）。

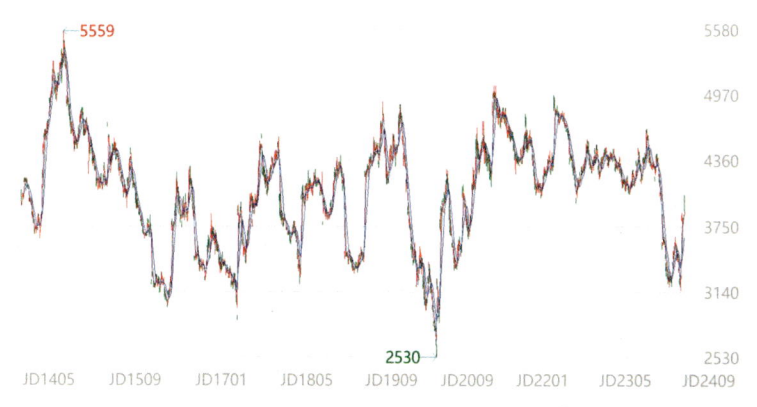

图4-54 2013—2023年鸡蛋K线图[①]

(2) 2023年鸡蛋K线图

2023年最高价4,697元（2023年9月20日），最低价3,538元（2023年12月8日）。

---

[①] 图来自WIND数据库，JD.DCE日K线图（不复权），仅作示例，最高值与最低值或与当月合约存在差异。

图 4-55　2023 年鸡蛋 K 线图①

## 4.2.28　生猪

### 4.2.28.1　交割单基本信息

表 4-30　生猪交割单基本信息

| 交易品种 | 生猪 | 最后交易日 | 合约月份倒数第 4 个交易日 |
|---|---|---|---|
| 合约规模 | 16 吨/手 | 交割日期 | 最后交易日后第 3 个交易日 |
| 报价单位 | 元人民币/吨 | 交割地点 | 大连商品交易所生猪指定交割仓库 |
| 最小变动价位 | 5 元人民币/吨 | 最初交易保证金 | 最低交易保证金：合约价值的 5% |
| 涨跌停板限幅 | 上一交易日结算价的 4% | 交割方式 | 实物交割 |
| 合约交割月份 | 1，3，5，7，9，11 | 交易代码 | LH.DCE |

---

①　图来自 WIND 数据库，JD.DCE 日 K 线图（不复权），仅作示例，最高值与最低值或与当月合约存在差异。

续表

| 交易时间 | 上午 9: 00—11: 30,<br>下午 13: 30—15: 00,<br>以及交易所规定的<br>其他时间 | 上市交易所 | DCE |

### 4.2.28.2　品种概述

猪品种及其生长周期：我国种猪主要依靠进口，商品猪主要为国外品种杂交后得到的杜长大。从后备母猪到商品猪出栏历时 14 个月。母猪 8 个月可配种，经过 4 个月妊娠期分娩得到仔猪，经历"哺乳仔猪""断奶仔猪""生长猪"，出栏时体重达到 110 千克。

生猪养殖处于饲料养殖产业链的一环。饲料养殖产业链上游是饲料相关企业，生猪养殖相关企业处于饲料养殖产业链的中游，具体包括育种企业和养殖企业，养殖企业又细分为自繁自养、外购仔猪养殖、二次育肥。育肥猪达到标准体重后出栏，进入下游加工流通环节，具体细分为屠宰厂屠宰、肉制品加工和肉罐头加工，并流入超市、菜市场、餐饮行业等分销场所，最终被消费者食用消费。

全球猪肉进口（或出口）量不大，占产量（或消费量）的比例较低，仅 7%。美国农业部数据显示，2018 年中国进口猪肉量 1600 千吨，占全球猪肉进口总量的 20%，占国内猪肉产量的 3%。

### 4.2.28.3　价格影响因素

影响生猪的价格因素包括宏观因素、供给、需求、疫情、运输等。

（1）供给

短期市场生猪供应主要受到生猪出栏以及出栏体重两方面影响，根据生猪的生长周期规律，仔猪补栏以及生猪存栏影响中长期（1—5 个月）生猪供给，能繁母猪存栏及补栏影响长期（18

个月）生猪供给。

生猪出栏与出栏体重共同影响短期市场猪肉供给。正常情况下，仔猪补栏影响未来4—5个月生猪出栏量，正常商品代育肥猪达到105～115千克出栏，但受短期猪价以及饲料成本的影响，养殖单位可选择进行压栏。

能繁母猪经历4个月的妊娠期，1个月的哺乳期后，可向市场提供断奶仔猪。仔猪再经历4—5个月的育肥后可出栏，成为市场的生猪供应。因此，能繁母猪存栏可很好地预测未来9—10个月市场商品猪的供应情况。养殖利润是养殖单位在决定是否增加能繁母猪存栏时主要考虑的因素。因此在预测能繁母猪存栏增加或减少趋势时，猪价与饲料成本作为主要的参考因素，重要性不容忽视。

（2）需求

随着我国居民人均收入的增长，国内猪肉消费逐年递增，根据USDA数据，2014年中国猪肉全年消费5865万吨，较1975年增长超700%，年均增长率5.8%。随着居民收入的继续增长，居民消费偏好逐渐转向牛、羊等优质蛋白，猪肉消费持续小幅下降。2015—2018年每年平均降幅1.46%。受2018年发生的非洲猪瘟疫情的影响，2019年生猪年消费4486万吨，环比下降18.86%。

短期来看，全年生猪需求具有较强的季节性规律。通过商务部公布的历史定点企业屠宰量数据来看，春节前南方地区制作腊肉，北方地区灌肠的习惯支撑春节前猪肉的终端需求，生猪需求（即屠宰量）达到全年最高点。由于节前透支节后需求，春节过后，生猪需求下降，随后需求逐渐稳步回升。由于夏天消费者习惯清淡饮食，因此终端猪肉需求较弱，生猪屠宰量小于冬季。

（3）养殖成本与养殖利润

养殖成本中，饲料占总成本的60%，仔猪占总成本的30%。作为主要饲料的玉米和豆粕的价格对生猪养殖成本有较大影响，其中，能量用料玉米用量占比60%～65%，蛋白用料豆粕占比

20%。对散养户来说，饲料的价格不仅影响了生猪养殖的成本，一定程度上直接影响仔猪补栏与生猪养殖的意愿。当市场生猪价格较低时，若饲料价格较低，养殖户为增加养殖利润将选择生猪压栏；若饲料价格较高，养殖户将通过衡量料肉比等指标，决定是否压栏。对规模养殖企业而言，因出栏需符合标准，正常情况下，不会跟随生猪的价格波动增加或减少生猪出栏体重。

仔猪成本占总成本比例的30%，在分析仔猪成本时需考虑生产效能指标、饲料成本等。在饲料成本较高，PSY指标较小的情况下，仔猪均摊成本较高。因此在行情较差的时候，自繁自养的模式需承受更大的亏损；相反，在价格较好年份，盈利能力也较强。

在衡量养殖利润的指标中，除猪粮比、猪料比外，头均养殖利润也尤为重要。由于各养殖户养殖成本不同，头均养殖利润不同。猪粮比、猪料比较头均养殖利润来说，数据相对透明，可作为评价行业养殖盈利情况的重要指标。养殖利润的变化驱动市场供给主体扩大或缩减产能，当养殖利润增加时，养殖单位在高养殖利润的驱使下，增加仔猪补栏进而增加未来生猪出栏；反之，出栏下降。因此养殖利润决定市场供给行为变化。

(4) 其他

其他影响生猪价格的因素包括疫病、天气、进口等。突发性的疫病不仅影响生猪的出栏量，还会影响未来的生猪供给量。天气变化将影响生猪的运输，天气变化将引起生猪的应激反应，增加运输难度以及运输成本。同时天气变化还会改变养殖户短期压栏意愿，进而影响生猪的短期供应量。与欧美发达国家相比，我国生猪养殖的劳动生产率、饲料转化率、母猪生产力水平较低，饲料以及其他生产成本较高，因此进口品的价格优势对我国生猪市场产生一定影响。

### 4.2.28.4 历史价格回顾

(1) 成立以来至2023年底K线图

生猪于2021年1月上市，历史最高价30,680元（2021年1

月8日），历史最低价12,360元（2022年4月11日）。

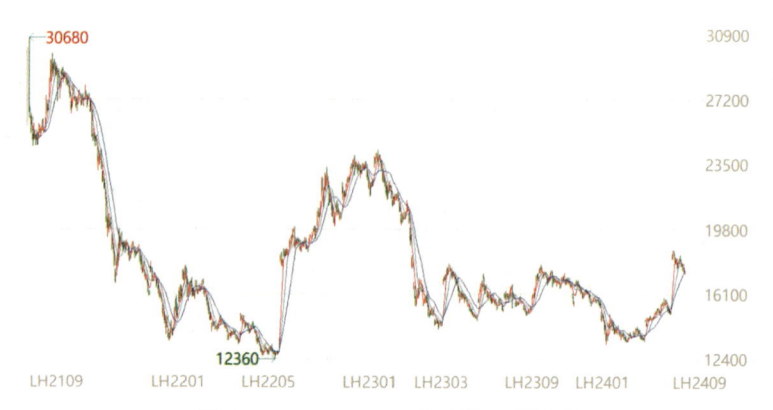

图4-56　2021—2023年生猪K线图①

（2）2023年生猪K线图

2023年最高价17,840元（2023年2月22日），最低价13,240元（2023年12月6日）。

图4-57　2023年生猪K线图②

---

① 图来自WIND数据库，LH.DCE日K线图（不复权），仅作示例，最高值与最低值或与当月合约存在差异。

② 图来自WIND数据库，LH.DCE日K线图（不复权），仅作示例，最高值与最低值或与当月合约存在差异。

## 4.2.29 聚乙烯（塑料）

### 4.2.29.1 交割单基本信息

表 4-31 线型低密度聚乙烯交割单基本信息

| 交易品种 | 线型低密度聚乙烯 | 最后交易日 | 合约月份的第 10 个交易日 |
|---|---|---|---|
| 合约规模 | 5 吨/手 | 交割日期 | 最后交易日后第 3 个交易日 |
| 报价单位 | 元人民币/吨 | 交割地点 | 大连商品交易所线型低密度聚乙烯指定交割仓库 |
| 最小变动价位 | 1 元人民币/吨 | 最初交易保证金 | 最低交易保证金：合约价值的 5% |
| 涨跌停板限幅 | 上一交易日结算价的 4% | 交割方式 | 实物交割 |
| 合约交割月份 | 1，2，3，4，5，6，7，8，9，10，11，12 | 交易代码 | L.DCE |
| 交易时间 | 上午 9：00—11：30，下午 13：30—15：00，下午 21：00—23：00（夜盘） | 上市交易所 | DCE |

### 4.2.29.2 品种概述

（1）LLDPE 的品种特性

聚乙烯（以下简称 PE）是五大合成树脂之一，其产量占世界通用树脂总产量的 40% 以上，是我国合成树脂中产能最大、进口量最多的品种。目前，我国是世界最大的 PE 进口国和第二大消费国。PE 主要分为线型低密度聚乙烯（以下简称 LLDPE）、低密度聚乙烯（以下简称 LDPE）、高密度聚乙烯（以下简称 HDPE）三大类。

(2) LLDPE 的用途

LLDPE 产品无毒、无味、无臭，呈乳白色颗粒，主要应用领域是农膜、包装膜、电线电缆、管材、涂层制品等。由于 LLDPE 具有较高的抗张强度、较好的抗穿刺和抗撕裂性能，主要用于制造薄膜。

(3) LLDPE 的产能产量

世界 LLDPE 产能主要集中在北美、亚洲、西欧和中东地区。其中，中东是产能增长最快的地区。分国家看，美国、沙特阿拉伯、加拿大、中国和巴西位居世界产能的前五名，五国产能之和约占世界总产能的 50%。2005—2009 年，世界 LLDPE 产量年均增长率约为 1.79%。2009 年世界 LLDPE 产量达 1782.4 万吨，同比增长 3.21%。2009 年我国 LLDPE 产量为 310.5 万吨，消费量为 530 万吨，按照当前市场价格 9900 元/吨计算，我国 LLDPE 的市场规模已经超过了 525 亿元。

### 4.2.29.3 价格影响因素

(1) 原油价格波动

原油作为 LLDPE 的初始原料，国际原油价格的变化，会直接影响 LLDPE 的市场价格。据统计，LLDPE 市场价格与原油价格不同步，呈现周期滞后，但从目前市场价格波动看，这种滞后效应越来越短。原油价格对 LLDPE 价格影响在理论上呈弱化关系，原油价格的波动能够被产业链弱化，但在期货市场看有明显的放大效应。另外，石脑油和天然气价格的波动对 LLDPE 价格也有一定的影响，但因石脑油仍然是由原油加工而来，归根到底其价格取决于原油市场价格。不过，近年来天然气液体在乙烯生产中所占比重逐年上升，随着比重的加大，未来其对乙烯价格及对 LLDPE 价格的影响将相应加大。

(2) 乙烯供求影响

由于 LLDPE 是按照"原油—石脑油—乙烯—LLDPE"的路径

进行生产的，乙烯的产能、产量、贸易情况及亚洲地区价格等都会对 LLDPE 的市场价格产生直接影响。一般来讲，价格是随着乙烯价格涨跌而涨跌。在现货市场，LLDPE 的价格一般平均高出乙烯价格 16%，其波幅一般在 4%~28%。

（3）LLDPE 产能产量

LLDPE 的产能及产量的增长与减少对市场价格有影响。由于 LLDPE 采用连续性生产，在生产企业每年停产检修设备期间，受供应量和需求量的变化影响，该地区 LLDPE 价格也会相应变化。另外，LLDPE 的生产工艺以及每月、季、年度的 LLDPE 产量变化，都会对其市场价格产生影响。

（4）国际贸易价格

中东地区是世界最大的 LLDPE 生产地，该地区拥有丰富的原油和天然气资源，原料成本较低，使得从该地区进口的 LLDPE 价格比国际市场平均价格低。另外，我国关税政策调整及海运费价格的变动，对从国外进口的 LLDPE 价格也有着最直接的影响。

（5）下游需求变化

LLDPE 的市场价格同样也会随着下游需求的变化而波动，下游消费量增长而供应不足时将会使市场价格上升，下游消费减弱而上游供应充足时市场价格将下降。另外，部分下游产品对 LLDPE 的消费需求带有明显的季节性，而 LLDPE 生产是连续性的，因此必然产生季节需求变化，从而对价格变动产生影响。

（6）替代产品价格

当 LLDPE 市场价格较高而替代产品如 LDPE 或 HDPE 价格相对较低时，会影响价格走低。

（7）产品库存变化

库存的变化也会影响 LLDPE 的市场价格，如地区库存量升高，贸易商愿意出货，价格会走低；地区库存量不足，贸易商囤货，将推动价格走高。

（8）宏观经济形势

宏观经济的健康快速发展，对 LLDPE 市场具有很强的支撑和拉动作用。宏观经济主要是通过影响下游产业的需求，进而影响LLDPE市场变化，换言之，宏观经济表现是LLDPE市场需求的晴雨表，对其价格变动有重要影响。宏观经济运行统计数据表明，LLDPE价格增长与GDP增长有一定的弹性比例关系，即当经济增长率达到8%以上时，农业、建筑业、包装业、电子、汽车制造业等相关行业对LLDPE的需求较为强劲，因而对LLDPE市场支撑力较大，其价格也一般在较高位运行。

### 4.2.29.4 历史价格回顾

（1）成立以来至2023年底K线图

LLDPE于2007年7月上市，历史最高价16,780元（2008年6月6日），历史最低价5,410元（2020年3月31日）。

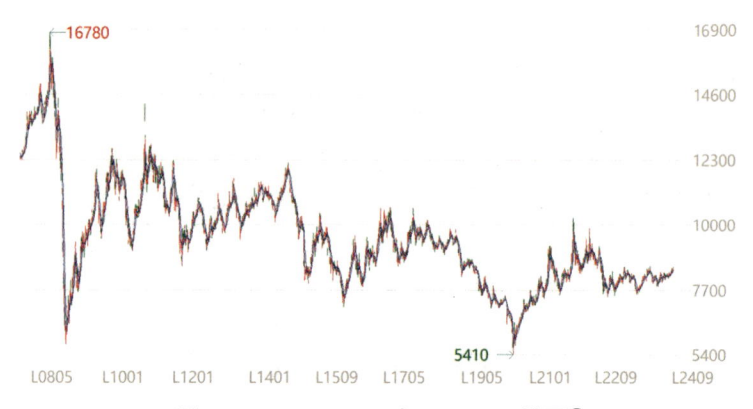

图4-58 2007—2023年LLDPE K线图[①]

（2）2023年LLDPE K线图

2023年最高价8,610元（2023年1月30日），最低价7,533元（2023年5月26日）。

---

① 图来自WIND数据库，L.DCE日K线图（不复权），仅作示例，最高值与最低值或与当月合约存在差异。

图 4-59  2023 年 LLDPE K 线图①

## 4.2.30 聚氯乙烯（PVC）

### 4.2.30.1 交割单基本信息

表 4-32 聚氯乙烯交割单基本信息

| 交易品种 | 聚氯乙烯 | 最后交易日 | 合约月份的第 10 个交易日 |
|---|---|---|---|
| 合约规模 | 5 吨/手 | 交割日期 | 最后交易日后第 3 个交易日 |
| 报价单位 | 元人民币/吨 | 交割地点 | 大连商品交易所指定交割仓库 |
| 最小变动价位 | 1 元人民币/吨 | 最初交易保证金 | 最低交易保证金：合约价值的 5% |
| 涨跌停板限幅 | 上一交易日结算价的 4% | 交割方式 | 实物交割 |

---

① 图来自 WIND 数据库，L.DCE 日 K 线图（不复权），仅作示例，最高值与最低值或与当月合约存在差异。

续表

| 合约交割月份 | 1, 2, 3, 4, 5, 6, 7, 8, 9, 10, 11, 12 | 交易代码 | V. DCE |
| --- | --- | --- | --- |
| 交易时间 | 上午9:00—11:30,下午13:30—15:00,下午21:00—23:00（夜盘） | 上市交易所 | DCE |

### 4.2.30.2 品种概述

(1) PVC的自然属性与分类

聚氯乙烯（Polyvinyl Chloride），简称PVC，是我国重要的有机合成材料。其产品具有良好的物理性能和化学性能，广泛应用于工业、建筑、农业、日用生活、包装、电力、公用事业等领域。

从产品分类看，PVC属于三大合成材料（合成树脂、合成纤维、合成橡胶）中的合成树脂类，合成树脂类包括五大通用树脂：聚乙烯（PE）、聚氯乙烯（PVC）、聚丙烯（PP）、聚苯乙烯（PS）、ABS树脂。

(2) PVC的用途

PVC是一种无毒、无臭的白色粉末。化学稳定性很高，具有良好的可塑性。电绝缘性优良，一般不会燃烧。主要用于建筑门窗、排水管道、电线电缆及薄膜包装等领域。

PVC是合成树脂中重要的品种，从世界范围内消费看，PVC消费量仅次于聚乙烯排在五大通用树脂中的第二位，在中国，PVC的消费量居五大通用树脂之首，高于聚乙烯的消费量。从生产工艺路线看，除中国和极少几个国家以电石法工艺路线生产，绝大部分国家都是采用石油天然气路线，因此成本和市场价格不尽一致。

### 4.2.30.3 价格影响因素

(1) 上游原材料的影响

目前国内PVC制造工艺仍以电石法为主，2008年下半年以来，受益于国际原油的低位运行，国际上乙烯法PVC制造工艺生产成本较低，由于煤炭限产保价，相对于乙烯法PVC而言，电石成本一直居高不下，导致国内PVC生产企业处于劣势，伴随着微薄生产利润以及国外货源的冲击，近期，国内氯碱企业面临严重的经营困境。PVC生产成本这部分，主要是煤炭、焦炭、电力、电石、原油、乙烯、VCM等成本价格，另外，原盐的价格也会通过氯的价值传导对PVC的价格产生一定程度的影响。

①煤炭、焦炭、电力。由于我国工业用电仍以火力发电为主，焦炭也主要来源于煤炭，所以，三者的价格基本绑定，在此进行统一分析。根据电石法PVC的制备成本，1吨聚氯乙烯折合电力消耗为7000度左右，折合煤炭消耗量3吨左右，能源成本占生产成本比重超过50%，因此，煤炭、焦炭、电力等能源的价格波动将直接影响PVC的市场价格。目前，我国煤炭行业施行限产保价，这不但对我国电石法PVC的生产成本是一个有力支撑，而且部分企业可能转而直接出售煤炭原材料，而不是进一步加工为PVC再出售，从而影响电石法PVC的供应，进一步提升PVC价格，直到PVC能达到一个合理的价位。

②原油、乙烯、氯乙烯、二氯乙烷。从世界范围来讲，PVC的生产仍以乙烯法为主。受次贷危机所引发的全球性的金融危机冲击，原油价格由148美元/桶一路跌至45美元/桶，伴随着原油价格的回落，以及我国对外实施反倾销的到期，进口料已经开始冲击国内市场，据统计，2008年仅12月份PVC进口量就占全年总进口量的70%。

原油价格自2009年超跌反弹以来，目前总体维持在70~75美元/桶区间内，原油价格的回升，使得以乙烯为原料制造PVC的成本优势较2006年大为削弱。原油、乙烯以及进口氯乙烯（VCM）和二氯乙烷（EDC）的价格高低，也会直接影响PVC的价格走势。另外，由于我国只对国外PVC实施反倾销，而对VCM和EDC并未实施保护政策，国内部分PVC生产厂家可能会直接从国外大量低价购进 VCM 聚合成 PVC，所以，原油和 VCM 等上游产品价格的高低，会对国内 PVC 的价格有直接影响。

③原盐

原盐的主要消费领域就是氯碱产品的生产，原盐电解后产生的氯部分用于生产 PVC 和其他氯产品，钠部分用于生产纯碱和烧碱。虽然在 PVC 的生产成本中，氯并不是一个主要影响因素，但钠部分却是烧碱和纯碱的主要成本。所以，原盐的价格会直接影响碱产品的价格，并影响市场对碱产品的需求，而 PVC 和碱之间存在一个氯碱平衡问题，间接影响 PVC 的供应量，从而影响其价格走势。

（2）影响 PVC 下游需求的因素

①房地产行业。从行业发展阶段来看，PVC 已经进入成熟期，具有明显的买方市场特征，因此，下游需求在这阶段对商品价格的影响显得格外重要。PVC 的最大消费领域是型材、异型材和管材，主要用于建筑领域，所以，未来国内房地产市场的发展态势对 PVC 的需求起决定性的作用。我国正处于新型城镇化战略稳步实施阶段，一些基础设施投资也会对 PVC 的消费有一定的拉动作用，但由于国外发达国家已经完成这个过程，对 PVC 的需求基本达到饱和，加上金融危机的蔓延，国际市场购买力下降，房地产行业处于周期低谷，不排除国外进口料大量涌入国内的可能，会对国内市场价格造成一定的冲击。

②国内经济走势。据分析，GDP 的增速对 PVC 价格有重要影响，国内未来经济走势将直接影响 PVC 的价格。为了应对国际金融危机的冲击，我国政府执行新增万亿元的经济刺激计划，旨在保障国内经济增长，主要投向基础设施和农业建设方面，这可能会激发国内 PVC 市场的消化能力。

③塑料制品的出口。除了型材管材以外，PVC 还在塑料容器、玩具及其他产品的包装和日用品（如胶鞋、鞋底、雨衣和运动用品）等领域广泛应用。据统计，我国每年对外出口 68 亿双鞋子，

50%的家电用于出口，这些塑料制品的出口情况对 PVC 的需求也会产生一定的影响。

(3) 国家政策的影响

①石化行业振兴计划。2009 年，国务院审议并原则通过了石化产业和轻工业产业调整振兴规划，决定加大对石化企业的信贷支持，将停止审批单纯扩大产能的焦炭、电石等煤化工项目，加快结构调整，优化产业布局。限制煤化工，支持原油石化行业，据称，将有 60 万~80 万吨的大乙烯项目要投产，这可能会对我国 PVC 的生产结构产生一定影响，从而改变 PVC 定价机制。

②节能减排行业准入条件。节能减排出自我国"十一五"规划纲要。PVC 行业是典型的高能耗行业，为了优化产业结构，我国对氯碱行业实施新的准入条件，对 22 个高能耗产品施行最高能耗和最低能源利用率限制，其中电石、PVC、烧碱等均在限制范围之内，这将在特定时间段内对 PVC 的供应量产生影响。另外，《中华人民共和国节约能源法》还对建筑节能进行了规定，据统计，PVC 在欧洲窗框节能方面扮演着重要的角色，每年可帮助家庭房屋节约热成本 10 亿欧元，因此，随着我国节能工作的深入，未来我国可能会对 PVC 节能窗框有进一步的需求。

③出口退税率和出口限制加工贸易。2007 年，我国将 PVC 的出口退税率由 11%直接下降到 5%，2010 年，财政部和国家税务总局公布《关于取消部分商品出口退税的通知》，2010 年 7 月 15 日起，取消 406 种商品的出口退税。其中涉及的塑料产品包括乙烯聚合物的废碎料及下脚料、苯乙烯聚合物的废碎料及下脚料、氯乙烯聚合物的废碎料及下脚料、聚对苯二甲酸乙二酯的废碎料及下脚料和其他塑料的废碎料及下脚料。一方面针对多项塑料产品出口退税的取消，压缩了出口产品的利润空间，削弱了 PVC 出口的积极性；另一方面，调整涉及塑料品种不多，对当前现货价格影响有限。

由于我国 PVC 出口依靠价格优势，所以，出口退税率的下调以及出口限制加工贸易，将进一步压缩出口产品的利润空间，削弱PVC生产厂家出口积极性，加重我国PVC供大于求的局面，尤其是那些通过进口VCM和EDC生产PVC再加工出口的企业。

④反倾销政策。反倾销对我国PVC价格走势的影响可以从两部分阐述，一是我国对来自韩国、日本、美国和俄罗斯等国的PVC实施反倾销政策，通过征收高额的反倾销税影响其进口，从而在特定历史阶段，稳定国内PVC的供应结构；二是我国目前PVC供大于求的形势非常严峻，开工率不断降低，正由净进口国向出口国转变，但国外也会出于保护本国产业的考虑，对我国出口的PVC实施反倾销，如印度、土耳其的特殊保护政策等，这必将使我国PVC出口受阻，从而影响国内的供求关系。

**(4) 其他相关领域商品的影响**

①纯碱行业的影响。我国PVC的生产主要以电石法为主，在生产PVC的同时，通常会生产等物质量的碱，在PVC需求低迷，开工率不足的情况下，碱的产量也会降低，从而改变碱的供求关系。同样道理，碱的价格以及经济发展对碱的需求也会反作用到PVC的供应上。

②炼油行业的影响。整个炼油行业是一个系统工程，在提炼汽油、柴油等成品油的同时，也会得到乙烯等化工原材料，所以，如果由于全球经济不景气，导致对成品油需求的减少，同时也会降低乙烯的产量，从而影响乙烯法PVC的供应。

### 4.2.30.4　历史价格回顾

**(1) 成立以来至2023年底K线图**

PVC于2009年5月上市，历史最高价13380元（2021年10月12日），历史最低价4405元（2015年11月23日）。

图 4-60　2009—2023 年 PVC K 线图①

(2) 2023 年 PVC K 线图

2023 年最高价 6,700 元（2023 年 1 月 19 日），最低价 5,596元（2023 年 6 月 13 日）。

图 4-61　2023 年 PVC K 线图②

---

① 图来自 WIND 数据库，V.DCE 日 K 线图（不复权），仅作示例，最高值与最低值或与当月合约存在差异。
② 图来自 WIND 数据库，V.DCE 日 K 线图（不复权），仅作示例，最高值与最低值或与当月合约存在差异。

### 4.2.31 聚丙烯

#### 4.2.31.1 交割单基本信息

表4-33 聚丙烯交割单基本信息

| 交易品种 | 聚丙烯 | 最后交易日 | 合约月份的第10个交易日 |
|---|---|---|---|
| 合约规模 | 5吨/手 | 交割日期 | 最后交易日后第3个交易日 |
| 报价单位 | 元人民币/吨 | 交割地点 | 大连商品交易所聚丙烯指定交割仓库 |
| 最小变动价位 | 1元人民币/吨 | 最初交易保证金 | 最低交易保证金：合约价值的5% |
| 涨跌停板限幅 | 上一交易日结算价的4% | 交割方式 | 实物交割 |
| 合约交割月份 | 1, 2, 3, 4, 5, 6, 7, 8, 9, 10, 11, 12 | 交易代码 | PP.DCE |
| 交易时间 | 上午9：00—11：30,下午13：30—15：00,下午21：00—23：00（夜盘） | 上市交易所 | DCE |

#### 4.2.31.2 品种概述

（1）聚丙烯的自然属性

聚丙烯（PP）属于热塑性树脂，是五大通用合成树脂之一。外观为白色粒料，无味、无毒，由于晶体结构规整，具备易加工、抗冲击强度、抗挠曲性以及电绝缘性好等优点，在汽车工业、家用电器、电子、包装及建材家具等方面有广泛的应用。

（2）聚丙烯的特性

聚丙烯的结构特点决定了其五大特性：

①它的分子结构与聚乙烯相似，但是碳链上相间的碳原子带有一个甲基（-CH$_3$）；

②通常为半透明无色固体，无臭无毒；

③由于结构规整而高度结晶化，故熔点高达167℃，耐热且制品可用蒸汽消毒是其突出优点；

④密度0.90g/cm$^3$，是最轻的通用塑料；

⑤耐腐蚀，抗张强度30MPa，强度、刚性和透明性都比聚乙烯好。

### （3）聚丙烯的分类

聚丙烯分类方法多样，按聚丙烯分子中甲基（-CH$_3$）的空间位置不同分为等规、间规和无规三类；按用途可以分为窄带类、注塑类、薄膜类、纤维类、管材类等级别；按单体种类分为均聚聚丙烯和共聚聚丙烯。我国是世界最大的聚丙烯生产国，2012年聚丙烯产量为1109万吨，约占世界总产量的19%。我国也是世界最大的聚丙烯消费国，2012年消费聚丙烯1486万吨，约占世界总消费量的26%，按12000元/吨的价格，市场规模超过1700亿元。在国内强劲的需求推动下，我国自产聚丙烯几乎全部在国内消费，出口量仅14万吨，2012年聚丙烯进口量为391万吨，进存度约27%。

#### 4.2.31.3 价格影响因素

我国聚丙烯价格波动十分剧烈，自2007年始聚丙烯价格始终追随原油价格呈现持续上涨态势，直至2008年6月达到最高点，随后随着金融危机的爆发，价格急剧跳水。2007年我国聚丙烯年均价12009元/吨，2008年6月最高涨至16800元/吨左右，涨幅近40%，大的价格涨跌基本与原油走势一致。从年内波动情况来看，波动也较剧烈，受金融危机影响2008年情况比较特殊，最高达17000元/吨，最低至6400元/吨，价格波动10000元/吨，即使普通年份价格波幅也较大，2009年价格波幅约47%，2010年、2011年分别为33%和29%。2012年受国内聚丙烯新装置大量投产影响，波幅下降为18%。

**（1）上游原料的影响**

原油作为聚丙烯的主要原材料，其价格对聚丙烯价格走势影响较大。原油价格上涨，通过生产成本等途径传导至下游，使得聚丙烯价格上涨；原油价格下跌，在一定程度上对市场商家及下游厂家心态造成打击，使得市场观望气氛持续浓厚，下游接货意愿降低，市场库存升高，导致聚丙烯价格下跌。

**（2）下游需求的影响**

聚丙烯的市场价格同样也会随着下游需求的变化而波动。当经济进入上行周期，下游塑料制品行业快速发展，需求旺盛，而供应相对不足时将会促进聚丙烯市场价格上升；反之，当经济进入下行周期，下游行业需求减弱而上游供应充足时市场价格将下降。

### 4.2.31.4 历史价格回顾

**（1）成立以来至2023年底K线图**

聚丙烯于2014年2月上市，历史最高价11,532元（2014年6月13日），历史最低价5,361元（2015年12月14日）。

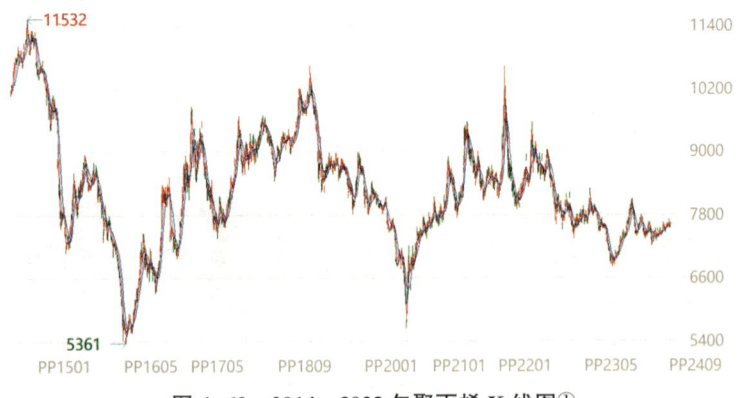

图4-62 2014—2023年聚丙烯K线图[①]

---

[①] 图来自WIND数据库，PP.DCE日K线图（不复权），仅作示例，最高值与最低值或与当月合约存在差异。

（2）2023 年聚丙烯 K 线图

2023 年最高价 8,300 元（2023 年 1 月 30 日），最低价 6,800 元（2023 年 6 月 1 日）。

图 4-63　2023 年聚丙烯 K 线图①

## 4.2.32　焦炭

### 4.2.32.1　交割单基本信息

表 4-34　焦炭交割单基本信息

| 交易品种 | 冶金焦炭 | 最后交易日 | 合约月份的第 10 个交易日 |
|---|---|---|---|
| 合约规模 | 100 吨/手 | 交割日期 | 最后交易日后第 3 个交易日 |
| 报价单位 | 元人民币/吨 | 交割地点 | 交易所指定交割仓库 |

---

① 图来自 WIND 数据库，PP.DCE 日 K 线图（不复权），仅作示例，最高值与最低值或与当月合约存在差异。

| | | | |
|---|---|---|---|
| 最小变动价位 | 0.5元人民币/吨 | 最初交易保证金 | 最低交易保证金：合约价值的5% |
| 涨跌停板限幅 | 上一交易日结算价的4% | 交割方式 | 实物交割 |
| 合约交割月份 | 1、2、3、4、5、6、7、8、9、10、11、12 | 交易代码 | J.DCE |
| 交易时间 | 上午9：00—11：30，下午13：30—15：00，下午21：00—23：00（夜盘） | 上市交易所 | DCE |

### 4.2.32.2 品种概述

（1）焦炭概述

焦炭是由炼焦煤在焦炉中经过高温干馏转化而来，生产1吨焦炭约消耗1.33吨炼焦煤，焦炭既可以作为还原剂、能源和供炭剂用于高炉炼铁、冲天炉铸造、铁合金冶炼和有色金属冶炼，也可以应用于电石生产、气化和合成化学等领域。据统计，世界焦炭产量的90%以上用于高炉炼铁，冶金焦炭已经成为现代高炉炼铁技术所需的必备原料之一，被喻为钢铁工业的"基本食粮"，具有重要的战略价值和经济意义。我国是传统的焦炭生产和出口大国，近年来焦炭产量一直占世界焦炭产量的50%左右，出口量除了在2009年和2010年较低，常年占世界贸易量的60%左右，根据中国炼焦行业协会的统计，我国2007年、2008年、2009年焦炭产量分别达到3.3亿吨、3.27亿吨和3.55亿吨，出口量为1400万吨、1213万吨和54万吨，焦炭是我国目前为数不多的常年排名世界第一的、具有重要影响力的资源型和能源类产品。

（2）焦炭的消费

近年来，在我国所有消费焦炭的行业中，只有钢铁行业的焦炭消费量上升，由2000年的73.95%大幅上升到2007年的

85.00%，上升了11.06个百分点；化学制品行业由10.10%下降到7.32%；有色冶炼由2.00%下降到1.55%；通用设备制造业由1.90%下降到1.86%；其他工业由8.60%下降到3.43%；农业由1.38%下降到0.27%；生活消费由1.31%下降到0.25%；其他类由0.75%下降到0.32%。

### 4.2.32.3 价格影响因素

**（1）炼焦煤决定生产成本**

炼焦煤是焦炭生产的主要原材料，生产1吨焦炭约消耗1.3吨炼焦煤。2008年，我国焦炭产量达3.27亿吨，同比下降0.4%，消耗炼焦煤4.5亿吨左右；且其中由于炼焦技术大面积推广，以及半焦（兰炭）生产的发展，优质炼焦煤消耗比重呈下降趋势。2008年我国进口炼焦煤686万吨，仅占当年我国炼焦煤消耗量的1.5%左右。2008年，进口炼焦煤其中包括从蒙古国陆路进口达363万吨，从其他国家和地区的海运炼焦煤进口量仅为322万吨，仅占当年世界炼焦煤贸易量的3%左右。

炼焦煤的储量并不丰富，占全国煤炭保有储量的比重不大，而且品种很不均衡、地区分布差异巨大。从分牌号的炼焦煤产量来看，我国炼焦煤资源以气煤和1/3焦煤产量最多，分别占全国炼焦煤产量的25.86%和21.28%，而主焦煤和肥煤的产量占比为28%左右。也就是说，在中国的炼焦煤产量中，各煤种之间的比例非常不协调。而在配煤炼焦中，强黏结性的主焦煤和肥煤一般占50%~60%，但实际上中国主焦煤和肥煤的总产率偏低，即我国炼焦工业所需的强黏结性煤至少缺1/2。特别是中国主焦煤和肥煤的可选性又普遍低于结焦性相对较弱、煤化程度较低的气煤和1/3焦煤，因而在炼焦精煤中的主焦煤和肥煤比例更显不足。

炼焦煤价格对焦炭需求变化的反应具有一定的滞后期，往往是焦炭价格先涨，过一段时间后炼焦煤价格也往上涨。而焦炭价格跌后一段时间炼焦煤价格也相应下跌。值得注意的是，近年来炼焦煤价格与焦炭价格的比值在60%左右，但是自2008年以来，这一比值有走高的趋势，2009年已处于2001年以来的最高点。2009年4月炼焦煤价格为157美元/吨，而焦炭价格仅223美元/吨，二者比值为70.4%。这说明焦炭行业的价格传导机制受到遏制，焦炭行业利润空间将进一步被侵蚀。由于资源的稀缺性和未来焦炭仍保持较大的需求规模，炼焦煤价格将呈现逐步走高的态势。

（2）钢材影响销售价格

从焦炭消费构成分析可知，钢铁工业是焦炭最主要的消费领域，因此，焦炭消费高度依赖于钢铁工业的运行，钢铁价格与焦炭价格高度相关。

纵观钢材价格变化，主要原因仍旧是供求关系。我国作为钢材的主要生产国和消费国，钢材价格的变动，对我国的国民经济具有深刻的影响。从焦炭与钢材的关系来看，钢材是焦炭主要的下游行业，钢材价格变动直接影响焦炭的价格走势。图中数据对比表明，钢铁价格与焦炭价格周期波动存在不同步性，钢价对焦炭价格具有牵引作用，在钢价上涨阶段，钢铁业的景气足以承受较高的焦炭成本压力，焦炭价格表现为上涨；在钢价下跌阶段，钢铁业盈利能力弱化，钢厂可能采取限产、重新议定焦炭价格或延迟付款等措施，从而焦炭价格表现为追随钢价下跌。

另外，从钢铁工业焦炭消耗的趋势来看，随着企业炼铁技术的提高，焦比逐步下降，单位钢材生产对焦炭的需求呈现下降的趋势，2007年大中型钢铁企业炼铁平均焦比392公斤/吨铁，比上年降低4公斤/吨铁，大中型炼铁企业在增加喷煤粉量，炼铁焦比要继续下降。中小型炼铁企业焦比在500公斤/吨铁左右，如果普遍采取喷煤粉等措施，炼铁焦比要继续下降。如焦比降20公斤/吨铁，一年减少焦炭用量近1000万吨。

与需求下降相反的是，当前我国焦炭产能依然在不断扩大中。2008年全国新建投产焦炉产能已超过3000万吨，而且还有700万吨左右产能的焦炉已经建成或已烘炉，只是限于市场下降而暂缓了投产。2009—2010年，一批大中型钢铁企业加快焦炉配套、一批大型煤炭集团焦炭产能扩张、一批大中型独立焦化企业的继续做大等，预期在建和拟建有可能投产的机械化大中型焦炉产能仍高达5000万吨。焦炭供需矛盾是决定价格走势的根本因素，特别是在供过于求的不利条件下，钢材价格的下降必将引起焦炭价格走低。从而使得大量中小焦炭企业减产、停产，行业的产能利用率进一步下降。

（3）宏观经济、政策等其他因素

焦炭主要用于高炉炼铁，起还原剂、发热剂和料柱骨架作用。随着我国钢铁行业的快速发展，其焦炭消费量占全部总消费量接近90%。可以说对焦炭市场直接影响最大的是钢铁工业的发展，而钢铁工业作为国民经济的基础工业，其发展受宏观经济的影响较大。

我国还处于工业化进程当中，城市化水平也远低于发达国家，所以我国钢铁需求仍将保持较大的规模，从而拉动焦炭的巨大需求。尽管前些年受到金融危机的影响，经济增长速度放缓，焦炭的需求量和价格出现回落，但从长期来看，焦炭等不可再生资源产品的价格将伴随着经济的发展而保持上涨态势。目前，全球各国政府正在积极扩大财政支出，拉动需求，刺激经济增长；我国也推出了4万亿元的一系列经济刺激政策，加大基础设施建设，提高内需。因此，我国经济仍会继续保持较高的增长速度。届时，焦炭行业也将伴随经济复苏，继续快速发展。

### 4.2.32.4 历史价格回顾

（1）成立以来至2023年底K线图

焦炭于2011年4月上市，历史最高价4,550元（2021年10月19日），历史最低价600元（2015年12月4日）。

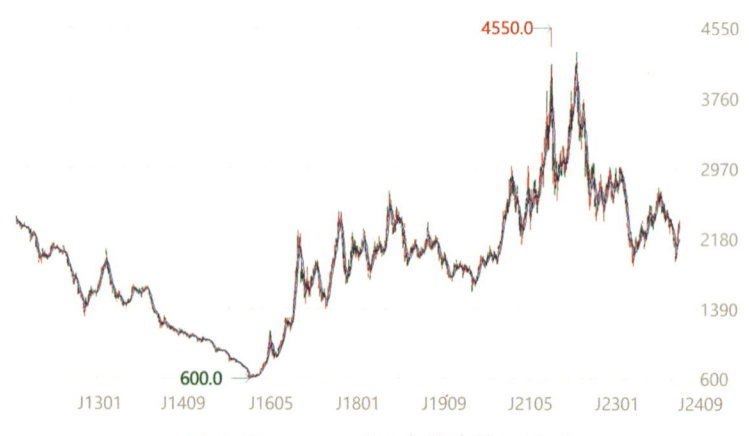

图 4-64  2011—2023 年焦炭的 K 线图

(2) 2023 年焦炭 K 线图

2023 年最高价 2995 元（2023 年 2 月 27 日），最低价 1866 元（2023 年 6 月 5 日）。

图 4-65  2023 年焦炭 K 线图①

---

① 图来自 WIND 数据库，J.DCE 日 K 线图（不复权），仅作示例，最高值与最低值或与当月合约存在差异。

### 4.2.33 焦煤

#### 4.2.33.1 交割单基本信息

表 4-35 焦煤交割单基本信息

| 交易品种 | 焦煤 | 最后交易日 | 合约月份的第 10 个交易日 |
|---|---|---|---|
| 合约规模 | 60 吨/手 | 交割日期 | 最后交易日后第 3 个交易日 |
| 报价单位 | 元人民币/吨 | 交割地点 | 大连商品交易所焦煤指定交割仓库 |
| 最小变动价位 | 0.5 元人民币/吨 | 最初交易保证金 | 最低交易保证金：合约价值的 5% |
| 涨跌停板限幅 | 上一交易日结算价的 4% | 交割方式 | 实物交割 |
| 合约交割月份 | 1、2、3、4、5、6、7、8、9、10、11、12 | 交易代码 | JM.DCE |
| 交易时间 | 上午9:00—11:30，下午13:30—15:00，下午21:00—23:00（夜盘） | 上市交易所 | DCE |

#### 4.2.33.2 品种概述

（1）焦煤概述

焦煤又称"主焦煤"，属于强黏结性、结焦性的炼焦煤煤种，是焦炭生产中不可或缺的基础原料配煤。通常在焦炭生产中，对焦煤的配入比例存在下限要求，一般比例占 30%~50%，每生产 1 吨焦炭大约需要消耗焦煤 0.4 吨。焦煤作为最具有代表性的炼焦煤，连接着煤、焦、钢三个产业，在产业链条上具有重要地位。能用于期货交割的焦煤必须是经过洗煤厂洗选后的精煤，并且利用镜质体反射率标准差指标来严格限定为单一煤种,同时利用小焦炉实验手段确保其具有足够的结焦性。

(2) 焦煤的消费

近年来,随着国内经济的快速发展,钢铁工业产能快速扩张,焦炭产量逐年提高,对焦煤需求量逐步增加。2010年国内焦炭产量达到38757万吨,2005年至2010年期间的增长幅度达到190%,年均增长率为12.83%。据统计,目前我国已成为世界上最大的炼焦煤生产国和消费国,2010年我国炼焦煤产量约60792万吨,消费量约63714万吨,进口量约4727万吨,出口量约114万吨,其中焦煤产量约10942万吨,消费量约10852万吨,足见焦煤对我国来说是具有非常重要意义的资源型和能源类产品。

### 4.2.33.3 价格影响因素

(1) 宏观经济形势

宏观经济形势是判断焦煤市场变化趋势的关键因素。经济进入上行周期,下游钢铁、焦化企业产品需求旺盛,企业产能开始扩张,对上游原材料的需求不断增加,供不应求的局面导致焦煤价格上涨;反之,经济进入下行周期,房地产、汽车等终端需求减弱,钢铁、焦化企业库存增加,企业开始缩减生产规模,控制生产成本,上游原材料供大于求的局面导致焦煤价格下跌。

2009年,我国国民经济不仅没有受到经济危机的影响,经济刺激措施反而拉动钢焦产量持续高位增长,也使得对煤焦的需求愈加旺盛。受到焦煤资源少、新增产能较少和焦煤主产地铁路运力不足等因素影响,焦煤市场整体呈现出供不应求的局面,价格逐步上涨。

2011年下半年,中央为了抑制通货膨胀,推出了一系列调控措施,房地产、汽车行业逐步降温,终端需求也得到抑制,同时也抑制了炼钢、炼焦行业对焦煤的需求,焦煤市场整体呈现出供大于求的局面,价格逐步下降。

(2) 焦煤的生产成本

产业政策的变化会直接影响煤炭生产企业的生产成本。2007

年以来，涉及煤炭成本的全国性政策主要有三类共 10 项，这些政策的集中出台，使企业成本大幅度增加，焦煤吨煤增加成本 150~200 元。焦煤资源性、政策性成本上升，必然对焦煤企业可持续发展带来较大压力，一方面需要煤炭企业内部消化，另一方面必然传递给下游企业，从而影响焦煤价格。

2005—2007 年山西省作为煤炭资源整合的试点省，对地方煤矿进行了大规模资源整合，关闭淘汰整合 9 万吨以下的地方煤矿，2008 年更进一步关停所有 30 万吨以下的小煤矿。2009 年，山西省屯兰矿难后，进一步推进煤炭资源整合，小煤矿大量被关闭导致中国炼焦煤出现大量短缺。短期来看，关停并改会减少炼焦煤的产量，加剧供小于求的紧张局面，但是从长期来看，有利于产业向集约化、可持续发展，更有利于稳步提高焦煤的产量和质量。

### 4.2.33.4 历史价格回顾

（1）成立以来至 2023 年底 K 线图

焦煤于 2013 年 4 月上市，历史最高价 3,878.5 元（2021 年 10 月 19 日），历史最低价 484.5 元（2015 年 11 月 24 日）。

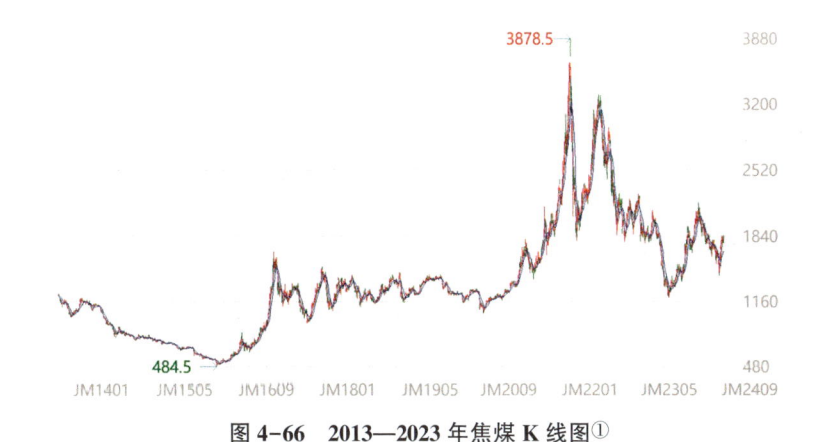

图 4-66　2013—2023 年焦煤 K 线图[①]

---

[①] 图来自 WIND 数据库，JM.DCE 日 K 线图（不复权），仅作示例，最高值与最低值或与当月合约存在差异。

(2) 2023 年焦煤 K 线图

2023 年最高价 2,179 元（2023 年 6 月 1 日），最低价 1,195 元（2023 年 11 月 27 日）。

图 4-67　2023 年焦煤 K 线图①

## 4.2.34　铁矿石

### 4.2.34.1　交割单基本信息

表 4-36　铁矿石交割单基本信息

| 交易品种 | 铁矿石 | 最后交易日 | 合约月份的第 10 个交易日 |
|---|---|---|---|
| 合约规模 | 100 吨/手 | 交割日期 | 最后交易日后第 3 个交易日 |
| 报价单位 | 元人民币/吨 | 交割地点 | 大连商品交易所铁矿石指定交割仓库 |
| 最小变动价位 | 0.5 元人民币/吨 | 最初交易保证金 | 最低交易保证金：合约价值的 5% |

---

① 图来自 WIND 数据库，JM.DCE 日 K 线图（不复权），仅作示例，最高值与最低值或与当月合约存在差异。

续表

| | | | |
|---|---|---|---|
| 涨跌停板限幅 | 上一交易日结算价的4% | 交割方式 | 实物交割 |
| 合约交割月份 | 1、2、3、4、5、6、7、8、9、10、11、12 | 交易代码 | I.DCE |
| 交易时间 | 上午9:00—11:30，下午13:30—15:00，下午21:00—23:00（夜盘） | 上市交易所 | DCE |

### 4.2.34.2 品种概述

铁矿石指存在利用价值的，含有铁元素或铁化合物的矿石，几乎只作为钢铁生产原材料使用。钢铁是国民经济的支柱产业，铁矿石是钢铁生产最重要的原材料，生产1吨生铁约需要1.6吨铁矿石，铁矿石在生铁成本中占比超过60%，由此可见，铁矿石也是与国民经济息息相关的重要原材料。

根据物理形态不同，铁矿石分为原矿、块矿、粉矿、精矿和烧结矿、球团矿等。块矿是可以直接入炉的高品位矿；粉矿和精矿需人工造块后才能投入高炉，其中，粉矿是生产烧结矿的主要原料，精矿是生产球团矿的主要原料。基于现货市场的需求，铁矿石期货交易标的物选择为粉矿。

中国钢铁行业的高速发展，对铁矿石的需求大幅度增加，带动中国铁矿石产量不断增长。2001年中国铁矿石原矿产量为2.18亿吨，随后逐年增长，到2005年中国铁矿石原矿产量达到了4.2亿吨，同比增长35.6%，相较于2001年产量几乎翻了一番。据统计，目前中国是世界最大的铁矿石消费国、进口国和第二大生产国，2019年，中国铁矿石原矿产量8.4亿吨，折合精矿2.1亿吨；铁矿石消费量约11.4亿吨，进口量为10.7亿吨。

近年来，铁矿石年度谈判定价体制瓦解，贸易定价随行就市，价格波动频繁剧烈，企业避险需求强烈。2017年至2019年，价格在400~900元/吨波动,最大波幅超过500元/吨,年内最大涨幅超过90%。

中国大连商品交易所顺应铁矿石金融化趋势,推出铁矿石期货交易,将有利于帮助现货企业管理市场价格波动风险,促进铁矿石定价体系的完善,为未来中国谋取国际贸易定价权奠定基础。

新加坡交易所是国际铁矿石衍生产品的发源地,提供铁矿石CFR中国(62%铁粉)掉期、期货和期权。

### 4.2.34.3 价格影响因素

(1)成本因素

铁矿石成本受一系列因素影响,如矿山开采设备价格、人工成本、开采所需水电价格、相关税费以及海运费用等均会影响铁矿石到岸成本,从而对矿石市场价格造成影响。

(2)政策因素

铁矿石是国际大宗贸易商品,其价格受各种政策因素影响,如产地国的进出口政策,进口国关税政策以及消费国的钢铁产业发展政策等均会对铁矿石价格造成影响。

(3)产量变化

铁矿石的产能及产量的增长与减少对市场价格有影响。矿山企业在生产企业由于设备检修、自然条件等原因造成停产或减产时,铁矿石价格也会相应变化。

(4)国际贸易价格

中国铁矿石进口依存度高,国际矿石价格与国内价格联动性强,国际市场价格的变动将传递到国内,从而对铁矿石市场价格造成影响。

(5)下游需求变化

铁矿石的市场价格同样也会随着下游需求的变化而波动,下游消费量增长而供应不足时将会使市场价格上升,下游消费减弱而上游供应充足时市场价格将下降。

### (6) 替代产品价格

当铁矿石市场价格较高而替代产品如废钢价格相对较低时，会影响价格走低。

### (7) 产品库存变化

库存的变化也会影响铁矿石的市场价格，如地区库存量升高，贸易商愿意出货，价格会走低；地区库存量不足，贸易商囤货，将推动价格走高。

### (8) 宏观经济形势

宏观经济的健康快速发展，对铁矿石市场具有很强的支撑和拉动作用。宏观经济主要是通过影响下游产业的需求，进而影响铁矿石市场变化，换言之，宏观经济表现是铁矿石市场需求的晴雨表，对其价格变动有重要影响，当宏观经济运行良好，建筑业、汽车制造业等相关行业对钢材的需求较为强劲，相应会带动铁矿石的需求，支撑其价格在高位运行。

## 4.2.34.4 历史价格回顾

### (1) 成立以来至 2023 年底 K 线图

铁矿石于 2013 年 10 月上市，历史最高价 1358 元（2021 年 5 月 12 日），历史最低价 282.5 元（2015 年 12 月 10 日）。

图 4-68　2013—2023 年铁矿石 K 线图[①]

---

[①] 图来自 WIND 数据库，I.DCE 日 K 线图（不复权），仅作示例，最高值与最低值或与当月合约存在差异。

(2) 2023 年铁矿石 K 线图

2023 年最高价 998.5 元（2023 年 11 月 23 日），最低价 665.5 元（2023 年 5 月 26 日）。

图 4-69　2023 年铁矿石 K 线图①

## 4.2.35　乙二醇

### 4.2.35.1　交割单基本信息

表 4-37　乙二醇交割单基本信息

| 交易品种 | 乙二醇 | 最后交易日 | 合约月份倒数第 4 个交易日 |
|---|---|---|---|
| 合约规模 | 10 吨/手 | 交割日期 | 最后交易日后第 3 个交易日 |
| 报价单位 | 元人民币/吨 | 交割地点 | 大连商品交易所乙二醇指定交割仓库 |
| 最小变动价位 | 1 元人民币/吨 | 最初交易保证金 | 最低交易保证金：合约价值的 5% |

---

① 图来自 WIND 数据库，I.DCE 日 K 线图（不复权），仅作示例，最高值与最低值或与当月合约存在差异。

续表

| 涨跌停板限幅 | 上一交易日结算价的4% | 交割方式 | 实物交割 |
|---|---|---|---|
| 合约交割月份 | 1,2,3,4,5,6,7,8,9,10,11,12 | 交易代码 | EG.DCE |
| 交易时间 | 上午9:00—11:30,下午13:30—15:00,下午21:00—23:00(夜盘) | 上市交易所 | DCE |

### 4.2.35.2 品种概述

(1) 乙二醇的自然属性

乙二醇(Mono Ethylene Glycol,简称 MEG 或 EG)又名"甘醇",是最简单的二元醇,分子式为$CH_3CH_2OH$,常温下为无色、无臭、有甜味的黏稠液体,比重约为 1.11,沸点 197.3℃,凝固点-12.6℃,闪点 111.1℃,自燃点 418℃。乙二醇易吸湿,能与水、乙醇和丙酮等溶液混溶,微溶于乙醚,不溶于石油烃及油类。目前成熟的工业路线是由环氧乙烷、二氧化碳和水反应生成碳酸乙二酯(EC),然后水解得到乙二醇。乙二醇中毒后有恶心、呕吐、腹痛等感觉,溅入眼内会引起结膜炎,长期慢性中毒会引起眼球震颤、食欲减退等症状。

(2) 乙二醇的生产工艺

从乙二醇的制备方法上一般分为煤制乙二醇和乙烯制乙二醇,简称"煤制"和"乙烯制"。

煤制的生产工艺路线为"煤炭—碳酸二甲酯—乙二醇",该工艺生产成本较低,但该工艺路线装置运行稳定性较差,不能完全满足聚酯的生产需求,国内只有少数企业的产品达到了聚酯的使用标准,其他企业用于树脂和防冻液的生产,或和乙烯制掺混用于聚酯生产使用。不过随着技术的革新,该问题预计会很快得到解决。乙烯制生产路线较多,有 2 个主流路线"原油—石脑油—乙烯—乙二醇"和"乙烷—乙烯—乙二醇"。第一条以原油为原料的路线，主要是一些产油国如沙特等在使用，而我国在煤化工发展以前也是主要使用该工艺，占比在50%以上。该工艺的特点是乙二醇的质量很好，但是成本高，且受限于原油的价格波动影响。而乙烷的路线，成本低，质量好，是很有潜力的发展路线，一般在天然气产量较大的区域使用，比如美国有页岩气，中东有伴生气，有着低廉的成本优势。

### （3）乙二醇的主要用途

乙二醇是一种重要的石油化工基础有机原料，主要用于生产聚酯纤维（涤纶）、聚酯薄膜、包装树脂、其他聚酯（工程塑料等）、防冻剂等，同时也用于生产润滑剂、增塑剂、水力制动用液体、非离子表面活性剂、乙二醇醚、炸药、涂料、油墨等，用途十分广泛。从全球和国内两个视角看，聚酯产品（包括涤纶、包装树脂、聚酯薄膜、其他聚酯）占乙二醇消费量的87%以上。其中，我国超过90%的乙二醇用于生产涤纶。

PET聚酯，即聚对苯二甲酸乙二酯，是由对苯二甲酸PTA和乙二醇EG缩聚而成，主要用于生产PET切片、PET聚酯纤维（涤纶）、PET瓶级聚酯、PET聚酯薄膜及其他聚酯（PET工程塑料等）。PET切片有纤维级、瓶级和薄膜级三种类型，分别主要用于生产PET聚酯纤维、PET塑料瓶和PET聚酯薄膜，因此可以说PET切片是一种"过渡性中间产品"。

涤纶的直纺和切片纺生产流程。按照是否经过PET切片，涤纶的生产流程可以分为直纺和切片纺两种。直纺（又称"一步纺"），是指精对苯二甲酸PTA和乙二醇EG在生产过程中不生成切片，而是直接喷丝而成，即"PTA+EG→涤纶"，目前大多聚酯生产厂家都采用直纺。切片纺（又称"二步纺"），是指PTA和EG在生产过程中先生产出PET切片，用PET切片溶解后喷丝而成，即"PTA+EG→PET切片→涤纶"。PET瓶级树脂和PET聚酯薄膜按生产流程也有一步法和两步法（经过PET切片）之分。

### 4.2.35.3 价格影响因素

**(1) 原油价格的影响**

原油作为乙二醇的初始原料，国际原油价格的变化，会直接影响乙二醇的市场价格。据统计，乙二醇市场价格与原油价格不同步，呈等周期滞后，但从目前市场价格波动看，这种滞后效应越来越短。如果原油价格较高，乙二醇成本会保持高位；如果原油价格处于低位，会大大降低乙烯法乙二醇的成本。

**(2) 石脑油、乙烯供求影响**

由于乙二醇是按照"原油—石脑油—乙烯—环氧乙烷—乙二醇"的路径进行生产的，石脑油和乙烯的产能、产量、贸易情况及亚洲地区价格等都会对乙二醇的市场价格产生直接影响。一般来讲，价格是随着石脑油和乙烯价格涨跌而涨跌。

**(3) 下游消费的影响**

乙二醇的市场价格同样也会随着下游需求的变化而波动，下游消费量增长而供应不足时将会使市场价格上升，下游消费减弱而上游供应充足时市场价格将下降。

我国94%的乙二醇产品用于生产聚酯，所以聚酯行业的情况会直接影响乙二醇的价格，而聚酯又大部分用于纺织品行业，这些产业链间的传导作用非常明显。

**(4) 炼油行业的影响**

整个炼油行业是一个系统工程，在提炼汽油、柴油等成品油的同时，也会得到乙烯等化工原材料，所以，如果由于全球经济不景气，导致对成品油需求的减少，同时也会降低乙烯的产量，从而影响乙烯的供应。

### 4.2.35.4 历史价格回顾

**(1) 成立以来至2023年底K线图**

乙二醇于2018年12月上市，历史最高价7,566元（2021年10月19日），历史最低价2,926元（2020年3月30日）。

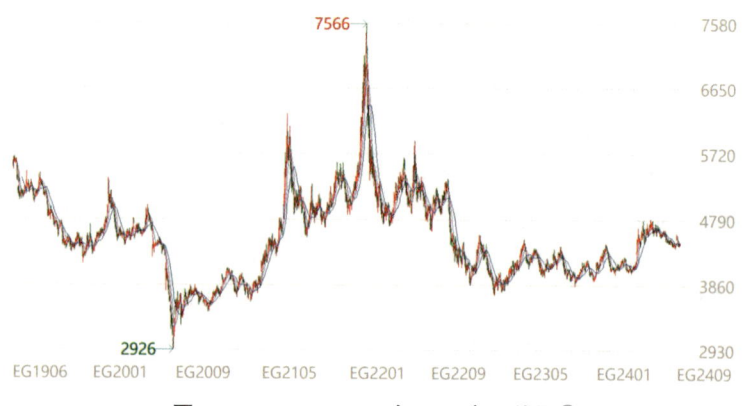

图 4-70　2018—2023 年乙二醇 K 线图[1]

(2) 2023 年乙二醇 K 线图

2023年最高价4,680元（2023年1月30日），最低价3,841元（2023年6月27日）。

图 4-71　2023 年乙二醇 K 线图[2]

---

[1]　图来自 WIND 数据库，EG.DCE 日 K 线图（不复权），仅作示例，最高值与最低值或与当月合约存在差异。

[2]　图来自 WIND 数据库，EG.DCE 日 K 线图（不复权），仅作示例，最高值与最低值或与当月合约存在差异。

## 4.2.36 苯乙烯

### 4.2.36.1 交割单基本信息

表 4-38 苯乙烯交割单基本信息

| 交易品种 | 苯乙烯 | 最后交易日 | 合约月份倒数第 4 个交易日 |
|---|---|---|---|
| 合约规模 | 5 吨/手 | 交割日期 | 最后交易日后第 3 个交易日 |
| 报价单位 | 元人民币/吨 | 交割地点 | 大连商品交易所苯乙烯指定交割仓库 |
| 最小变动价位 | 1 元人民币/吨 | 最初交易保证金 | 最低交易保证金：合约价值的 5% |
| 涨跌停板限幅 | 上一交易日结算价的 4% | 交割方式 | 实物交割 |
| 合约交割月份 | 1, 2, 3, 4, 5, 6, 7, 8, 9, 10, 11, 12 | 交易代码 | EB. DCE |
| 交易时间 | 上午 9: 00—10: 15, 10: 30—11: 30, 下午 13: 30—15: 00, 下午 21: 00—23: 00（夜盘）| 上市交易所 | DCE |

### 4.2.36.2 品种概述

（1）苯乙烯的自然属性

苯乙烯，易燃，属危化品，是用苯取代乙烯的一个氢原子形成的有机化合物，乙烯基的电子与苯环共轭，不溶于水，溶于乙醇、乙醚，暴露于空气中逐渐发生聚合及氧化。工业上是合成树脂、离子交换树脂及合成橡胶等的重要单体。该物质对环境有严重危害。由于其挥发性强，在大气中易被光解，也可被生物降解和化学降解，既能被特异的菌丛所破坏，亦能被空气中的氧所氧化成苯甲醚、甲醛及少量苯乙醇。

(2) 苯乙烯的生产工艺

目前世界上苯乙烯生产方法主要包括乙苯脱氢法、环氧丙烷-苯乙烯（PO/SM）联产法和裂解汽油抽提法（C8抽提法）等。

全球苯乙烯的主流工艺是乙苯脱氢法，这种方法占全球产量份额的80%以上，即纯苯和乙烯生产乙苯，乙苯脱氢生产苯乙烯，通常每吨苯乙烯需要0.79吨苯和0.29吨乙烯。乙苯脱氢工艺包括乙苯催化脱氢法和乙苯氧化脱氢法。乙苯催化脱氢法典型生产工艺有Fina/Badger工艺、ABBLUMMUS/UOP工艺和BASF（巴斯夫）工艺；乙苯氧化脱氢法工艺流程与LUMMUS/UOP苯乙烯工艺流程基本相同，但反应器结构差别较大，典型的工艺是SMART工艺。

环氧丙烷-苯乙烯（PO/SM）联产法又称"共氧化法"，由Halcon公司开发，美国Shell等公司对其完善，目前这种工艺占全球产量12%左右。联产法通常每3.2吨乙苯和0.8吨丙烯生成2.6吨苯乙烯和1吨环氧丙烷。

裂解汽油抽提苯乙烯法（C8抽提法）指从以石脑油、柴油和液化石油气为原料的蒸汽裂解至乙烯装置生产的裂解汽油中含4%~6%的苯乙烯，采用抽提方式将其中苯乙烯分离出来。这种方法成本低，但产品色度一般较高，含硫且波动较大。根据交易所苯乙烯交割质量标准，该工艺生产的苯乙烯不能作为交割产品。

(3) 苯乙烯的主要用途

最重要的用途是作为合成橡胶和塑料的单体，用来生产丁苯橡胶、聚苯乙烯、泡沫聚苯乙烯，也用于与其他单体共聚制造多种不同用途的工程塑料。如与丙烯腈、丁二烯共聚制得ABS树脂，广泛用于各种家用电器及工业上；与丙烯腈共聚制得的SAN是耐冲击、色泽光亮的树脂；与丁二烯共聚所制得的SBS是一种热塑性橡胶，广泛用作聚氯乙烯、聚丙烯的改性剂等。

苯乙烯主要用于生产苯乙烯系列树脂及丁苯橡胶，也是生产离子交换树脂及医药品的原料之一，此外，苯乙烯还可用于制药、染料、农药以及选矿等行业。

### 4.2.36.3 价格影响因素

**（1）供应端关注国内开工节奏以及国外装置开工情况**

我国是全球苯乙烯主要消费国，目前国内供应一直存在一定缺口，国外装置开工、检修，预报到港量或一定程度上影响进口，东北亚地区装置检修多集中在一季度末到二季度检修，国外集中检修或影响进口到港量进而影响供应。

苯乙烯国内自产占供应的 70%~80%，国内的供应与国内开工率有密切关系，从近几年的数据来看，苯乙烯开工率未呈现明显季节性，个别年份在 5—6 月份开工，产量会有小幅下降。除了开工的季节性，苯乙烯的加工利润一定程度上也会影响开工，工厂利润较差时，通过降负主动收缩供应以恢复现金流，利润较高时工厂可能会加大甚至超负荷开工来增加供应。

**（2）供应端还需关注内外价差**

内外盘价差也会一定程度上影响进口，苯乙烯内外盘顺挂，进口商利润增加时进口量会有一定增加，不过内外盘套利空间打开和进口量增减在时间上会有一定的滞后性。

**（3）需求端关注三大下游淡旺季**

苯乙烯主要消费集中在三大下游即 PS、EPS 和 ABS。三大下游不同产品，有不同的淡旺季，淡季时需求缩减，现货宽松则容易导致价格下跌；旺季预期下市场增加备货，可能出现价格上涨。

PS 被广泛应用于电子电器、日用品、包装容器、玩具等众多领域。PS 淡旺季主要由家电生产旺季来决定，旺季主要集中在家电旺销月份的前 1—2 个月。一般来说 3—5 月份是夏季订单生产的集中期，8—10 月份是圣诞订单的生产集中期，12 月份为元旦和春节订单的小旺季。但近年来淡旺季区分不明显。

国内 EPS 主要应用于包装与板材两方面。

ABS树脂是五大合成树脂之一，被广泛应用于家用电器、汽车、电子电器、仪器仪表、纺织和建筑等工业领域，其中家用电器用量占比在60%左右，是一种用途极广的热塑性工程塑料。其淡旺季与PS相同。

除了下游淡旺季之分，下游的开工率可以直接观察到需求的变化情况，而下游的开工率除了常规的检修外也直接受到下游利润影响，下游利润高时维持高开工，利润低开工负荷或下降。

**（4）库存变动体现供需关系变化**

苯乙烯供需变动关系可以直接通过库存变动来反映，供需偏紧时库存去化，现货供应紧张，价格上涨；供需转弱时，苯乙烯累库增加，现货宽松，价格或出现下跌。

库存主要分为社会库存和港口库存，港口库存一般是可以观测到的华东主港的库存，港口库存呈现相对明显的季节性，四季度进入淡季后逐渐累库，次年一季度达到库存峰值，二季度三季度需求转好后会有一定的去库，从港口库存和价格的关系来看，港口库存和价格呈现一定的反相关关系，苯乙烯港口库存上升时，价格呈现下跌趋势，港口库存下降，价格呈现上升趋势。恶劣天气、政策或其他因素导致长江封航或港口库容紧张，短期内可能导致价格出现剧烈波动。

由于目前苯乙烯进口依存度下降，港口库存不能完全反映整体的社会库存变动趋势。社会库存指包括港口库存在内的整体市场的库存总和，这个库存最直接反映供需变化，可以通过供需轧差计算库存变动。

### 4.2.36.4　历史价格回顾

**（1）成立以来至2023年底K线图**

苯乙烯于2019年9月上市，历史最高价11,515元（2022年6月9日），历史最低价4,338元（2020年3月30日）。

图 4-72　2019—2023 年苯乙烯 K 线图[1]

(2) 2023 年苯乙烯 K 线图

2023 年最高价 9,998 元 (2023 年 9 月 14 日),最低价 6,980元 (2023 年 6 月 13 日)。

图 4-73　2023 年苯乙烯 K 线图[2]

---

[1]　图来自 WIND 数据库,EB.DCE 日 K 线图(不复权),仅作示例,最高值与最低值或与当月合约存在差异。
[2]　图来自 WIND 数据库,EB.DCE 日 K 线图(不复权),仅作示例,最高值与最低值或与当月合约存在差异。

## 4.2.37 液化石油气

### 4.2.37.1 交割单基本信息

表4-39 液化石油气（LPG）交割单基本信息

| 交易品种 | 液化石油气（LPG） | 最后交易日 | 合约月份倒数第4个交易日 |
|---|---|---|---|
| 合约规模 | 20 吨/手 | 交割日期 | 最后交易日后第3个交易日 |
| 报价单位 | 元人民币/吨 | 交割地点 | 大连商品交易所液化石油气指定交割仓库 |
| 最小变动价位 | 1元人民币/吨 | 最初交易保证金 | 最低交易保证金：合约价值的5% |
| 涨跌停板限幅 | 上一交易日结算价的4% | 交割方式 | 实物交割 |
| 合约交割月份 | 1, 2, 3, 4, 5, 6, 7, 8, 9, 10, 11, 12 | 交易代码 | PG. DCE |
| 交易时间 | 上午9：00—11：30，下午13：30—15：00，下午21：00—23：00（夜盘） | 上市交易所 | DCE |

### 4.2.37.2 品种概述

**（1）液化石油气的自然属性**

液化石油气（liquefied petroleum gas，简称LPG），作为炼厂炼油时产出的副产品或石油和天然气开采过程中的伴生气体，其主要成分为丙烷和丁烷，通常伴有少量的丙烯和丁烯。由于LPG是一种低碳数的烃类混合物，它在常温常压下呈气体状态，只有在增高压力或降低温度的情况下才能液化，故称"液化石油气"。

LPG 在日常的存储和运输过程中，以低温或高压的方式液态化，并储存于罐中，以气态形式使用。

(2) 液化石油气的来源

LPG 的来源主要有三种途径，分别是从炼厂石油气中获取、从油田伴生气中获取、从天然气中获取。炼厂石油气是在石油炼制和加工过程中所产生的副产气体，其数量取决于炼厂的生产方式和加工深度，一般为原油质量的 4%~10%。根据炼厂的生产工艺，可以分为蒸馏气、热烈化气、催化裂化气、催化重整气和焦化气等 5 种。这 5 种气体含有 C1~C5 组分，利用分离吸收装置将其中的 C3、C4 组分分离提炼出来，就获得液化石油气。

在石油开采过程中，石油和油田伴生气同时喷出，利用装设在油井上面的油气分离装置，将石油与油田伴生气分离。油田伴生气中含有 5%左右的丙烷、丁烷组分，再利用吸收法把它们提取出来，可得到丙烷程度很高而含硫量很低的高质量液化石油气。天然气分为干气和湿气两种。湿气中的甲烷含量在 90%以下，乙烷、丙烷、丁烷等烷烃含量在 10% 以上，若将湿气中的丙烷、丁烷等组分分离出来，就得到所需的液化石油气。

(3) 液化石油气的主要用途

LPG 的下游应用主要有能源和化工两个方向，可以分别用作燃料和化工原料。在燃料方面，由于其对 LPG 组分纯度的要求较低，所以一般以 LPG 混气用作燃料，应用于民用燃料、工商业燃料、汽车燃料等方面。在化工原料方面，LPG 深加工的应用领域较为广泛，但深加工的路径基本可以分为两条，一是生产作为汽油添加剂的调油组分，包括烷基化、芳构化、MTBE 等工艺。二是以丙烷脱氢（PDH）制丙烯为代表的对烷烃组分的利用路径。总的来说，在 LPG 的化工应用中占比较大的主要是丙烷脱氢（PDH）以及烷基化两项。

### 4.2.37.3 价格影响因素

**（1）国际油价影响液化石油气价格波动**

我国 LPG 产出主要是来源于炼厂副产，油价波动对 LPG 价格波动有直接影响。

**（2）进口因素对液化石油气价格影响较大**

东南沿海地区是我国液化气主要消费区。这些地区能源结构极不平衡，气体能源对外依存度非常高，液化石油气进口量大。过度依赖进口，是造成该地区液化石油气价格与国际联动的一个重要原因。

**（3）季节性因素导致价格波动呈周期性变化**

季节性对液化石油气价格的走势影响较大。从历年的液化石油气价格变化趋势分析结果看，受季节性需求变化影响，气价波动趋势有自身变化规律。一般情况下气价从当年第三季度开始逐步攀升至次年春节前，3月份后，气温逐渐回升，液化石油气的需求量明显下降。因此气温的周期性变化引起终端需求量的变化，进而影响和反映到气价走势上。同时，节假日供需变化也可能会产生一定的影响。

**（4）替代能源与液化石油气价格的有机补充**

一般认为，液化石油气与天然气相互依存、互为补充。液化石油气与替代能源天然气之间的竞争主要体现在工业用户方面，同样作为燃料的液化石油气与天然气有着密切的替代关系。

### 4.2.37.4 历史价格回顾

**（1）成立以来至 2023 年底 K 线图**

液化石油气于 2020 年 3 月上市，历史最高价 7,017 元（2022 年 3 月 7 日），历史最低价 2,318 元（2020 年 3 月 30 日）。

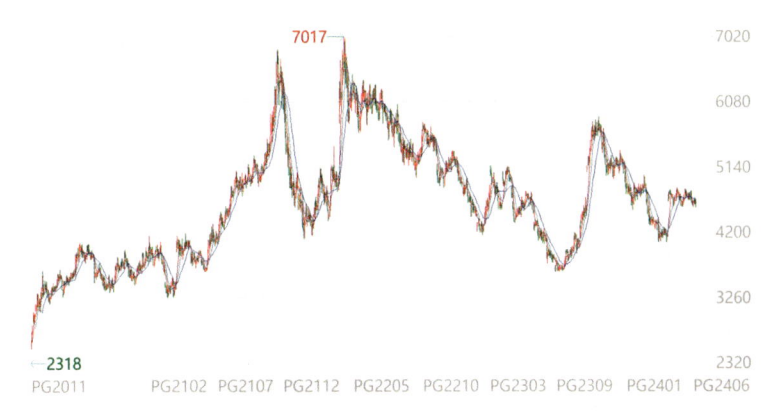

图 4-74　2020—2023 年液化石油气 K 线图①

### （2）2023 年液化石油气 K 线图

2023 年最高价 5,864 元（2023 年 9 月 20 日），最低价 3,622元（2023 年 6 月 19 日）。

图 4-75　2023 年液化石油气 K 线图②

---

① 图来自 WIND 数据库，PG.DCE 日 K 线图（不复权），仅作示例，最高值与最低值或与当月合约存在差异。
② 图来自 WIND 数据库，PG.DCE 日 K 线图（不复权），仅作示例，最高值与最低值或与当月合约存在差异。

### 4.2.38 白砂糖

#### 4.2.38.1 交割单基本信息

表 4-40 白砂糖交割单基本信息

| | | | |
|---|---|---|---|
| 交易品种 | 白砂糖 | 最后交易日 | 合约月份的第 10 个交易日 |
| 合约规模 | 10 吨/手 | 交割日期 | 合约交割月份的第 13 个交易日 |
| 报价单位 | 元人民币/吨 | 交割地点 | 交易所指定交割仓库 |
| 最小变动价位 | 1 元人民币/吨 | 最初交易保证金 | 最低交易保证金：合约价值的 5% |
| 涨跌停板限幅 | 不超过上一个交易日结算价±4% | 交割方式 | 实物交割 |
| 合约交割月份 | 1、3、5、7、9、11 | 交易代码 | SR.CZC |
| 交易时间 | 上午 9：00—11：30，下午 13：30—15：00，下午 21：00—23：00（夜盘） | 上市交易所 | CZCE |

#### 4.2.38.2 品种概述

食糖是天然甜味剂，是人们日常生活的必需品，同时也是饮料、糖果、糕点等含糖食品和制药工业中不可或缺的原料。食糖作为一种甜味食料，是人体所必需的三大养分（糖、蛋白质、脂肪）之一，食用后能供给人体较高的热量（1 公斤食糖可产生 3900 大卡的热量）。

（1）**生产食糖的原料**

生产食糖的原料主要是甘蔗，其次是甜菜。尽管原料不同，但甘蔗糖和甜菜糖在品质上没有什么差别，国家标准对两者同样适用。

甘蔗是适宜种植在热带和亚热带的作物，其整个生长过程需要较高的温度和充沛的雨量，一般要求全年大于10℃的活动积温为5500~6500℃，年日照时数1400小时以上，年降雨量1200毫米以上。地球上热带和亚热带地区的许多国家都种植甘蔗，主要分布在南美、加勒比海、大洋洲、非洲的大多数发展中国家和少数发达地区。

甜菜生长于温带地区。主要分布在欧洲和北美的发达国家，如欧盟、美国北部和加拿大，少量在亚洲地区，如日本、俄罗斯和中国北部等。

一些国家如中国、美国、日本、埃及、西班牙、阿根廷和巴基斯坦既生产甘蔗糖又生产甜菜糖。中国是世界上用甘蔗制糖最早的国家之一，已有2000多年的历史，而用甜菜制糖的历史只有几十年。

从全球看，利用甘蔗生产食糖的数量远大于甜菜，两者的比例大致为7∶3。

(2) **食糖的种类**

根据加工环节、加工工艺、深加工程度、专用性等不同，食糖可以分为原糖、白砂糖、绵白糖、冰糖、方糖、红糖等。白砂糖、绵白糖俗称白糖。食品、饮料工业和民用消费量最大的为白砂糖，中国生产的一级及以上等级的白砂糖占中国食糖生产总量的90%以上。

根据制糖工艺的不同，白砂糖可分为硫化糖和碳化糖。碳化糖保质期较长，质量较好，生产成本和市场价格相对较高。目前中国绝大部分糖厂生产的是硫化糖。

(3) **食糖生产**

工厂利用甘蔗榨取糖汁，经过沸腾浓缩，中心分离形成糖结晶，这种结晶称为"原糖"，呈浅棕色。甘蔗制糖有两种方法：一种是用亚硫酸法或者碳酸法直接生产白糖（一步法）；另一种是先用石灰法制造原糖，然后在精炼厂再回溶、提净，再次结晶成为精炼糖（二步法）。欧美等发达国家制糖历来是进口原糖，加工成精炼糖。中国糖厂全部采用一步法生产。甜菜制糖都是用渗出法提糖和用碳酸法澄清直接生产白糖，不生产原糖。

(4) 制糖生产期

由于所处纬度和气候不同，世界主要食糖生产国（地区）的制糖生产期（糖料收获期）不同。世界食糖榨季开始与结束时间见表4-41。习惯上，世界食糖生产销售年度期从9月至翌年8月计算。

表4-41　世界主要食糖生产国（地区）榨季起止时间

| 国家（地区） | 开榨—收榨时间 | 食糖生产销售年度 |
| --- | --- | --- |
| 巴西 | 中南部为5月至12月 | 东北部为9月至翌年4月末 |
| 印度 | 11月至翌年9月 | 10月初至翌年9月末 |
| 泰国 | 11月至翌年1月 | 12月初至翌年11月末 |
| 欧盟 | 7月至翌年1月 | 8月初至翌年7月末 |
| 美国 | 10月至翌年4月 | 10月初至翌年9月末 |
| 墨西哥 | 11月至翌年7月 | 11月初至翌年10月末 |
| 俄罗斯 | 8月至翌年1月 | 9月初至翌年8月末 |

中国食糖的生产销售年度从每年的10月到翌年的9月，开榨时间由北向南各不相同。一般来讲，中国制糖生产期从11月至翌年4月。甜菜糖榨季从每年的9月底或10月初开榨，到次年的2月结束。甘蔗糖厂中江西省、湖南省10月底或11月初开榨，广西、广东、海南等省区11月中或12月初开榨，云南省12月底或次年1月初开榨，到次年的4—6月结束。

(5) 白砂糖保存

生白砂糖存放时间受气候条件、加工质量、保管条件等多种因素影响。在加工质量好、气候条件好、保管条件好的情况下，白糖可存放2—3年；而在加工质量差、气候条件差、保管条件差的情况下，只能保存半年左右。

目前，中国白砂糖的出厂质量大都能达到国标一级标准，但是，受加工工艺的影响，在相同的储存条件下不同工厂生产的一级白砂糖保质期差别较大。白砂糖保管不善或保存时间过长容易出现如下问题：一是受潮、溶化、流浆、结块；二是色值变化，颜色变黄；三是污染，理化指标及卫生指标超标。

### 4.2.38.3 价格影响因素

（1）糖料生产的波动

糖料生产的波动是食糖市场波动的根本原因。制糖业是典型的农产品加工业，制糖原料是决定食糖供给的基础因素。影响糖料产量的有：

① 播种面积。在正常情况下，糖料播种面积增加会导致糖业原料增加，从而导致食糖产量增加，糖价会下跌，反之，糖价会上涨。多年以来，糖料生产由于生产周期和产业链较长，对市场变化的反应相对滞后，致使糖料种植、食糖生产和市场脱节，特别是市场信息的不准确甚至失真，容易对糖料种植形成误导，加大了糖料种植面积的不稳定性，引起市场的连锁反应，糖料产量直接影响食糖的生产，成为影响食糖市场的根本原因。

② 气候。甘蔗在生长期具有喜高温、光照强、需水量大、吸肥多等特点，因此，对构成气候资源的热、光、水等条件有着特殊的依赖性。干旱、洪涝、大风、冰雹、低温霜冻等天气对生长期中甘蔗具有灾害性的影响，而且这种影响一旦形成便是长期的。如1999年底在中国甘蔗主产区发生的霜冻，使宿根蔗的发芽率降低，导致1999/2000年制糖期白糖减产200多万吨。

（2）产销关系

食糖产销不稳定是造成价格波动的主要原因。中国食糖消费主要依靠国内生产，国内食糖产量的大幅变化，直接引起市场供求关系的不稳定，导致市场价格的波动。同时，消费量的变化也是影响供求关系的重要因素。近年来中国食糖消费进入快速增长期，在这种情况下，产销关系变化将变得更加不稳定。

（3）季节性因素

食糖是季产年销的大宗商品，食糖行业有"七死八活九回头"的说法。5月以前，由于各产区都在生产，货源充足，商家选择的余地比较大，再加上糖厂急需资金，所以价格是混乱的。进入6月后，糖厂停榨，总体的趋势还没有形成，此时，价格是平稳的，持观望态度的较多，也有人顺价销售。进入7月以后，很多厂家资金压力减轻了，产销率的压力也小了，出于对后势的一种本能的看好，或者说惜售心理较重，自然要放慢销售的节奏，而商家又觉得囤货为时还早，真正意义上的旺季还没有到来，7月的糖市就会没有多少活力。进入8月后，销售的时间只剩两个月，传统的中秋节在即，用糖高峰也就开始了，于是市场又有了一定的活力。到了9月，随着老糖销售接近尾声，新糖又还没有上市，价格可能会出现翘尾行情。

（4）国家宏观调控

国家调控部门对食糖市场的宏观调控就成为影响国内食糖价格变化的主要因素之一，当食糖供应在某个榨季出现短缺时，国家动用食糖储备投放市场，当供应出现过剩时，国家对食糖实行收储，宏观调控对国内食糖市场的平稳运行起到了决定性的作用。国家收储以及工业临时收储加上糖商的周转库存在全国范围内形成一个能影响市场糖价的库存。预估当年及下一年的库存和国家对食糖的收储与抛售对于正确估测食糖价格具有重要意义。一般情况下，国家收储是重要的利好因素，抛储是重要的利空因素。

（5）替代品

食糖的替代品主要有糖精、甜味剂、玉米淀粉糖等，被广泛用于点心、饮料、蜜饯等食品中，虽不能完全取代食糖，但它的使用减少了食糖的正常市场份额，对糖的供给、价格有一定的影响。

(6) 节假日影响

在一年中，春节和中秋节是中国白砂糖消耗最大的节假日。两个节假日前一月由于食品行业的大量用糖，使糖的消费进入高峰期，这个时期的糖价往往比较高。两个节日之后的一段时期，由于白砂糖消费量的降低，糖价往往回落。八九月份是用糖高峰期，月饼、北方的蜜饯、饮料、饼干都很需要糖，会拉动刺激食糖消费。

(7) 国际市场的变化及进口量

在世界主要产糖国中，中国和澳大利亚是唯一没有对国内糖业实行高关税保护，实行食糖贸易自由化的国家，这决定了国内食糖市场与国际市场具有较强的相关性。

作为食糖净进口国，中国食糖进口量成为影响国际市场和国内市场的直接原因。中国准食糖自由贸易政策，在很多时候并不需要发生实际的贸易，国际食糖市场价格的变化对国内价格也产生即刻的影响。由于国内食糖的生产流通和使用的各个企业，均认识到国际食糖市场通过进口可以在很多时候影响国内食糖市场价格和供求的变化，普遍对国际食糖市场的变化较为关心，在国际食糖市场发生较大变化时，往往会采取与之相应的商业行为，因此国内食糖市场的变化与国际食糖变化形势密切相连，亦步亦趋，这种情况并不是因为从国际上进口食糖以后改变了国内市场的供求状态后才发生的，而是国际食糖市场变化对国内市场产生心理上、情绪上的影响。

(8) 人民币汇率的变化

目前，人民币对美元处于持续升值状态，人民币升值将有助于降低进口成本，增加进口数量。据有关测算，人民币升值2%对进口糖完税成本价的影响是60元/吨。

(9) 其他因素

一些不发达国家如古巴、菲律宾、多米尼加等主要靠食糖的出口换取外汇。这些国家的耕地只适合于种植甘蔗而不能改种其他作物,甘蔗的减产将在很大程度上影响这些国家的经济状况,从而导致这些国家食糖产量一直维持供给过多的情况。另外,一些国家用甘蔗提炼乙醇,其中巴西是用甘蔗生产乙醇的主要国家。用于乙醇生产的甘蔗数量直接影响用于加工食糖的甘蔗数量,乙醇生产数量影响着食糖生产数量,巴西可以将全国甘蔗不用于生产食糖而改为生产乙醇,所以巴西甘蔗提炼乙醇的数量和比例对预测全世界食糖产量具有重要影响。

#### 4.2.38.4 历史价格回顾

(1) 成立以来至 2023 年底 K 线图

白砂糖于 2006 年 1 月上市,历史最高价 7,604 元(2011 年 2 月 14 日),历史最低价 2,789 元(2008 年 10 月 10 日)。

图 4-76 2006—2023 年白砂糖 K 线图[①]

(2) 2023 年白砂糖 K 线图

2023 年最高价 7,202 元(2023 年 5 月 23 日),最低价 5,591 元(2023 年 1 月 13 日)。

---

① 图来自 WIND 数据库,SR.CZC 日 K 线图(不复权),仅作示例,最高值与最低值或与当月合约存在差异。

图 4-77  2023 年白砂糖 K 线图①

## 4.2.39 棉花

### 4.2.39.1 交割单基本信息

表 4-42  一号棉花交割单基本信息

| 交易品种 | 一号棉花 | 最后交易日 | 合约交割月份的第 10 个交易日 |
|---|---|---|---|
| 合约规模 | 5 吨/手 | 交割日期 | 合约交割月份的第 13 个交易日 |
| 报价单位 | 元人民币/吨 | 交割地点 | 交易所指定的内地交割仓库 |
| 最小变动价位 | 5 元人民币/吨 | 最初交易保证金 | 最低交易保证金：合约价值的 5% |
| 涨跌停板限幅 | 不超过上一交易日结算价±4% | 交割方式 | 实物交割 |
| 合约交割月份 | 1, 3, 5, 7, 9, 11 | 交易代码 | CF. CZC |

---

① 图来自 WIND 数据库，SR.CZC 日 K 线图（不复权），仅作示例，最高值与最低值或与当月合约存在差异。

续表

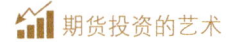

| 交易时间 | 上午9：00—11：30，<br>下午13：30—15：00，<br>下午21：00—23：00<br>（夜盘） | 上市交易所 | CZCE |

### 4.2.39.2 品种概述

(1) 棉花的自然属性

棉花，是锦葵科棉属植物的种子纤维，原产于亚热带。植株灌木状，在热带地区栽培可长到6米高，一般为1~2米。花朵乳白色，开花后不久转成深红色然后凋谢，留下绿色小型的蒴果，称为"棉铃"。棉铃内有棉籽，棉籽上的茸毛从棉籽表皮长出，塞满棉铃内部，棉铃成熟时裂开，露出柔软的纤维。纤维白色或白中带黄，长2~4厘米，含纤维素87%~90%。棉花产量最高的国家有中国、美国、印度等。

(2) 棉花的分类

根据棉花物理形态的不同，分为籽棉和皮棉。棉农从棉棵上摘下的棉花叫籽棉，籽棉经过去籽加工后的棉花叫皮棉。通常所说的棉花产量一般指的是皮棉产量。

根据加工用机械的不同，棉花分为锯齿棉和皮辊棉。锯齿轧花机加工出来的皮棉叫"锯齿棉"；皮辊轧花机加工出来的皮棉叫"皮辊棉"。皮辊棉生产效率低，加工出来的棉花杂质含量高，但对棉纤维无损伤，纤维相对较长；锯齿轧花机加工出来的皮棉杂质含量低，工作效率高，但对棉花纤维有一定的损伤。目前细绒棉基本上都是锯齿棉，长绒棉一般为皮辊棉。

### 4.2.39.3 价格影响因素

(1) 政策面

一般说来，政策对价格的影响是短期的，但是有时却很剧烈。影响棉花现货价格的政策因素主要有：

①政府的宏观政策。经济政策，如农业政策、外贸政策、金融政策、证券政策等，都会对棉花期货价格产生影响。在分析国家重大宏观经济政策对棉花期货价格影响的同时，还要分析国务院和其他职能部门出台的政策对棉花价格的影响程度。

②行业组织政策。行业组织在市场经济中起的作用已日益明显，他们制定的产业政策有时会影响棉花的生产规模、产量、销售量以及相对价位。

③国家储备计划。国储棉的拍卖，采购量以及采购价格决定对棉花价格的影响程度。

④各国农业补贴政策和纺织品进出口政策。纺织品出口政策和棉花的配额政策影响国内的棉花价格，国际棉花价格与棉花补贴存在着密切的关系。

（2）产量

对用于期货交割的棉花来说，当期产量是一个变量，主要受当前播种面积和单产的影响。在播种面积一定的情况下，由于棉花生长周期较长，受气候变化影响较大，棉花生长关键期的气候因素影响棉花的生长情况，进而影响单产水平。一般来说，棉花的播种面积主要受上年度棉花价格的影响，上年度棉花的价格较高，则本年度的播种面积将增加，反之，则播种面积下降。投资者在充分研究棉花的播种面积、气候条件、生长条件、生产成本以及国家的农业政策等因素的变动情况后，对当期产量会有一个较合理的预测。

（3）前期库存量

它是构成总供给量的主要组成部分，前期库存量的多少体现着前期供应量的紧张程度，供应短缺则价格上涨，供应充裕则价格下降。

（4）进出口量

在生产量和前期库存量一定的情况下，进出口量实际上直接改变了供应量的多少。进口量越大，国内可供应量就越大，则国内市场价格可能会下跌；出口量越大，国内可供应量就越小，国内市场价格就可能回升。因此投资者应密切关注实际进口量的变化，及时了解和掌握国际棉花形势、价格水平、进口政策的变化等情况。

（5）国内消费量

棉花的国内消费量并不是一个常数，它处于经常变动状态，并受多种因素影响。主要有消费者购买力的变化，人口增长及消费结构的变化，政府收入与就业政策等。中国棉花95%用于纺纱，江苏、山东、河南、湖北为棉花的主要消费省。

（6）天气

2003年新棉上市后棉价之所以大涨，很重要的一个因素是天气恶劣，在收获期雨量过多。因此，从历年的情况看，8月、9月、10月天气情况，是决定棉花产量和质量的关键因素，也是投资棉花期货要关注的首要因素。

（7）国家储备

棉花行业是一个劳动密集型行业，就业人口达到2亿多，棉花价格高低直接关系到农民和棉纺织企业工人的收益，因此，做好棉花市场的宏观调控，确保棉花价格合理波动非常重要。棉花市场放开以后，中国棉花储备和进出口政策成为调节棉花价格的两个主要工具。1984年中国棉花储备达到430万吨。20世纪90年代末，中国棉花价格居高不下，为了满足棉纺织企业的加工需要，中国大量抛售棉花储备，棉花储备降为最低点，接近零库存。

（8）替代品

化纤是棉纱主要替代品。化纤（涤短）价格的变化，直接影响棉纱的需求，间接影响棉花需求量和棉花价格。2003年国内棉花价格上涨，导致棉纱价格上扬，涤短的需求量增加。前一段时间，原油价格持续高位横盘，涤短上游原料PTA和MEG的价格更是水涨船高，成为涤短价格一路攀升的主要动力，涤短行情水涨船高，销售压力不断增加。

（9）国际市场

①世界棉花的产量与库存量。棉花的产量与库存量是棉花供

给的两个主要因素，与棉花价格具有反向关系。1961年以来，世界棉花种植面积基本在4.5亿~5亿亩之间波动。由于科技水平的提高，棉花单产不断增加，世界棉花总产量由1000万吨增加到2500万吨左右。棉花生产集中在中国、美国、印度、巴基斯坦等国。

②世界经济增长和对棉纺织品的需求量。世界经济形势对棉花进出口和棉花价格影响较大，发达国家是棉纺织品的重要需求国，发达国家的宏观经济形势好转，棉纺织品的需求增加，则棉花的价格上升，总之，棉花价格与世界经济形势的相关性很高。

### 4.2.39.4 历史价格回顾

(1) 成立以来至2023年底K线图

棉花于2004年7月上市，历史最高价34,870元（2011年2月16日），历史最低价9,890元（2016年3月1日）。

图4-78 2004—2023年棉花K线图①

(2) 2023年棉花K线图

2023年最高价17,905元（2023年9月1日），最低价13,715元（2023年3月17日）。

---

① 图来自WIND数据库，CF.CZC日K线图（不复权），仅作示例，最高值与最低值或与当月合约存在差异。

图 4-79　2023 年棉花 K 线图[①]

## 4.2.40　棉纱

### 4.2.40.1　交割单基本信息

表 4-43　棉纱交割单基本信息

| 交易品种 | 棉纱 | 最后交易日 | 合约交割月份的第 10 个交易日 |
|---|---|---|---|
| 合约规模 | 5 吨/手 | 交割日期 | 合约交割月份的第 13 个交易日 |
| 报价单位 | 元人民币/吨 | 交割地点 | 交易所指定交割仓库 |
| 最小变动价位 | 5 元人民币/吨 | 最初交易保证金 | 最低交易保证金：合约价值的 5% |
| 涨跌停板限幅 | 上一交易日结算价 ±4% 及《郑州商品交易所期货交易风险控制管理办法》相关规定 | 交割方式 | 实物交割 |

---

① 图来自 WIND 数据库，CF.CZC 日 K 线图（不复权），仅作示例，最高值与最低值或与当月合约存在差异。

续表

| 合约交割月份 | 1, 2, 3, 4, 5, 6, 7, 8, 9, 10, 11, 12 | 交易代码 | CY. CZC |
|---|---|---|---|
| 交易时间 | 上午9：00—11：30, 下午13：30—15：00, 下午21：00—23：00（夜盘） | 上市交易所 | CZCE |

### 4.2.40.2 品种概述

（1）纱的产业链属性

在棉纺织行业产业链中，上游是指纺织纤维的生产，提供纺织品生产所用的原材料；中游是指棉纺织品的制造、染整和辅料、服装制造环节，通过纺纱、制造、染色、后加工、成衣生产等过程使纤维原料变成纺织成品；下游是指棉纺织品的销售流通环节，通过各种销售渠道使服装、家纺等纺织品进入终端消费者手中。

棉纱处于棉纺织产业链的中间环节，承载着较多的价格信息传递任务，牵动着前后道行业的成本核算及价格评估。同时，其质量好坏对织造和染整工艺的成本控制及成品质量起到决定性作用。

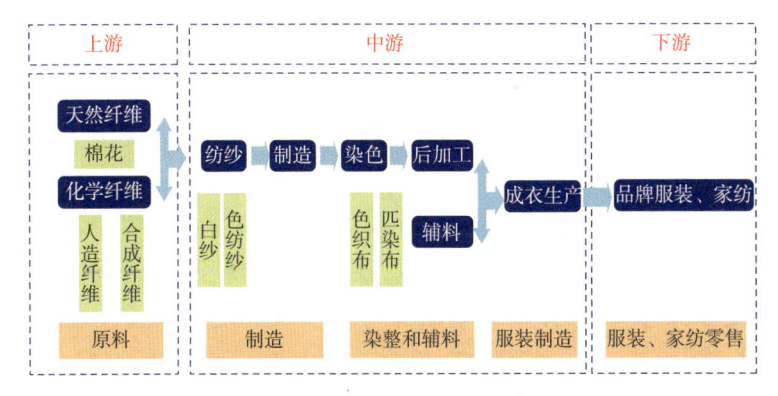

4-80　棉纺织产业链结构图

（2）纱的基本属性

纱是指以棉花、羊毛、麻和化纤等纺织纤维原料经纺纱工艺将纤维拉长加捻纺成的连续线状材料，手感细而柔软，并具有适应纺织加工和最终产品使用所需要的基本性能。

棉纱是以棉花纤维原料经纺纱工艺将纤维拉长加捻纺成的细缕，通常用作织造梭织物、针织物、编结织物和部分非织造织物的原材料。

（3）纱的细度表示方法

由于纤维截面积不规则，且纱表面有毛羽不易测量，只用直径无法精确表示纱线的粗细程度。在生产实践中，企业普遍采用定长制和定重制两种表示方法，引入特数、旦数、公制支数和英制支数四个指标。

①定长制。定长制是指一定长度的纤维或纱线所具有的质量，计量单位包括特数和旦数。

特数（英文代码 Ntex），又称"号数"，指1000米长的纤维或纱线在公定回潮率下质量的克数。如，在公定回潮率下，1000米长的棉纱质量为22.5克，则称22.5tex。

旦数（英文代码 Nden），又称"纤度"，指9000米长的纤维或纱线在公定回潮率下重量的克数。

②定重制。定重制是指一定质量的纤维或纱线所具有的长度，计量单位包括公制支数和英制支数。

公制支数（英文代码 Nm），指1克重的纤维或纱线在公定回潮率下长度的米数。

英制支数（英文代码 Ne），指1磅重的纤维或纱线在公定回潮率下长度的840码的倍数。如，在公定回潮率下，1磅重纱线的长度为32个840码，则称英制32支，简称32s；1磅重纱线的长度为40个840码，则称英制40支，简称40s。

根据我国纺织行业标准《纺织材料标示线密度的通用制（特克斯制）》（FZ/T 01035—1993）及《纺织材料以特克斯（Tex）

制的约整值代替传统纱支的综合换算表》（FZ/T 01036—1993），纱线细度指标可相互转换。材料显示，棉纱特数与英制支数的换算因子为590.5，即英制支数＝590.5/特数，其中，英制32支对应18.5特克斯，英制40支对应14.8特克斯。

### 4.2.40.3 价格影响因素

(1) 价值因素

①原料成本。作为棉纱生产的主要原料，棉花成本约占棉纱成本的70%，其价格变动直接影响棉纺行业的盈利能力。通过2010年至2015年间我国棉纺织行业协会发布的棉花、棉纱价格指数分析可知，32支普梳棉纱与3128级棉花的价格指数相关性为0.97，棉花价格与棉纱价格存在高度相关性。

然而，影响国内外棉花市场价格的因素很多，包括产量、进出口量、消费量、库存量、收购及储备政策、进出口政策、天气和替代品市场发展等。

②工费成本。工费成本因素主要包括人工成本因素和水电煤气等动力成本因素。结合近年国内中大型棉纺织企业用工成本情况，为方便分析产品利润趋势，棉纱工费成本的核算通常采用5000~5500元/吨，占棉纱价格的15%~20%。其中，用工成本是影响棉纱生产成本核算的重要因素，约占棉纱成本的15%，而水电煤气等动力成本因素则约占棉纱成本的10%。

③三项费用。三项费用因素主要包括财务费用、管理费用和营业费用。其中，财务费用一方面是指贷款利率对纺织企业盈利能力的影响，取决于国家金融政策的调整；另一方面是指资金占用对纺织企业棉纱价格形成的影响。管理费用主要是指纺织企业的生产管理、工艺管理、设备管理及技术投入的成本。营业费用指企业在销售产品和提供劳务等经营过程中发生的各项费用以及专设销售机构的各项费用。

④税金及利润。税金因素主要包括增值税和出口退税。根据现行增值税制度，我国棉纺织企业棉花购进抵扣税率为13%，棉

纺织品增值税销项税率为17%，4%的税赋差额由企业承担，近年，行业协会已高度重视"高征低扣"问题，多省份试行不同税率抵扣政策，以增强我国棉纺织品的国际竞争力。

目前我国棉纱出口退税率维持2009年4月的16%水平。提高出口退税率对各出口经营企业而言是大利好，最直接的收益是增加出口退税收入，降低出口经营成本，减轻企业税赋负担，提高产品竞争力。初步测算，对于纺织企业而言，纺织品及服装出口退税率每提高一个百分点，出口1美元即可多退增值税约0.06元。

由于棉纺行业是完全竞争性行业，我国棉纺行业平均利润率较低。近年来国家棉花储备政策导致国内外棉价差巨大，在一定程度上影响了棉纺企业的盈利能力。据现货市场调研反映，2011年以来，我国生产中低支普梳棉纱的中小企业多处于亏损状态。

(2) 供求因素

①*供给因素*。供给因素主要包括国内外市场前期库存量、当期生产量和进口量。具体可分为各主要纺企的库存变化情况、各主要棉纺基地产能变化情况（包括新开工情况、能力转移情况等）、各主要纺企开工和产量变化情况、各主产地行业政策变化情况及各主销地棉纱进口情况等。

②*需求因素*。需求因素主要包括国内外市场消费量、出口量和期末结存量。具体可分为国内居民收入状况、消费者购买力和消费结构的变化情况、国家出台的鼓励消费政策的变化情况、主要棉纱消费地区的库存变化情况、下游市场流行趋势变化情况、主要出口国的生产和库存变化情况等。

进一步而言，造成棉纱市场供给和需求情况出现波动的因素主要包括国内外宏观经济情况、棉纺市场发展情况及替代品产业发展情况。其中，宏观经济走势可对棉纱需求产生直接影响，从而对棉纱价格产生影响。2008年金融危机对全球各大经济体产生了深远影响，国内外棉纱需求急速萎缩，棉纺织品库存高企，行业融资信贷缩紧，对棉纺企业的生产经营产生了不利影响，同期棉纱价格呈下跌态势。2010年随着国内外经济的温和复苏，内外需求快速增长，消费结构不断提升，对纺织行业发展起到了积极的拉动作用，同期棉纱价格呈稳定上涨态势。2011年，受欧债危机和棉花价格下跌影响，棉纱消费需求趋弱，我国棉纺织行业发展再陷困境，棉纱价格一路下探。2013年，随着欧债危机的进一步缓解，国内外消费环境再次转好，棉纱价格止跌趋稳。因此，从供需角度看，宏观经济的持续向好可直接拉动棉纱需求，进而增强棉纱价格上涨的稳定性。

近年来，国内外棉纺市场发展情况对我国棉纱供需状况的影响越来越大。发达国家凭借技术、品牌及供应链整合的优势，始终占据着棉纱高端市场主动地位，我国棉纺织产品抢占国际高端市场份额具有一定困难。发展中国家，如印度、巴基斯坦及东南亚等国近年来纷纷致力于发展棉纺织产业链，不断加强纺织工业投资建设及纺织行业政策扶持，由于其棉纺织制品及服装的国际竞争力极低，当地市场的棉纱需求极为有限，因此，大部分棉纱产品销往国外，其以低原料价格和低人工成本的优势逐渐侵蚀我国低端棉纱的国内外市场份额，国内中低支棉纱产品内销停滞，现货库存高企，由此棉纱价格上涨乏力。

此外，替代品产业发展情况也是影响我国棉纱供需状况的一项重要因素。随着生产技术的进步，棉纺织行业不断开发研究新产品，棉纱替代品种类越来越多，替代作用也越来越明显。市场数据显示，近六七年间，我国棉纺织行业的生产能力增长了50个百分点，同期整体用棉量减少了18个百分点。尽管发展棉纱替代品产业已成为行业摆脱当前发展困境的有效途径之一，然而，替代品产业的发展也必然会引起棉纺织产品供需状态的变化，从而造成棉纱价格的波动。

(3) 其他因素

棉纱价格的形成除受价值因素、供求因素影响外，还受到其他多种因素的影响，如政府或行业组织的干预（如反倾销、反补贴政策）、消费者的心理和消费习惯（如买涨不买跌）、民族文化、企业文化或产品形象等。

#### 4.2.40.4　历史价格回顾

（1）成立以来至 2023 年底 K 线图

棉纱于 2017 年 8 月上市，历史最高价 30,510 元（2018 年 5 月 23 日），历史最低价 16,960 元（2020 年 3 月 24 日）。

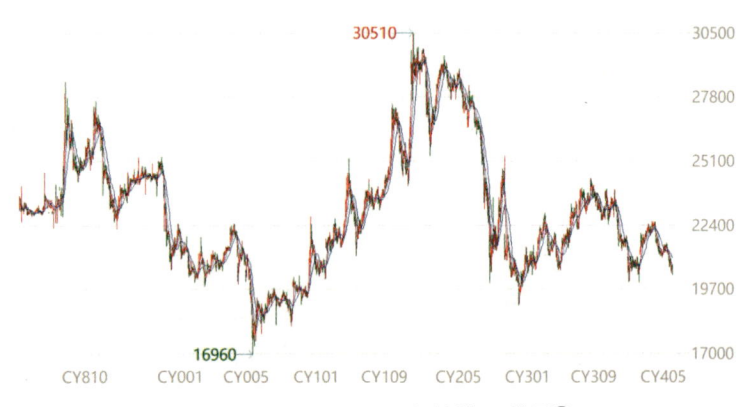

图 4-81　2017—2023 年棉纱 K 线图[①]

（2）2023 年棉纱 K 线图

2023 年最高价 24,360 元（2023 年 7 月 12 日），最低价 19,940 元（2023 年 12 月 29 日）。

---

[①] 图来自 WIND 数据库，CY.CZC 日 K 线图（不复权），仅作示例，最高值与最低值或与当月合约存在差异。

图 4-82　2023 年棉纱 K 线图①

## 4.2.41　菜籽油

### 4.2.41.1　交割单基本信息

表 4-44　菜籽油交割单基本信息

| 交易品种 | 菜籽油 | 最后交易日 | 合约交割月份的第 10 个交易日 |
|---|---|---|---|
| 合约规模 | 10 吨/手 | 交割日期 | 合约交割月份的第 13 个交易日 |
| 报价单位 | 元人民币/吨 | 交割地点 | 交易所指定交割仓库 |
| 最小变动价位 | 1 元人民币/吨 | 最初交易保证金 | 最低交易保证金：合约价值的 5% |
| 涨跌停板限幅 | 上一交易日结算价 ±4% | 交割方式 | 实物交割 |
| 合约交割月份 | 1、3、5、7、9、11 | 交易代码 | OI.CZC |

---

①　图来自 WIND 数据库，CY.CZC 日 K 线图（不复权），仅作示例，最高值与最低值或与当月合约存在差异。

续表

| 交易时间 | 上午 9：00—11：30<br>下午 13：30—15：00，<br>下午 21：00—23：00<br>（夜盘） | 上市交易所 | CZCE |

### 4.2.41.2 品种概述

（1）菜籽油的自然属性

菜籽油（以下称"菜油"），是以油菜籽（以下简称菜籽）压榨所得的透明或半透明状液体，色泽棕黄或棕褐色。菜籽含油率高，可达35%~45%，其主要用途是榨油。菜油在世界四大植物油中居第三位，是我国生产的最大的植物油，也是我国消费的第三大植物油。

（2）菜籽油的特性

健康的植物油：菜油是最有利于人体健康的食用油之一。双低菜油的饱和脂肪酸含量只有7%，在所有油脂品种中含量最低，饱和脂肪酸含量高易使胆固醇升高，患心脏病的危险增大。双低菜油单不饱和脂肪酸含量在61%左右，仅次于橄榄油，而不饱和脂肪酸具有降低低密度脂肪蛋白胆固醇、减少心血管疾病的作用。研究证明，食用双低菜油人群的胆固醇含量较常规饮食人群低15%~20%。加拿大每年消费菜油达100万吨，而消费动物油只2.5万吨。美国人以前主要食用大豆油，很少食用菜油，近年来，双低菜油在美国的消费量每年以10%~20%的速度增加。

（3）菜籽油的用途

良好的生物柴油原料：菜油凝固点在-8~-10℃，远低于其他油脂，是良好的生物柴油原料。近几年，菜油转化为生物柴油的比例逐年增加，其中，欧盟菜油消费的60%以上用于生物柴油。

我国菜油主要是食用，占我国消费量的90%以上。我国菜油的加工、贸易、储藏和消费以四级油为主，四级菜油贸易量占菜油现货贸易量的80%以上，国家储备和地方储备的菜油也都是四级菜油。四级菜油既可以直接消费，也可以精炼成一级菜油（原国标色拉油）消费。四级菜油的价格是现货市场菜油的基准价格。

菜粕蛋白质含量高达 36%~38%，是良好的精饲料，广泛运用在淡水养殖业中。

### 4.2.41.3 价格影响因素

**（1）我国菜籽供应和价格**

菜油作为菜籽加工的下游产品，其价格受菜籽价格影响很大，而菜籽价格又受油菜种植面积、产量、供求关系决定。

①*我国油菜种植面积*。油菜种植面积主要受农民种植油菜意愿影响。农民是否愿意种植油菜主要看：上年菜籽收购价格及油菜种植收益；小麦、棉花等其他争地农产品种植收益。近年来由于油菜种植比较收益较低，又加上菜油种植劳力消耗大，农民种植油菜积极性有所下降。2007 年 9 月国务院办公厅出台《关于促进油料生产发展的意见》，加大了对油菜种植的扶持力度，首次给予油菜种植 10 元/亩补贴。随着国家对我国油脂供给安全问题逐步重视，扶持力度加大，对扩大油菜种植面积尤其是长江流域冬闲田的开发利用将起到积极作用。

②*天气状况和单产*。我国菜籽种植面积一定的情况下，影响菜籽最终产量的是单产，而单产受天气影响巨大。菜籽在生长过程中，受冻害、干旱、低温、洪涝影响较大，尤其在生长后期和收割、脱粒、整晒期，如果遭遇灾害性天气，将会使菜籽品质降低，单产下降，出油率降低。如 2002 年我国菜籽产量由预期的丰收逆转为减产，主要原因就是在临近收获时长江流域长期（连续 20 多天）阴雨天气影响了最终收成。2008 年菜籽受到南方云南、贵州等地大雪和低温冻害天气的影响，但在菜籽生长后期天气较为理想，部分弥补了前期不利天气造成的影响。因此需要特别关注菜籽生长及收获过程中的天气变化。

③*菜籽收购价格*。菜籽收购价格的高低直接影响菜油的生产成本和压榨效益。压榨效益是决定菜油供应量的重要因素之一。

如果加工厂的压榨效益一直低迷，那么，一些厂家将会停产，从而减少菜油的市场供应量。每年6月份到10月份菜籽收购价格都是市场关注的焦点。收购价格取决于农民出售心态和油厂对后市油价走势的预期。如果市场预期减产，则会导致农民在收购初期进行观望乃至惜售，收购价格上涨，产需矛盾加剧，在部分地区和一定阶段出现油厂抢购和囤积。因此，密切关注菜籽的收购价格及进度是分析菜油价格的重要一环。

（2）菜油的供求关系

①产量。菜油当期产量是一个变量，它受制于菜籽供应量、菜籽压榨收益、生产成本等因素。一般来讲，在其他因素不变的情况下，菜油的产量与价格之间存在明显的反向关系，菜油产量增加，价格相对较低；菜油产量减少，价格相对较高。

②消费量。近年来随着豆油、棕榈油进口的不断扩大，对长江流域传统的菜油消费区域的消费习惯起到一定的改变作用，不少传统的菜油消费区域也逐步接受了豆油消费。但尽管如此，菜油传统消费市场依然存在，一旦菜油减产幅度较大，而进口菜籽也不能弥补国内的供应缺口，则菜油供应紧张的局面也就较为突出。

③季节性规律。菜油年度内价格变化的一般规律：5—6月新菜籽逐渐上市，菜油价格开始回落；7—8月菜油供应增多，价格最低；9月底双节临近需求增大，价格开始回升；10月以后，气温下降，棕榈油消费减少，菜油消费增加，价格进一步上升；12月到次年1月，菜油进入需求旺季，价格攀高，并保持高价到新菜籽上市。近年来，受国内宏观经济形势和其他植物油供求等综合因素的影响，菜油季节性价格变化规律更加复杂，甚至出现反季节性变化。

④进出口量。菜籽的进出口量主要取决于国内外菜籽、菜油的价格。近年来我国菜籽和菜油的进口量一直不高，占国内消费量的比例不到10%，主要原因是国际成本较高，无法进口。2005年以来国内很多厂商密切关注进口菜籽行情，一旦国内外价格合

适，菜籽进口将会大幅提高。从目前的趋势看，随着我国人均油料消费的不断增长，国内菜油供求缺口不断加大，我国菜籽和菜油进口总量有望增加。

⑤菜油库存。菜油库存是构成供给量的重要部分，库存量的多少体现着供应量的紧张程度。在多数情况下，库存短缺则价格上涨，库存充裕则价格下降。由于菜油具有不易长期保存的特点，一旦菜油库存增加，菜油价格往往会走低。我国菜油库存除了商业库存外，还有国家储备。国家储备主要在浙江、安徽和四川，每年都要轮换50%，数量较大，因此投资者需要关注国家储备轮换时间、进度和流向。

⑥生物柴油的需求。原油市场的影响也不可忽视。2006年生物柴油产量的大幅提高，是全球植物油价格上涨的重要因素之一，由此也波及我国菜油价格。在欧盟，各国政府通过免税等优惠政策的扶植，使得以低芥酸菜油为原料制取生物柴油已经实现规模化，并已经成为其能源安全战略的重要组成部分，2006年以来，欧盟地区生物柴油的菜油消耗量占总菜油消耗量63.7%，而且有逐年增加的趋势。

(3) 相关及替代商品价格影响

①菜油与菜粕的比价关系。菜油是菜籽的下游产品，每吨菜籽可以压榨出大约0.38吨的菜油和0.6吨的菜粕。菜油与菜粕的价格存在着密切的联系。菜粕主要用于淡水养殖业，其他品种的油粕很难替代菜粕的使用。如果我国淡水养殖业效益较好，菜粕用量就会放大，菜粕价格就会回升，就会拉动菜籽的收购价格，油厂开工率增加，菜油供应增加，价格会出现下跌；菜粕出现滞销的时候，油厂会降低开工率，菜油产量就会减少，菜油价格往往会上涨。

②菜油与其他油脂的价格。在国内和国际市场，作为一个油脂板块，豆油、菜油、棕榈油之间互相影响、密切联动。在国内，不同油脂之间有一定的替代效应，如果菜油价格过高，精炼油厂

或者用油企业往往会使用其他植物油替代，或者进行掺兑，从而导致菜油需求量降低，促使菜油价格回落。因此，要把菜油放到整个油脂板块中去分析，密切关注三大油脂间的市场题材和价差变化。

（4）相关及替代商品价格影响

世界油料生产形势特别是美国大豆生产进展状况、马来西亚棕榈油供应形势、加拿大菜籽生产形势以及主要进口国进口需求状况是国际市场价格波动的主要影响因素。受世界植物油各品种供求不定和菜油自身供求因素的共同影响，近年菜油价格波动频率增加，价格风险剧增。

（5）油厂综合成本的变化因素

油厂综合成本如利息、税金、煤价、溶剂油、员工工资、修理用材料等要素的提高或降低都会对菜油价格产生波动。

### 4.2.41.4 历史价格回顾

（1）成立以来至2023年底K线图

菜油于2007年6月上市，历史最高价15,998元（2008年3月5日），历史最低价5,430元（2015年11月17日）。

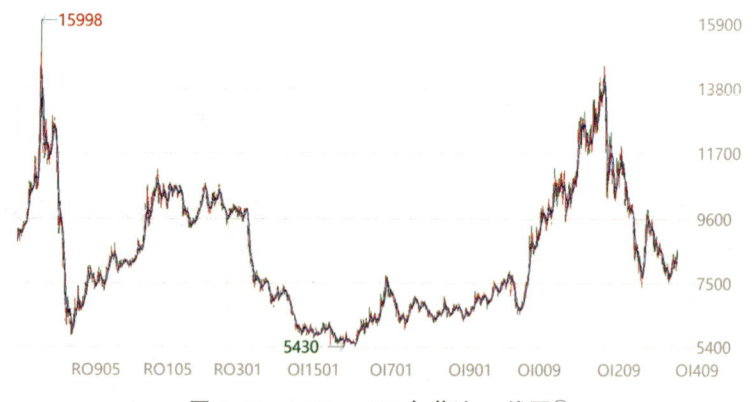

图4-83  2007—2023年菜油K线图[①]

① 图来自WIND数据库，OI.CZC日K线图（不复权），仅作示例，最高值与最低值或与当月合约存在差异。

## （2）2023年菜油K线图

2023年最高价10,796元（2023年1月3日），最低价7,375元（2023年6月1日）。

图4-84　2023年菜油K线图①

## 4.2.42　花生仁

### 4.2.42.1　交割单基本信息

表4-45　花生仁交割单基本信息

| 交易品种 | 花生仁 | 最后交易日 | 合约交割月份的第10个交易日 |
|---|---|---|---|
| 合约规模 | 5吨/手 | 交割日期 | 合约交割月份的第13个交易日 |
| 报价单位 | 元人民币/吨 | 交割地点 | 交易所指定交割地点 |

---

① 图来自WIND数据库，OI.CZC日K线图（不复权），仅作示例，最高值与最低值或与当月合约存在差异。

续表

| | | | |
|---|---|---|---|
| 最小变动价位 | 2元人民币/吨 | 最初交易保证金 | 最低交易保证金：合约价值的5% |
| 涨跌停板限幅 | 上一交易日结算价±4%及《郑州商品交易所期货交易风险控制管理办法》相关规定 | 交割方式 | 实物交割 |
| 合约交割月份 | 1，3，4，10，11，12 | 交易代码 | PK.CZC |
| 交易时间 | 每周一至周五，9：00—11：30和13：30—15：00（北京时间法定节假日除外） | 上市交易所 | CZCE |

#### 4.2.42.2 品种概述

花生，又名落花生、地果、地豆、番豆、长生果等，属蝶形花科，落花生属一年生草本植物。

花生生长期：在国内一般将花生分为种子发芽出苗期、幼苗期、开花下针期、结荚期、饱果成熟期等五个生育时期，六个生长阶段。

花生的用途：食用。花生食用包括直接食用和深加工食品用。压榨为花生油，做食用油用。压榨后花生粕为饲料及工业用。

花生生产期特点：

①温度。花生是喜温农作物，为温带作物。

②光照。花生为短日照农作物，多数品种对日照长度反应不敏感，光照的强弱对花生生长发育影响较大。

③土壤。花生是忌连作农作物，花生应与禾谷类或薯类农作物轮作，不宜与豆科农作物轮作，轮作期3年以上为宜。

### 4.2.42.3 价格影响因素

**（1）花生供应情况**

由于我国是花生主要生产国及出口国，因此国内花生供应受种植面积、天气、单产、产量及品质优劣有关。如旱涝导致花生减产将使花生供应紧张进而推升花生采购成本，花生新品种及栽培技术的创新可使花生单产水平得到提升进而提高花生产量。

**（2）花生消费情况**

我国花生需求主要受花生下游产品消费影响，如花生油和食品花生消费淡旺季、花生消费结构的变化等。

**（3）相关商品价格**

我国花生价格受种植替代品如玉米、大豆的种植效益影响，还受油料替代品、食用替代品的价格影响。作为食品，花生的替代品有玉米、杏仁、核桃等坚果食品。作为油籽，花生的替代品有大豆、菜籽、棉籽、葵花籽等。这些替代品的产量、价格及消费的变化对花生价格也存在间接影响。

**（4）花生国际市场价格**

我国是世界花生第一大生产国及主要出口国，国际花生价格的变化直接影响我国花生的出口贸易，进而对国内花生价格产生影响。

**（5）花生价格季节性特征分析**

①1月临近春节，进入需求旺季。

②2—6月正值花生种植生长期，市场需求淡季。

③7—8月正值花生青黄不接高峰期，价格逐升。

④9—12月进入花生集中上市期，价格呈先降后升特征。

### 4.2.42.4 历史价格回顾

**（1）成立以来至2023年底K线图**

花生于2021年2月上市，历史最高价11,408元（2023年2月27日），历史最低价7,794元（2022年1月10日）。

图 4-85　2021—2023 年花生 K 线图①

**（2）2023 年花生 K 线图**

2023 年最高价 11,408 元（2023 年 2 月 27 日），最低价 8,588 元（2023 年 12 月 9 日）。

图 4-86　2023 年花生 K 线图②

---

① 图来自 WIND 数据库，PK.CZC 日 K 线图（不复权），仅作示例，最高值与最低值或与当月合约存在差异。

② 图来自 WIND 数据库，PK.CZC 日 K 线图（不复权），仅作示例，最高值与最低值或与当月合约存在差异。

### 4.2.43 苹果

#### 4.2.43.1 交割单基本信息

表4-46 鲜苹果交割单基本信息

| 交易品种 | 鲜苹果 | 最后交易日 | 合约交割月份的第10个交易日 |
|---|---|---|---|
| 合约规模 | 10吨/手 | 交割日期 | 仓单交割：合约交割月份的第13个交易日；车（船）板交割：合约交割月份的次月10日 |
| 报价单位 | 元人民币/吨 | 交割地点 | 交易所指定交割地点 |
| 最小变动价位 | 1元人民币/吨 | 最初交易保证金 | 最低交易保证金：合约价值的7% |
| 涨跌停板限幅 | 上一交易日结算价±5% | 交割方式 | 实物交割 |
| 合约交割月份 | 1，3，4，5，10，11，12 | 交易代码 | AP.CZC |
| 交易时间 | 周一至周五（北京时间法定节假日除外）上午9:00—11:30 下午13:30—15:00 及交易所规定的其他时间 | 上市交易所 | CZCE |

#### 4.2.43.2 品种概述

(1) 自然属性

苹果是蔷薇科苹果亚科苹果属植物。

苹果树是落叶乔木，栽培条件下一般高3~5米。喜光，适宜微酸到中性土壤。最适于土层深厚、富含有机质、通气排水良好的沙质土壤。苹果树栽后2—3年开始结果,一般受理条件下经济寿命为15—50年,土壤瘠薄、粗放受理条件下只有20—30年。

苹果开花期因各地气候不同差异较大。但一般在4—5月份。苹果是异花授粉植物,也就是说大部分品种自花不能结实。而苹果的成熟期则跨度很大,从7月上旬到10月底,不同品种的苹果依次成熟。

苹果的果实,每果有5个心室,每心室有种子2粒。果实富含维生素和矿物质,其营养成分可溶性大,易被人体吸收,有利于溶解硫元素,使皮肤润滑柔嫩。据联合国粮农组织统计,2013年苹果全世界产量排名第二,仅次于香蕉,是当之无愧的温带水果之王。

我国苹果消费中鲜食消费占总量的90%左右,剩余10%左右为加工消费。自2008年以来,我国苹果鲜食消费量一直呈现出不断增长的态势,而加工消费量则表现出平稳下降的趋势。可以预期,未来一定时期鲜食消费仍将是我国苹果消费的主要形式。

(2) 分类

按照成熟期来分,苹果可分为早熟品种(7—8月上旬成熟)、中熟品种(8—9月成熟)和晚熟品种(10月以后成熟)。

在耐藏性上,早熟品种<中熟品种<晚熟品种。苹果在采摘后进行入库冷藏处理,除了早熟品种不耐冷藏,中熟品种如"红玉""黄元帅"和"红星"等贮藏寿命一般可以延长到3个月以上,而晚熟品种如"国光""青香蕉""红富士"等品种可延长到6—7个月。

中国苹果以红富士为主,其产量占苹果总产量的65%。除此之外黄元帅和国光苹果、红星苹果、嘎啦苹果等也很受市场欢迎。

①黄元帅。黄元帅属于大型果,单果质量可达200~350克,未成熟的果品呈绿色,成熟的果品果面金黄色有红晕,有小斑点。果肉黄色,多汁,甜脆可口。黄元帅不耐储存,易形成烂点,且多数自果心向外腐烂。果品在储存期糖分消耗很快,脆度也会下

降，不建议长期储存。

②国光。国光苹果个头中等，平均果重 150 克，最大果重 240 克，果实呈扁圆形，底色黄绿。果肉为白色或淡黄色，肉质脆，汁多，味酸甜。国光苹果属于晚熟品种，储存期较长。

③红富士。作为产量最大，最受欢迎的品种，富士苹果是以国光为母本，元帅为父本进行杂交，培育出的着色鲜红的优良品种。2015 年我国红富士品种的产量约为 3000 万吨，占全国苹果总产量的 70% 左右。1966 年，富士苹果开始从日本被引进中国。富士苹果体积大，遍体通红，形状很圆，平均大小如棒球一般。果实中有 9%~11% 是单糖，其果肉紧密，富士苹果与其他苹果相比更加耐储存。室温下可保存 4 个月，冷藏 5—7 个月。

### (3) 种植分布及产量

渤海湾产区（包括山东、河北、辽宁）占全国总面积和产量的 44% 和 49%；西北高原区（陕西、甘肃、山西）占 34% 和 31%；黄河故道区（河南、江苏、安徽）占 13% 和 16%；西南高地占 4% 和 1%；其他地区占 15% 和 3%。

### 4.2.43.3 价格影响因素

#### (1) 供求变化

供给：供给端由当年鲜果产量和冷库存量组成。一般来说，供给量和价格呈负相关关系。

苹果的进出口量占总产量比重不大。以出口为例，2016 年出口量占我国苹果产量的比重为 3.88%，进口量占比更少。

需求：需求端受人均收入、消费者数量和消费偏好构成。首先，人口数量增加带来潜在消费者数量提升，苹果消费需求增加。随人均收入提高，人们的消费能力提升，苹果及其深加工产品的消费需求提高，促使价格提升；但当人均收入达到一定水平时，苹果在消费偏好构成中的地位发生了转变，变成了普通必需品，之后苹果消费需求基本保持稳定或小幅增长。

此外，由于苹果生产周期长，加上库存量，总供给不太可能在1—2年急剧增加或减少，也就是说，需求量变动后供给端存在滞后性。供给弹性较小，在价格变化上体现出短时间内不会出现大幅变动，但一定时间段内有惯性波动。

（2）天气因素

商品期货市场有句话叫作"工业品看需求，农产品看供给"，而天气作为影响供应的主要因素，历来是预测农产品价格走势的一大参照指标。很大程度上不可控的天气因素对苹果的产量影响很大。苹果的生产主要受温度和光照两个主要因素影响。若当年温度适宜，光照充足，产量增加的同时，苹果品质也能得到提升。若天气条件恶劣，遇上自然灾害如霜冻、干旱等情况，苹果产量直线下降，虽因供给不足市价提升，但往往提升的价格无法弥补减产为果农带来的巨大经济损失，会打击果农来年的种植生产积极性。

（3）成本因素

苹果的主要成本来源包括种植成本和冷藏存储费用。其中种植成本又包括人工成本、化肥农药、果袋和机械折旧等。而这些成本近年来呈直线上升趋势。成本上升，售价反而一直下跌，这种情况下很容易出现"丰产却不丰收"的状况。极大打击果农生产苹果积极性，促使未来供给逐渐下滑，直至价格再次上涨。

（4）季节性因素

苹果价格波动具有农产品特有的季节性特点。一般来说，由于9—11月为我国苹果采收期，大量新年度苹果流入现货市场，市场供应增加，批发价格相对较低。12月至来年2月受元旦及春节节日因素影响，市场需求增加，批发价格逐步抬升。3月、4月两个月份，机械冷库的苹果集中出库，供应量变大，带动价格下跌。5月份随着机械冷库出货接近尾声，供应量减少，价格有所回升。6—8月则为早中熟苹果集中上市时间，价格相对较低，带动苹果批发价格整体走低。

（5）国家政策

国家政策对苹果价格的影响体现在两方面。一是经济整体状况下的国家政策，在经济发展形势较好情况下，宏观政策较宽松，苹果市场的生产积极性相对较高，苹果价格随通胀有一定增长；若经济低迷，采取紧缩宏观政策，苹果价格也相应下降。二是农业政策变化，如针对果农的补贴和减免等政策，一般有利的农业政策出台会刺激果农生产苹果积极性，加大投产力度，从而提升供给量，虽价格会下跌，但因为存在补贴和减免，仍能在一定程度上保障果农利益。

除此之外，苹果及深加工产品的进出口量变动、提升生产效率/品质的新技术的出现、以线上速递为代表的供给模式的转变等也是影响价格变动的因素。

### 4.2.43.4 历史价格回顾

（1）成立以来至 2023 年底 K 线图

苹果于 2018 年 1 月上市，历史最高价 12,626 元（2018 年 11 月 16 日），历史最低价 4,916 元（2021 年 1 月 12 日）。

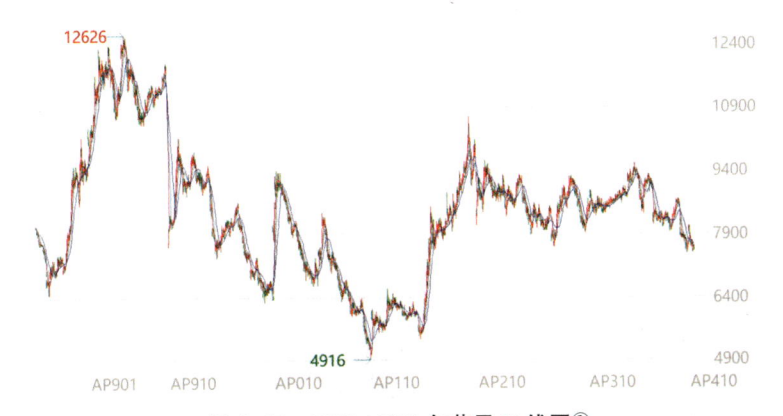

图 4-87 2018—2023 年苹果 K 线图[①]

---

① 图来自 WIND 数据库，AP.CZC 日 K 线图（不复权），仅作示例，最高值与最低值或与当月合约存在差异。

### （2）2023年苹果K线图

2023年最高价9,559元（2023年10月9日），最低价7,912元（2023年4月13日）。

图4-88　2023年苹果K线图[①]

## 4.2.44　红枣

### 4.2.44.1　交割单基本信息

表4-47　干制红枣交割单基本信息

| 交易品种 | 干制红枣 | 最后交易日 | 合约交割月份的第10个交易日 |
|---|---|---|---|
| 合约规模 | 5吨/手 | 交割日期 | 合约交割月份的第13个交易日 |
| 报价单位 | 元人民币/吨 | 交割地点 | 交易所指定交割仓库 |

---

① 图来自WIND数据库，AP.CZC日K线图（不复权），仅作示例，最高值与最低值或与当月合约存在差异。

续表

| 最小变动价位 | 5元人民币/吨 | 最初交易保证金 | 最低交易保证金：合约价值的7% |
|---|---|---|---|
| 涨跌停板限幅 | 上一交易日结算价的±5% | 交割方式 | 实物交割 |
| 合约交割月份 | 1、3、5、7、9、12 | 交易代码 | CJ.CZC |
| 交易时间 | 上午9：00—11：30，下午13：30—15：00，以及交易所规定的其他时间 | 上市交易所 | CZCE |

### 4.2.44.2　品种概述

**(1) 红枣的自然属性**

红枣，又名"大枣"，自古以来就被列为"五果"（桃、李、梅、杏、枣）之一。红枣味甘性温、归脾胃经，有补中益气、养血安神、缓和药性的功能，其维生素含量高，有着"天然维生素丸"的美誉。红枣自古就有"木本粮食，铁杆庄稼"之称，以红枣、板栗、核桃等为代表的木本粮富含各种微量元素和矿物质，更能满足人类对健康饮食的需求。红枣的萌芽展叶期是4月12—21日；开花期5月9日—7月31日；果实膨大期5月25日—8月30日；果实成熟期8月28日—10月上旬；落叶期10月20日—11月10日；休眠期11月至翌年3月底。存在的缺陷是仅能抗零下20度的低温，适宜于成熟期少雨地区发展，成熟期下雨有裂果现象。

**(2) 红枣的用途**

按果实用途分类，可分为制干、鲜食、加工（蜜枣）三类，制干品种大约224种、鲜食品种261种、兼用品种159种。从各产区的主栽品种看，北方绝大多数为干鲜或制干加工兼用品种，约占总面积的90%；南方主要是制蜜枣品种，占总面积的5%左右。

**(3) 红枣的供需特点**

红枣生产的供给弹性大，需求弹性小。红枣作为必需品的消费，主要集中在端午节包粽子、腊八节制粥和春节做枣糕，需求量很小；秋季鲜食枣作为时令产品，上市时间短，消费量很少。传统枣区红枣的消费量大于非产枣区。红枣的产量和价格波动很大，这是因为：一是种植面积的变化，收益高时面积扩张，而且常有地方政府在推动；二是价格高时，枣农增加投入，价格低时，枣农会减少甚至取消投入；三是自然灾害的影响，例如病虫害和秋雨裂果。

### 4.2.44.3 价格影响因素

**(1) 生产成本直接影响枣农种植的数量**

生产成本包括枣农的种植成本和人工成本，若生产成本不断增加，不能给枣农带来很大收益，会导致枣农种植积极性不高，从而导致红枣产量减少。

**(2) 枣农对红枣能提高收入的预期**

若枣农认为红枣能提高收入，则种植和嫁接红枣的枣农增多，红枣的供应链就会增多；若枣农持悲观态度，则红枣的供给就会减少。

**(3) 影响需求量的因素分析**

①采购商讨价还价的能力强是导致红枣价格下滑的一个因素；②红枣品质的变化影响消费者需求量；③替代果品的出现。

### 4.2.44.4 历史价格回顾

**(1) 成立以来至2023年底K线图**

红枣于2019年5月上市，历史最高价17,655元（2021年11月23日），历史最低价8,225元（2021年6月21日）。

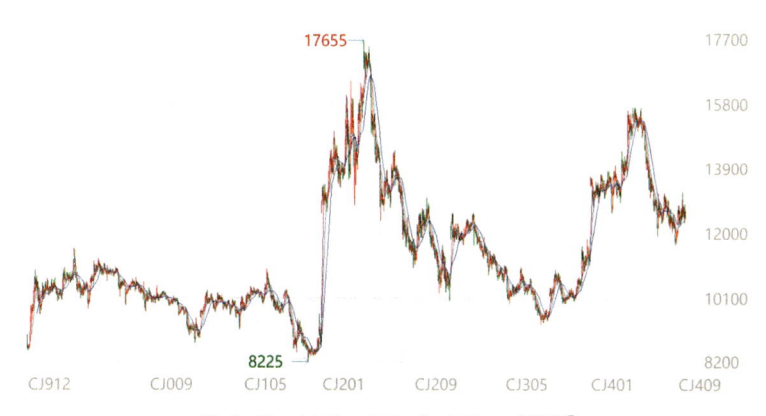

图 4-89　2019—2023 年红枣 K 线图[1]

(2) 2023 年红枣 K 线图

2023 年最高价 15,730 元（2023 年 12 月 8 日），最低价 9,315 元（2023 年 3 月 24 日）。

图 4-90　2023 年红枣 K 线图[2]

---

[1]　图来自 WIND 数据库，CJ.CZC 日 K 线图（不复权），仅作示例，最高值与最低值或与当月合约存在差异。

[2]　图来自 WIND 数据库，CJ.CZC 日 K 线图（不复权），仅作示例，最高值与最低值或与当月合约存在差异。

### 4.2.45 PTA

#### 4.2.45.1 交割单基本信息

表 4-48 精对苯二甲酸（PTA）交割单基本信息

| 交易品种 | 精对苯二甲酸（PTA） | 最后交易日 | 合约月份的第 10 个交易日 |
|---|---|---|---|
| 合约规模 | 5 吨/手 | 交割日期 | 合约交割月份的第 13 个交易日 |
| 报价单位 | 元人民币/吨 | 交割地点 | 交易所指定仓库 |
| 最小变动价位 | 2 元人民币/吨 | 最初交易保证金 | 最低交易保证金：合约价值的 5% |
| 涨跌停板限幅 | 上一交易日结算价±4% 及《郑州商品交易所期货交易风险控制管理办法》相关规定 | 交割方式 | 实物交割 |
| 合约交割月份 | 1、2、3、4、5、6、7、8、9、10、11、12 | 交易代码 | TA.CZC |
| 交易时间 | 上午 9:00—11:30，下午 13:30—15:00，下午 21:00—23:00（夜盘） | 上市交易所 | CZCE |

#### 4.2.45.2 品种概述

（1）PTA 概述

PTA 是精对苯二甲酸（PureTerephthalicAcid）的英文缩写，是重要的大宗有机原料之一，其主要用途是生产聚酯纤维（涤纶）、聚酯瓶片和聚酯薄膜，广泛应用于化学纤维、轻工、电子、建筑等领域。

### (2) PTA 的上下游

PTA 是石油的末端产品，其原料是对二甲苯（简称 PX），而 PX 的原料是石油。PTA 是化纤的前端产品，其下游产品主要为涤纶长丝、短纤、切片（包括纤维切片、瓶用切片、薄膜切片）。

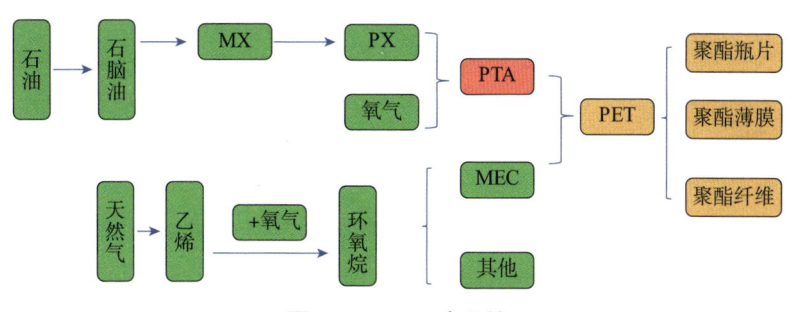

图 4-91　PTA 产业链

### 4.2.45.3　价格影响因素

#### （1）供给方面

①国内产能产量。为了满足国内市场对 PTA 的消费需求，近些年 PTA 产能新建扩建的项目不少。产能的扩充会左右市场上的供需平衡，从而影响价格。PTA 为连续生产、连续消费。PTA 月产量一般比较稳定，PTA 生产企业每年会选择淡季或市场行情不好的月份安排进行装置检修，从而会对市场供应造成影响。

②进口量及到货时间。由于我国聚酯产业高速发展，国内 PTA 的产量无法满足其需要。缺口靠进口弥补。同时随着国内供应能力的提升，对进口的依存度也会有所下降。

③库存。PTA 现货交易中以直销为主，上下游产销关系相对稳定，产销率较高。因此，生产厂家库存很少。PTA 的价值高，资金占用多。下游聚酯厂家一般也只保存 10 多天的消费量。库存量较大的一般为贸易商及现货投机商。

#### （2）需求方面

PTA 主要用于生产聚酯。聚酯产业发展状况决定 PTA 的消费需求。聚酯产品中涤纶对PTA的需求量最大，决定着PTA消费情况。涤纶是纺织行业的主要原料。这就是说，纺织行业的景气程度、发展情况直接影响涤纶市场消费，进而决定对PTA的需求。

（3）生产成本因素

①石油价格。PTA的源头为石油。作为中间产品的化工市场与原油价格密切相关，同声涨落。PTA所处的聚酯与化纤行业也不例外。石油上涨带来成本向下游的转移，直接造成PX的成本增加，从而影响PTA的生产成本。因此，投资者参与PTA期货，应关注石油价格。

②原PX价格。PX是生产PTA最直接和最主要的原料，全球范围内超过90%的PX是用来生产PTA的，可见PTA和PX之间关系的密切程度。PTA价格在很大程度上受制于原料PX，尤其在PTA价格与成本相当接近甚至倒挂时，原料价格作用力非常明显。

（4）替代品价格

PTA的下游产品是涤纶，与棉花同为纺织品的原料。二者是一种替代关系。二者价格关系会影响各自在纺织配料中的用量，从而影响对PTA的需求。如棉花价格的低位运行状况，就抑制了化纤产品价格上涨的可能。

（5）人民币的汇率变化

一方面我国是全球最大的纺织品生产国和出口国，人民币升值降低纺织品的出口竞争力，而纺织品市场形势反过来也将直接影响化纤产业及上游PTA行业的发展。另一方面，人民币升值意味着按美金计价的进口PX价格更加具有吸引力，有可能促使相应的报价上升。投资者应关注人民币汇率的变化对于行业的各种影响。

（6）关税政策

加入WTO以前，PTA进口有严格的进口壁垒。一是配额，二是高关税。加入WTO后，聚酯产品包括PTA的进口配额全部取消。PTA的进口关税一直在逐年降低。关税降低会带来PTA进压力的增加，影响 PTA 价格走势。实际上并非当然，进口 PTA 的价格一直是根据国内市场价格减去国内企业的进口成本来定位的，关税的降低也极可能使国外出口商相应提高对中国市场的报价，从而在一定程度上减小降低关税对国内 PTA 市场的影响。

### 4.2.45.4　历史价格回顾

#### （1）成立以来至 2023 年底 K 线图

PTA 于 2006 年 12 月上市，历史最高价 12,396 元（2011 年 2 月 15 日），历史最低价 3,128 元（2020 年 4 月 22 日）。

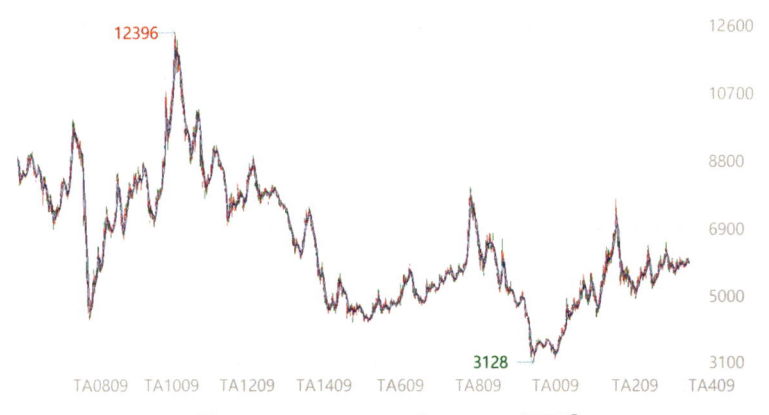

图 4-92　2006—2023 年 PTA K 线图[①]

#### （2）2023 年 PTA K 线图

2023 年最高价 6,616 元（2023 年 4 月 3 日），最低价 5,162 元（2023 年 5 月 15 日）。

---

① 图来自 WIND 数据库，TA.CZC 日 K 线图（不复权），仅作示例，最高值与最低值或与当月合约存在差异。

图 4-93　2023 年 PTA K 线图①

## 4.2.46　甲醇

### 4.2.46.1　交割单基本信息

表 4-49　甲醇交割单基本信息

| 交易品种 | 甲醇 | 最后交易日 | 合约交割月份的第 10 个交易日 |
| --- | --- | --- | --- |
| 合约规模 | 10 吨/手 | 交割日期 | 合约交割月份的第 13 个交易日 |
| 报价单位 | 元人民币/吨 | 交割地点 | 交易所指定交割地点 |
| 最小变动价位 | 1 元人民币/吨 | 最初交易保证金 | 最低交易保证金：合约价值的 5% |

---

① 图来自 WIND 数据库，TA.CZC 日 K 线图（不复权），仅作示例，最高值与最低值或与当月合约存在差异。

续表

| | | | |
|---|---|---|---|
| 涨跌停板限幅 | 上一交易日结算价±4%及《郑州商品交易所期货交易风险控制管理办法》相关规定 | 交割方式 | 实物交割 |
| 合约交割月份 | 1，2，3，4，5，6，7，8，9，10，11，12 | 交易代码 | MA.CZC |
| 交易时间 | 上午9：00~11：30，下午13：30—15：00，下午21：00~23：00（夜盘） | 上市交易所 | CZCE |

### 4.2.46.2 品种概述

**（1）甲醇的自然属性**

甲醇，又名木精、木醇，英文名为 Methanol 或 Methyl Alcohol，化学分子式为$CH_3OH$，为无色、略带醇香气味的挥发性液体，沸点 64.5~64.7℃，能溶于水，在汽油中有较大的溶解度，有毒、易燃，其蒸汽与空气能形成爆炸混合物。甲醇是由合成气生产的重要化学品之一，既是重要的化工原料，也是一种燃料。

甲醇有工业甲醇、燃料甲醇和变性甲醇之分，目前以工业甲醇为主。凡是以煤、焦、天然气、轻油、重油等为原料合成的，其质量指标符合国标 GB338—2011 要求的，都是工业甲醇。随着可再生资源的开发利用，利用农作物秸秆、速生林木及林木废弃物、城市有机垃圾等也可以气化合成甲醇。粗甲醇经脱水精制后作为燃料使用的无水甲醇，称为"燃料甲醇"。燃料甲醇未加变性剂，成本往往要比工业甲醇低，因为对它只有可燃烧和无水的要求。变性甲醇是加入了甲醇变性剂的燃料甲醇或工业甲醇。因为甲醇和汽油、柴油不互溶，尤其在低温潮湿环境中发生分层（相分离）现象而造成发动机不能正常工作，因此燃料甲醇（或工业甲醇）变性后才能加入汽油、柴油中使用。变性燃料甲醇是在工业甲醇中加入一定比例的车用甲醇汽油添加剂后,专门用于调配车用甲醇汽油的甲醇。

(2) 甲醇的用途

甲醇是一种重要的有机化工原料,应用广泛,可以用来生产甲醛、二甲醚、醋酸、甲基叔丁基醚（MTBE）、二甲基甲酰胺（DMF）、甲胺、氯甲烷、对苯二甲酸二脂、甲基丙烯酸甲脂、合成橡胶等一系列有机化工产品；甲醇不但是重要的化工原料,而且是优良的能源和车用燃料,可以加入汽油掺烧或代替汽油作为动力燃料；近年来甲醇制烯烃技术正日益受到重视；甲醇也是生产敌百虫、甲基对硫磷、多菌灵等农药的原料；甲醇经生物发酵可生产甲醇蛋白,用作饲料添加剂。此外,近年来,C1化学的发展,由甲醇出发合成乙二醇、乙醛、乙醇等工艺路线（现多由乙烯出发制得）正日益受到关注。

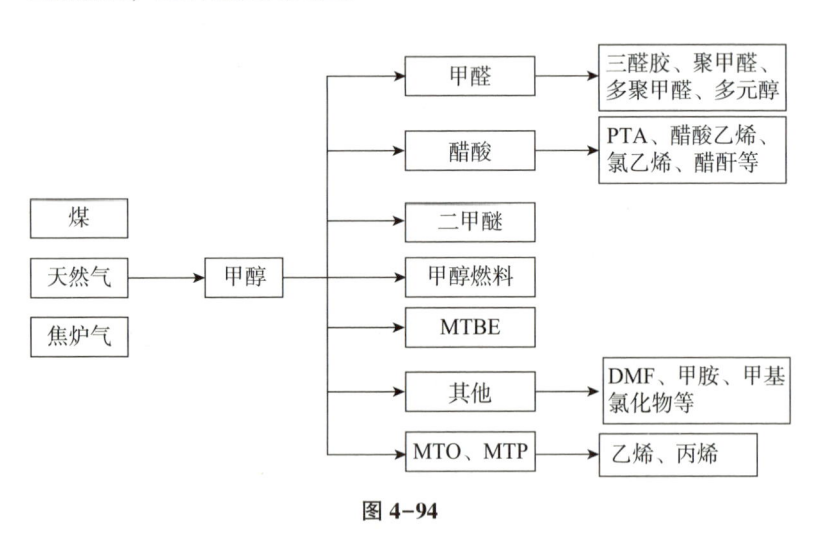

图 4-94

### 4.2.46.3 价格影响因素

**(1) 宏观经济走势**

甲醇作为重要的基础性有机化工原料，在国民经济中得到广泛应用。宏观经济走势必然影响市场对甲醇的需求，进而对甲醇价格产生影响。例如，2003—2010 年我国 GDP 一直保持 9% 以上的增长率，随着我国经济的持续、健康和快速发展，特别是城镇化率的提高，甲醇的传统消费领域如甲醛、醋酸等随之迅速扩大。尽管 2011 年欧债危机和美国经济发展遇到诸多问题，我国经济仍健康持续发展，国内房地产调控对甲醇产业链有一定的影响，不过整体而言，生产与消费都在不断增长。与此同时，甲醇汽油的推广、甲醇制烯烃的产业化，又进一步拓展了新的消费领域，为甲醇产业提供了良好的发展机遇。因此，从供需角度看，我国宏观经济的持续向好，必然引发对甲醇需求的增加。

**(2) 国家政策**

我国资源禀赋的特点是"富煤、贫油、少气"。随着当今世界石油资源的日益减少以及甲醇产量的不断增长，甲醇作为替代能源已经成为一种趋势。甲醇替代能源的目标主要是甲醇制二甲醚替代民用液化石油气和替代柴油，甲醇燃料替代汽油，甲醇制烯烃替代传统的石化原料。

为指导甲醇及相关行业的健康、有序发展，国家出台了一系列政策措施，如 2006 年国家发展改革委编制的《煤化工产业中长期发展规划》对煤制甲醇替代能源的发展进行了规划布局。

2006 年《国家发展改革委员会关于加强煤化工项目建设管理促进产业健康发展的通知》中，明确以民用燃料和油品市场为导向，支持有条件的地区，采用先进煤气化技术和二步法二甲醚合成技术，建设大型甲醇和二甲醚生产基地，认真做好新型民用燃料和车用燃料使用试验和示范工作。

2007 年 8 月 30 日，国家发展改革委制定的《天然气利用政策》正式颁布实施，规定对已建用气项目，维持供气现状。在建或已核准的用气项目,若供需双方已签署长期供用气合同,按合同执行,未落实用气来源的应在限定时间内予以落实。这使得部分拥有天然气资源优势的地区不能再新建、改扩建甲醇项目,在一定程度上延缓了甲醇行业产能扩张的步伐。

2007年11月8日,国家发展改革委发布《关于调整天然气价格有关问题的通知》,规定自2007年11月10日起,全国陆上各油气田供工业用户天然气的出厂基准价格每千立方米提高400元,此举直接导致天然气制甲醇生产成本随之大幅上涨400元/吨左右。

2008年6月11日,财政部和国家税务总局联合下发《关于二甲醚增值税适用税率问题的通知》,将二甲醚适用增值税税率自2008年7月1日起下调4%,按13%的增值税税率征收增值税,此举对于上游原料甲醇的需求具有积极作用。

2009年11月1日,由国家标准化管理委员会公布的《车用燃料甲醇国家标准》实施。同时,《车用甲醇汽油（M85）国家标准》于12月1日开始实施。两个标准规范了车用甲醇燃油的使用,甲醇也由此"名正言顺"地成为汽车替代能源中的一员。

2009年12月,国务院发布《关于抑制部分行业产能过剩和重复建设引导产业健康发展若干意见的通知》,其中对合成氨和甲醇实施上大压小、产能置换等方式,降低成本、提高竞争力,提出了抑制过剩产能的总体要求。

2011年3月23日,国家发展改革委发出《关于规范煤化工产业有序发展的通知》,明确禁止建设年产100万吨及以下煤制甲醇项目,年产100万吨及以下煤制二甲醚项目等煤化工项目。3月27日,国家发展改革委公布《产业结构调整指导目录（2011年本）》,其中将天然气制甲醇、100万吨/年以下煤制甲醇生产装置（综合利用除外）列为限制类,严格限制甲醇产能的无序扩张与盲目建设。

2011年7月1日起实施的《城镇燃气二甲醚国家标准》,明确了二甲醚作为城镇燃料的使用规范，解决了流通以及消费领域的标准问题，长期看有利于促进二甲醚的消费增长。

2011年11月1日起实施的《车用燃料用二甲醚国家标准》，规定了车用燃料用二甲醚的相关标准，有了该通行证，二甲醚作为替代汽柴油有了一定的市场应用前景。

2011年末公布的《甲醇行业"十二五"发展规划》中指出，到2012年，我国甲醇总产能控制在5000万吨，为实现这一目标，将淘汰落后产能300万~500万吨。另外将对甲醇企业数量有所控制，建立大型甲醇企业集团，优化产业结构，提高甲醇生产技术和调整、优化甲醇原料的产业比例。

### （3）国际能源价格

由于国际甲醇生产装置中90%以上采用天然气作原料，因而天然气价格的波动，必将影响国际甲醇价格的波动。例如，2008年国际天然气价格出现了大幅上涨，以美国HenryHub的天然气价格为例，2007年末为7.16美元/百万英热单位，2008年5月底价格达到11.31美元/百万英热单位，上涨了57.9%。受成本推动的影响，国际甲醇价格持续上涨，也带动了国内甲醇价格出现了大幅上涨。2009年国际天然气价格维持低价位徘徊，仍以美国HenryHub的天然气价格为例，3—7月份的天然气价格在3.52—3.96美元/百万英热单位的低位徘徊，带动了国际和国内甲醇价格大幅回落。2010年以来，除在低温支撑的冬季，天然气价格有所反弹外，国际天然气价格总体处于较低水平，特别是2011年之后美国页岩气的崛起，纽约的天然气期货价格一路下滑，降低了国际甲醇生产成本及价格。

原油是与天然气、煤炭并列的基础性能源，是国际能源价格变动的风向标，而天然气、煤炭均是甲醇的重要原料，因而油价的变动及传导对甲醇价格也有着重要影响。1998—1999年国际油价较低，甲醇价格也较低。自2000年起，国际油价稳步攀升，甲醇价格也随之走高；油价居高不下，甲醇价格也难以下调。2008

年国际油价大跌，国内外甲醇价格也纷纷回落。近年来油价在高位宽幅震荡，甲醇价格也波动频繁。

（4）国内外新增产能

甲醇燃料、二甲醚和甲醇制烯烃的预期消费刺激了甲醇的大规模建设。近年来，天然气的开发利用得到迅速发展，特别在中东、拉美和北非地区，由于天然气资源丰富、价格便宜，吸引了众多投资者的目光。据预测，未来5年，世界净增甲醇装置产能将达1100万~1300万吨/年，而世界主要甲醇进口国家和地区——美国、日本和欧洲，进口总量仅净增277万吨，中东和中南美洲地区的甲醇市场容量有限，消费量极少。因此，世界甲醇生产企业必须寻找一个足够大的市场去消化上千万吨多余的产能，其目标市场首选亚洲，尤其是中国。国际上大型甲醇生产企业都拥有自己的远洋运输船队和储运设施，以便将生产的甲醇运往世界各地销售。因此，未来国际市场上的新增产能将对我国甲醇市场造成巨大的外部冲击。

2002年3月以来，国内甲醇价格呈现稳步上扬态势，甲醇企业生产利润较为可观。受甲醇下游产品需求的强劲拉动以及对甲醇燃料和甲醇制烯烃前景的看好，相关企业大量扩展和新建甲醇生产装置。2008年我国甲醇产能2338万吨；2009年增加379万吨，产能达到2717万吨；2010年增加1040万吨，产能大幅增至3757万吨。2011年新投产装置为756万吨，产能达到4500万吨以上，2012年预计投产的装置为600万吨以上。我国甲醇产能继续增加，国际上的甲醇产能扩张步伐减慢，自2010年中以来，国际上新投产的装置有阿曼110万吨/年，文莱85万吨/年，埃及126万吨/年。整体来说，国内外甲醇的竞争将会对未来的甲醇价格产生广泛而深远的影响。

（5）国内外大型装置减停产

由于甲醇装置日趋大型化，年产百万吨级装置已投入运行，这些大型或超大型装置一旦检修或意外停车均会影响市场供应而引起价格波动。

例如，2002 年末，马来西亚纳闽岛（Labuan）的 66 万吨/年装置因故障处于低负荷运行，印尼 Kaltin 甲醇公司 66 万吨/年装置因天然气供应不足而以 75% 负荷运行，导致东南亚市场甲醇价格上涨至 210~220 美元/吨，国内甲醇也上涨到 2130~2200 元/吨。

再如，2006 年 8 月下旬开始，两个月的时间内，国内甲醇市场价格上涨 50% 左右，其主要原因是受海外装置集中停产，国际市场甲醇供应骤减，价格暴涨的影响。2006 年 7—8 月份，国际上一些大的甲醇装置相继停产或检修。8 月中旬，大西洋甲醇生产公司（AMPCO）在赤道几内亚的 110 万吨/年甲醇装置，由于事故造成完全停工，而其在特立尼达的 189 万吨/年装置也在 7 月中旬进行非计划停工检修，直到 9 月初才重新开车；委内瑞拉 Super Metanol 公司 78 万吨/年甲醇装置 7 月 29 日出现故障停车；印尼 PT Medco 公司 8 月 22 日关闭了其一套 35 万吨/年甲醇装置，进行为期一个月的计划内检修；伊朗国家石化产品公司延迟了其在 Assa luyeh 的 170 万吨/年甲醇装置生产，预计年底开车。受此影响，美国甲醇现货市场价格在 8 月底和 9 月初创下了历史最高纪录，加上欧洲本地甲醇装置正处于年度计划检修期，推动了欧洲甲醇价格的上涨。资料显示，美国市场甲醇价格从 8 月中旬开始上涨，最高达 783 美元，比年初上涨 145%；欧洲市场甲醇价格最高也达 540 美元，比年初上涨 77%。欧美甲醇市场价格的大幅上涨，拉动了国际市场整体行情的上升。8 月末，Methanex 公司甲醇对亚洲 10 月份的合同价格涨至 550 美元（CFR），比 9 月份上涨了 130 美元。

（6）下游需求

甲醇是一种重要的有机化工原料，在我国是除乙烯、丙烯、苯之后的第四大化工原料，在化工、医药、轻工、纺织等行业具有广泛应用。

未来 5 年全球甲醇需求的主要增长来自亚太地区，尤其是中国。除了我国强劲的经济增长拉动外，煤基醇醚替代能源的发展以及甲醇制烯烃的产业化，都将进一步增加甲醇及其下游产品的需求。

甲醛是甲醇的传统下游产品，多年来稳居甲醇消费的首位，2011 年占我国甲醇消费的 33%，未来我国甲醛消费仍将保持稳步增长态势。

醋酸是甲醇的另一种传统下游产品，2011 年占我国甲醇消费的 9%，从总体形势看，我国醋酸产量仍将保持逐年上升趋势。

至于甲醇的三大潜在市场（二甲醚、甲醇汽油、甲醇制烯烃），在 2010 年前属于示范期，甲醇用量不会太大；2010—2015 年是成长期，用量较快增长，2011 年甲醇燃料占甲醇需求的 8.9%，同比增长 5%，甲醇制烯烃占甲醇需求的 7.7%，是甲醇需求中增长最快的部分；2015—2020 年则是高速发展期，用量高速增长；2020 年以后将步入稳步发展期，届时若用二甲醚替代液化石油气，甲醇需求量为 3000 万吨/年；若用甲醇生产 1000 万吨/年烯烃，甲醇需求量为 3000 万吨/年；再加上甲醇汽油及甲醇传统用途，甲醇总需求量达 8000 万吨/年。尽管目前我国二甲醚、甲醇制烯烃等新兴消费领域还存在诸多的不确定因素，但未来的发展空间巨大。如二甲醚和烯烃由甲醇转化而来，其中二甲醚的转化比例为 1.4∶1，烯烃的转化比例为 3∶1，两者合计将在 2015 年和 2020 年分别消耗甲醇约 3300 万吨和 5400 万吨。

（7）生产成本

我国的甲醇生产以煤炭、天然气、焦炉气为原料，其中以煤炭为主导，天然气次之，焦炉气比例近两年有所增加。2011 年煤制甲醇比例 63%，天然气制甲醇比例 16%，焦炉气制甲醇比例 19%。截至 2011 年底，我国以煤炭为原料的甲醇生产装置最多，其中西北、华中、华北、华东地区所占比例较大，分别有 20 家左右企业。以天然气为原料的次之，其中西北、西南、华南地区的天然气制甲醇装置较多,分别占当地总产能的 27.8%、47.2% 和 80.3%。以焦炉气为原料的装置主要分布在华北地区,约 375 万吨,西北地区约有 130 万吨的焦炉气制甲醇装置。

与国外相比,我国的甲醇生产装置呈现出分散化、小型化的特点,国内平均产能不到 30 万吨,以 20 万~50 万吨/年的为主,约占总量的 41%。由于规模小,产能低,又多以煤炭为原料,使得我国的甲醇整体生产成本偏高。2005 年以来煤炭供应紧张,价格大幅度提升,致使甲醇生产成本至少提高了 200 元/吨。从种种迹象看,预计未来我国煤炭供应偏紧局面仍将维持,价格仍将居高不下。天然气方面,根据 2007 年国家发展改革委发布的《关于调整天然气价格有关问题的通知》,天然气制甲醇生产成本随之大幅上涨 400 元/吨左右。国内天然气消费与生产的缺口日益扩大,而进口天然气远高于国内市场价格,导致进口天然气亏损,为此,中石油、中石化和中海油对天然气涨价的呼声越发高涨,并于 2006 年向国家发展改革委递交了涨价方案;2007 年初国家发展改革委已经与部分省市达成一致,计划天然气价格每年上浮 5%~8%,直至与国际价格水平接轨为止。2010 年以来以天然气为原料的甲醇企业完全成本超过 2400 元/吨,以烟煤为原料的超过 2200 元/吨,以无烟煤为原料的超过 2500 元/吨。国内甲醇生产成本的上升,也将使甲醇价格维持在一个较高的水平。

(8) 进出口

我国是世界上最大的甲醇消费国,同时也是世界上甲醇消费增长速度最快的国家之一,国际上一些大的甲醇生产和贸易企业都将目标对准了中国市场。总体来看,我国甲醇进口经历了平稳运行、逐渐减少、急剧增加三个阶段。2001—2005 年,我国每年进口甲醇在 130 万吨以上,之后有所减少。2009 年以来,国外甲醇凭借低廉的成本优势打入国内市场,致使我国甲醇年进口量急增至 500 万吨以上,2011 年的甲醇进口量达 573 万吨,但对外依存度在下降。

进口甲醇对国内市场影响较大，前些年国内价格基本以进口甲醇到岸价为基准，然后加价 30%（含关税、商检费、仓储费、短途运输费、经销商利润等）形成国内市场价格。随着近年来我国甲醇生产能力大幅度提高，自给能力不断增强，国产甲醇在市场中的影响力越来越大，一定程度上改变了进口甲醇影响国产甲醇价格的局面。2009 年以来，甲醇国际市场受中东地区低成本天然气装置大规模投产的影响，生产成本明显降低，导致我国进口量增长较快，对国内市场冲击较大，如果国内甲醇生产成本进一步上升，将继续导致国外甲醇冲击国内市场。

2011 年国内甲醇总产能达到 4513 万吨，且目前国内扩建、在建和拟建项目较多，我国的贸易角色在随后几年可能将由原来的甲醇进口国向出口国转变，2011 年的出口量达到 4.39 万吨，比 2010 年的 1.3 万吨增长 2 倍之多。目前，我国甲醇价格逐渐与国际接轨，并可能产生倒挂致使进口量逐年减少，这是国内甲醇市场与国际甲醇市场之间正在发生的转变。

**（9）运输成本**

我国的煤炭、天然气等能源基地主要分布在西北地区，消费地则集中在华东、华南地区。当前，我国大部分在建、拟建甲醇项目分布在内蒙古、陕西、宁夏等西北地区，而当地的甲醇生产企业拥有铁路专线的为数不多，多数企业外销甲醇仍以汽运为主。总体而言，西部地区铁路运力紧张状况在未来较长的时间内仍将维持，运费也将呈上涨态势，而甲醇品种特性要求使用专用槽车运输，容易造成空返浪费运力，也在一定程度上加剧了铁路运输的紧张局面，致使甲醇从产区运往销区的稳定性、灵活性不够，不能及时根据市场变化进行调整，也会在一定程度上对甲醇的价格产生影响。

**（10）国内外价格联动程度**

近年来，我国甲醇的进口依存度大体呈逐年提高的趋势，2007 年仅为 2.71%，2008 年达 8.76%，2009 年猛增至 31.96%，

2010年下降至24.73%，2011年对外依存度下降至22.2%。我国甲醇市场与国际甲醇市场的联系日益紧密，国际甲醇市场的变化对我国甲醇市场具有不可忽视的影响。如果国外甲醇价格过低而国内甲醇价格过高，势必导致国外甲醇源源不断地进入我国，将拉低国内甲醇价格；反之，如果国外价格过高而国内甲醇价格过低，进口甲醇就会明显减少，同时国内甲醇生产企业还会想方设法增加出口，从而抬高国内甲醇价格。

我国甲醇进口量在2009—2011年猛增至500万吨以上，主要原因是国外甲醇低廉的价格。进口甲醇主要来自中东地区，该地区拥有丰富的天然气资源，近年来致力于向下游延伸石化产业链，不断投资建设大型石化生产装置。据不完全统计，2007—2009年伊朗、沙特阿拉伯、俄罗斯等国家投产的甲醇产能就超过900万吨/年。加之中东地区的甲醇消费量很少，大部分以外销为主，中国是他们主要的目标市场。据报道，国外生产1吨甲醇大约用1000立方米天然气，按当地天然气价格，甲醇完全生产成本只有1100~1200元/吨。相比之下，我国甲醇生产的主要原料是煤炭，其次是天然气和焦炉气，煤制甲醇占总产能的60%以上。按每吨甲醇需用煤1.4~1.6吨计算，根据目前市场的煤炭价格以及其他加工成本，国内煤制甲醇的完全生产成本大于2200元/吨。大量低价甲醇涌入中国市场，加剧了国内甲醇市场的供求矛盾，拖累国内甲醇价格难以随成本增加而上扬。

(11) 天气因素

天气因素对甲醇价格的影响主要来自两个方面：一方面，由于天气因素导致甲醇下游产品主要是甲醛的生产变化，从而引发甲醇的价格变化。例如，我国南方地区6—8月，潮湿炎热的天气使得板材生产企业开工率降低，进入传统的淡季，甲醛生产企业由于下游板材需求下降，也纷纷减少生产，带动甲醇的需求进入淡季。另一方面，恶劣的天气或天灾等不可抗力常常干扰正常的交通运输，导致甲醇供求失衡，引发价格变化。

例如，2006年7月，受强热带风暴"碧利斯"的影响，华南地区甲醇货源紧张，进口货贸易商惜售心态强烈，不断抬高报价，当地行情也随之上涨，从月初的2600元/吨逐级攀升至2750元/吨。

再如，2009年11月上旬中国北方地区普降大雪，河北、山西、河南的降雪程度为六十年一遇，局部地区甚至为百年一遇。暴风雪影响了陕西、山西、河北、山东等地的物流运输，干扰了诸多行业的正常生产。公路、铁路运输受阻或中断，造成资源紧缺、原料紧张、运输困难，山东、河北等地区甲醇供应紧张，加之当地企业减产/检修，更加剧了甲醇供应紧张局面，企业大幅上调出厂价格，创下自2008年10月以来的新高。华东、华南地区价格涨至2800~2850元/吨，华北地区价格涨至2300~2800元/吨，华中地区价格涨至2600~2800元/吨，西南、西北等地区价格上涨300~400元/吨不等。

(12) 库存因素

甲醇的仓储需要依托专业的液体化工仓库进行，在当前我国甲醇生产与消费区域不平衡，并受相关运输条件影响较大的背景下，甲醇在不同地区不同时段的价格与当地库存水平存在较明显的负相关性，表现为库存水平较高，价格走低；库存水平较低，价格走高。

### 4.2.46.4 历史价格回顾

(1) 成立以来至2023年底K线图

甲醇于2011年10月上市，历史最高价4,235元（2021年10月12日），历史最低价1,531元（2020年4月2日）。

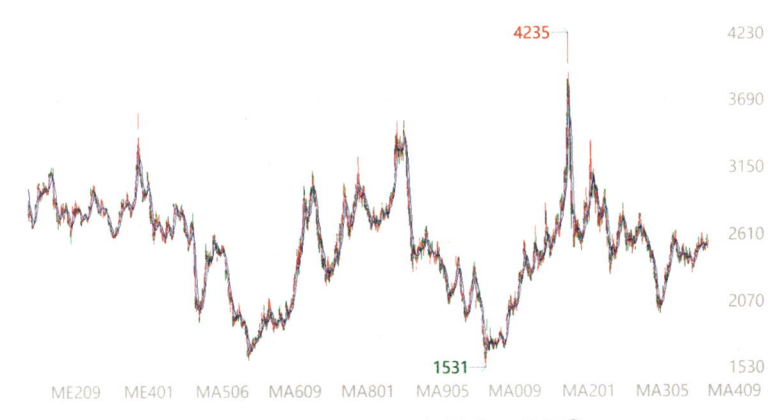

图 4-95  2011—2023 年甲醇 K 线图①

(2) 2023 年甲醇 K 线图

2023 年最高价 2,818 元（2023 年 1 月 30 日），最低价 1,953元（2023 年 5 月 26 日）。

图 4-96  2023 年甲醇 K 线图②

---

① 图来自 WIND 数据库，MA.CZC 日 K 线图（不复权），仅作示例，最高值与最低值或与当月合约存在差异。
② 图来自 WIND 数据库，MA.CZC 日 K 线图（不复权），仅作示例，最高值与最低值或与当月合约存在差异。

### 4.2.47 纯碱

#### 4.2.47.1 交割单基本信息

表 4-50 纯碱交割单基本信息

| 交易品种 | 纯碱 | 最后交易日 | 合约交割月份的第 10 个交易日 |
|---|---|---|---|
| 合约规模 | 20 吨/手 | 交割日期 | 合约交割月份的第 13 个交易日 |
| 报价单位 | 元人民币/吨 | 交割地点 | 交易所指定交割地点 |
| 最小变动价位 | 1 元人民币/吨 | 最初交易保证金 | 最低交易保证金：合约价值的 5% |
| 涨跌停板限幅 | 上一交易日结算价 ±4% 及《郑州商品交易所期货交易风险控制管理办法》相关规定 | 交割方式 | 实物交割 |
| 合约交割月份 | 1，2，3，4，5，6，7，8，9，10，11，12 | 交易代码 | SA.CZC |
| 交易时间 | 每周一至周五，9：00—11：30 和 13：30—15：00，下午 21：00—23：00（夜盘）（北京时间法定节假日除外） | 上市交易所 | CZCE |

#### 4.2.47.2 品种概述

（1）纯碱概述

纯碱（Soda Ash），又名苏打、碱灰、碱面或洗涤碱，成分为碳酸钠，分子式为 $Na_2CO_3$，分子量 105.99。纯碱是重要的基础化工原料和"三酸两碱"中的两碱之一，广泛地应用于建材、石油化工、冶金、食品、纺织、国防、医药等国民经济诸多领域，在国民经济中占有十分重要的地位。

碳酸钠易溶于水和甘油，微溶于无水乙醇，难溶于丙醇。20℃时每100克水能溶解20克碳酸钠，35.4℃时溶解度最大，每100克水中可溶解49.7克碳酸钠。

（2）纯碱分类

根据密度的不同，纯碱主要分为轻质纯碱（轻碱）和重质纯碱（重碱），根据用途的不同，纯碱可分为工业纯碱和食用纯碱。根据氯化物含量的不同，纯碱可分为普通碱、低盐碱、超低盐碱、特殊低盐碱。依照国标标准，普通碱氯化钠的质量分数≤1.20%；低盐碱氯化钠的质量分数≤0.90%；超低盐碱氯化钠的质量分数≤0.70%；特殊低盐碱氯化钠的质量分数≤0.30%。

（3）纯碱的用途

纯碱工业的主要产品是轻碱和重碱，以及联碱法中的副产品氯化铵。重碱由轻碱加工转化而来，轻碱主要用于日用玻璃行业、洗涤剂和食品行业等；重碱主要用于生产平板玻璃；氯化铵可用于电池制造、电镀、印染等。

### 4.2.47.3 价格影响因素

（1）上游原盐行业价格变动

原盐是基础化学产品盐酸、烧碱、纯碱、氯化铵和氯气等的主要生产原料，其中纯碱和烧碱两个行业消耗的原盐占总产量的90%以上。

（2）上游石灰石行业价格变动

石灰石是石灰岩作为矿物原料的商品名称，主要成分为碳酸钙，石灰岩以其在自然界中分布广、易于获取的特点而被广泛应用。石灰石是制造水泥、石灰、电石的主要原料，是氨碱法生产纯碱的重要原料之一。优质石灰石经超细粉磨后，被广泛应用于造纸、橡胶、油漆、涂料、医药、化妆品、饲料、密封、黏结、抛光等产品的制造中。

### (3) 合成氨行业价格变动

合成氨由氮和氢在催化剂下高温高压合成制得，主要用于制造氮肥和复合肥料。全球合成氨年产量在1亿吨以上，其中八成合成氨用于生产化学肥料，另外两成用作其他化工产品原料。目前我国已经成为世界上最大的合成氨生产国，产量占到世界总产量的1/3。

### (4) 下游消费

4%的纯碱应用于食品行业，属于食用纯碱；其余96%的纯碱应用于工业生产的原材料或辅助剂，属于工业用纯碱。纯碱的下游行业中，平板玻璃行业是重碱最主要的消费者，日用玻璃、洗涤剂、氧化铝等行业则主要消费轻碱。平板玻璃一般用于建筑物的门窗幕墙和内部装饰。平板玻璃行业选择重碱作为生产原料，一方面是因为重碱粒度与硅砂粒度较为匹配，配料时有利于混合均匀；另一方面是因为重碱粒度较大，重量较重，在投料环节不易被窑内的热气流吹散到窑壁，能够减少对窑炉的侵蚀。重碱成本占浮法玻璃生产成本的25%以上。

#### 4.2.47.4 历史价格回顾

### (1) 成立以来至2023年底K线图

纯碱于2009年12月上市，历史最高价3,648元（2021年10月12日），历史最低价1,288元（2020年7月21日）。

图 4-97　2009—2023 年纯碱 K 线图①

(2) 2023 年纯碱 K 线图

2023 年最高价 3,069 元（2023 年 1 月 30 日），最低价 1,508 元（2023 年 8 月 8 日）。

图 4-98　2023 年纯碱 K 线图②

---

① 图来自 WIND 数据库，SA.CZC 日 K 线图（不复权），仅作示例，最高值与最低值或与当月合约存在差异。
② 图来自 WIND 数据库，SA.CZC 日 K 线图（不复权），仅作示例，最高值与最低值或与当月合约存在差异。

### 4.2.48 尿素

#### 4.2.48.1 交割单基本信息

表 4-51 尿素交割单基本信息

| 交易品种 | 尿素 | 最后交易日 | 合约交割月份的第10个交易日 |
|---|---|---|---|
| 合约规模 | 20吨/手 | 交割日期 | 合约交割月份的第13个交易日 |
| 报价单位 | 元人民币/吨 | 交割地点 | 交易所指定交割仓库 |
| 最小变动价位 | 1元人民币/吨 | 最初交易保证金 | 最低交易保证金：合约价值的5% |
| 涨跌停板限幅 | 上一交易日结算价±4% | 交割方式 | 实物交割 |
| 合约交割月份 | 1，2，3，4，5，6，7，8，9，10，11，12 | 交易代码 | UR. CZC |
| 交易时间 | 上午9：00—11：30 下午1：30—3：00 及交易所规定的其他交易时间 | 上市交易所 | CZCE |

#### 4.2.48.2 品种概述

（1）尿素的生产与特性

尿素，又称脲、碳酰胺或者碳酰二胺，由铵和二氧化碳在高压下合成，是最常用的脱水氮肥产品，特指含氮量46%的氮肥（另外还有两个非标产品就是硫酸铵【含氮20%】和碳酸氢铵【含氮17%】），占到氮肥产量的70%，而氮肥占到整个化肥的72%，由此可见尿素能占到整个化肥的50%左右，是化肥市场最具代表性的产品。

尿素溶于水、甲醇、甲醛、乙醇、液氨和醇，微溶于乙醚、氯仿、苯，具有弱碱性，可与酸反应生成盐，其在酸、碱、酶作用下（酸、碱需加热）能水解成二氧化碳和氨。

（2）**尿素的分类**

从粒度来看，尿素可分为大、中、小颗粒三类，根据国家标准（GB/T2440—2017），小颗粒尿素粒径范围为 0.85~2.80mm，中颗粒尿素粒径范围为 1.18~3.35mm，大颗粒尿素粒径范围为 2.00~4.75mm，我国目前主要以中小颗粒尿素使用为主，占比约 80%。

从尿素原料来源看，尿素可分为煤头尿素和气头尿素。煤头尿素是指其生产原料为煤炭，我国所产尿素主要是煤头尿素，产能约占全国尿素总产能的 74%，是全球唯一以煤头尿素为主的国家；气头尿素指其生产原料为天然气，产能约占全国尿素总产能的 22%。

（3）**尿素的用途**

尿素用途主要分为工业和农业。工业方面尿素主要用于生产脲醛树脂、三聚氰胺、三聚氰酸等，此外还可作为饲料添加剂，在医药和化妆品领域也有应用；农业方面尿素主要用于生产复合肥料，或者直接作为化肥施用。我国尿素主要以农业用途为主。

### 4.2.48.3 价格影响因素

（1）**原材料价格**

我国尿素生产主要以煤炭和天然气作为原材料，其中以煤炭为原材料的煤头尿素产量占比超过 70%，煤头尿素的生产成本主要由原料煤、燃料煤以及用电成本组成，三者总和占尿素生产成本的 70% 左右。电价通常保持相对固定，因此尿素的成本主要受到煤炭价格的影响。

（2）**农业需求季节周期性**

我国尿素需求主要以农业消费为主，农业市场拥有较强的季节周期性，而尿素生产全年进行，其对农业市场尿素需求周期性波动的调整能力较差，因此尿素价格在农业用肥旺季上涨，淡季下跌。整体来看，我国尿素农业需求旺季集中在 3 月至 10 月，此阶段内，北方小麦追肥启动于 3 月初，随后南方局部水稻追肥，东北地区 5 月开始水稻追肥，6 月、7 月北方多数地区玉米追肥，南方水稻追肥，9 月、10 月北方局部地区小麦底肥用肥。

（3）相关产品价格

甲醇、合成氨以及尿素在生产过程中，彼此产量互相倾斜较为容易，因此当甲醇、合成氨的利润较大时，尿素生产厂商可以减少尿素的生产，转而生产甲醇或者直接出售合成氨，降低尿素的供给量，推涨尿素价格。

（4）国家政策

尿素行业国家相关政策包括运输优惠政策、电价优惠政策、天然气优惠政策、出口关税政策等，其中运输优惠政策、电价优惠政策以及天然气优惠政策将对尿素生产成本产生影响，进而影响尿素价格。过去化肥行业的铁路运输费用、用电价格以及天然气价格方面长期低于市场价格，而随着国内市场化改革的进行，上述优势已经不复存在，整个化肥行业的生产成本出现一定程度的上涨，受其影响尿素价格也有一定程度的上涨。

### 4.2.48.4　历史价格回顾

（1）成立以来至 2023 年底 K 线图

尿素于 2019 年 8 月上市，历史最高价 3,357 元（2021 年 10 月 12 日），历史最低价 1,492 元（2020 年 6 月 24 日）。

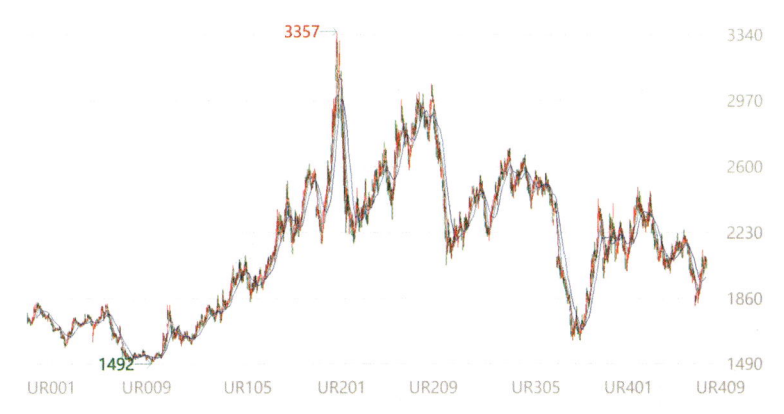

图 4-99　2019—2023 年尿素 K 线图①

(2) 2023 年尿素 K 线图

2023 年最高价 2,668 元（2023 年 1 月 30 日），最低价 1,620元（2023 年 5 月 26 日）。

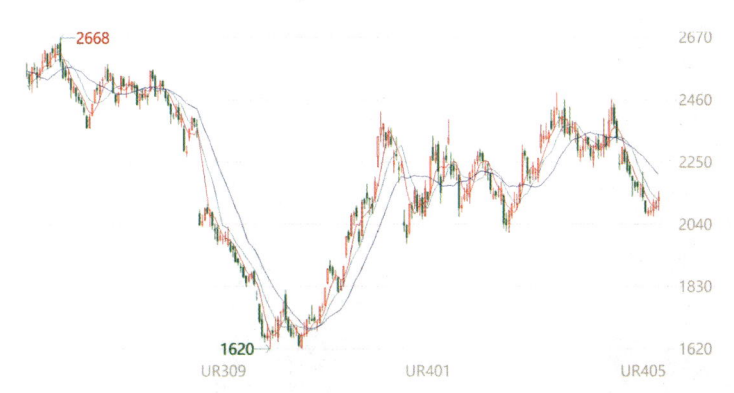

图 4-100　2023 年尿素 K 线图②

---

① 图来自 WIND 数据库，UR.CZC 日 K 线图（不复权），仅作示例，最高值与最低值或与当月合约存在差异。
② 图来自 WIND 数据库，UR.CZC 日 K 线图（不复权），仅作示例，最高值与最低值或与当月合约存在差异。

### 4.2.49 对二甲苯

#### 4.2.49.1 交割单基本信息

表4-52 对二甲苯交割单基本信息

| 交易品种 | 对二甲苯 | 最后交易日 | 合约交割月份的第10个交易日 |
|---|---|---|---|
| 合约规模 | 5吨/手 | 交割日期 | 合约交割月份的第13个交易日 |
| 报价单位 | 元人民币/吨 | 交割地点 | 交易所指定交割地点 |
| 最小变动价位 | 2元人民币/吨 | 最初交易保证金 | 最低交易保证金：合约价值的5% |
| 涨跌停板限幅 | 上一交易日结算价±4%及《郑州商品交易所期货交易风险控制管理办法》相关规定 | 交割方式 | 实物交割 |
| 合约交割月份 | 1，2，3，4，5，6，7，8，9，10，11，12 | 交易代码 | PX．CZC |
| 交易时间 | 每周一至周五，9：00—11：30和13：30—15：00，下午21：00—23：00（夜盘）（北京时间法定节假日除外） | 上市交易所 | CZCE |

#### 4.2.49.2 品种概述

（1）PX的自然属性及应用

对二甲苯，简称PX，化学分子式为$C_8H_{10}$，是重要的芳烃化合物之一。常温下是具有芳香味的无色透明液体，不溶于水，但可混溶于乙醇、乙醚、氯仿等多数有机溶剂。PX属于危化品，易燃，储存时应远离火种及热源，需要保温，防止泄漏。常见的运输方式主要有水运、陆运及管道运输。国内98%以上的对二甲苯用于生产精对苯二甲酸（PTA），剩余2%用于生产DMT、涂料及医药等，而95%以上的PTA用于生产PET聚酯。

（2）PX的生产工艺流程

PX属于轻质芳烃，生产工艺主要有原油制（炼化一体化）、石脑油制（芳烃联合装置）及二甲苯MX异构化制。据卓创统计，目前国内94%的装置采用长流程的原油及石脑油制备工艺，6%的装置采用短流程的二甲苯异构化工艺。

### 4.2.49.3 价格影响因素

（1）宏观经济

宏观经济主要通过市场需求来影响大宗商品的价格。在上行周期中，宏观经济稳定持续发展，企业盈利环境良好，居民消费能力不断提升，社会总需求快速增长，进而拉动大宗商品消费增长，这将对商品价格形成向上的驱动。在下行周期中，宏观经济下滑甚至出现衰退，企业盈利环境恶化，居民消费能力下降，社会总需求随之下滑，大宗商品消费萎缩，进而对商品价格形成向下的驱动。

（2）供需关系

PX供应主要关注新增产能及开工负荷变化。产能方面，近几年国内PX新装置集中投产，产量亦跟随大幅增长，并迅速挤压进口市场，进口依存度已经从2018年的60.8%快速下降至2022年的30.8%。开工方面，一般二季度是PX行业的年度检修周期，装置集中停车导致负荷明显下滑，市场供应出现阶段性收紧现象，进而对价格形成利多驱动。

PX需求主要来自聚酯产业链及调油需求波动。首先，下游PTA-聚酯开工变动，直接影响PX的需求，进而影响PX价格。其次，当成品油需求旺盛、利润更高时，PX上游原料甲苯及二甲苯将更多用作调油需求，PX的产量势必出现下降，供应收紧导致价格走高,这种现象在近两年市场较为明显。

(3) 成本

原油作为石化产业的源头,油价的波动会直接影响 PX 的市场价格。长期来看,布伦特原油与亚洲 PX 历史价格走势基本趋同,两者在 2020—2022 年年度相关系数分别为 0.90、0.83、0.92,统计学上属于高度正相关。当然,部分时间段两者价格走势会出现一些偏离。

### 4.2.49.4 历史价格回顾

(1) 成立以来至 2023 年底 K 线图

对二甲苯于 2023 年 9 月上市,历史最高价 10,050 元(2023 年 9 月 15 日),2023 年最低价 8,092 元(2023 年 12 月 14 日)。

图 4-101 2023 年对二甲苯 K 线图[①]

(2) 2023 年对二甲苯 K 线图

对二甲苯于 2023 年成立,图同上。

---

① 图来自 WIND 数据库,PX.CZC 日 K 线图(不复权),仅作示例,最高值与最低值或与当月合约存在差异。

4.2.50 烧碱

4.2.50.1 交割单基本信息

表 4-53 烧碱交割单基本信息

| 交易品种 | 烧碱 | 最后交易日 | 合约交割月份的第 10 个交易日 |
|---|---|---|---|
| 合约规模 | 30 吨/手 | 交割日期 | 合约交割月份的第 13 个交易日 |
| 报价单位 | 元人民币/吨 | 交割地点 | 交易所指定交割地点 |
| 最小变动价位 | 1 元人民币/吨 | 最初交易保证金 | 最低交易保证金：合约价值的 5% |
| 涨跌停板限幅 | 上一交易日结算价 ±4% 及《郑州商品交易所期货交易风险控制管理办法》相关规定 | 交割方式 | 实物交割 |
| 合约交割月份 | 1、2、3、4、5、6、7、8、9、10、11、12 | 交易代码 | SH.CZC |
| 交易时间 | 每周一至周五，9：00—11：30 和 13：30—15：00，下午 21：00—23：00（夜盘）（北京时间法定节假日除外） | 上市交易所 | CZCE |

4.2.50.2 品种概述

（1）烧碱的自然属性及应用

烧碱，化学式为 NaOH，学名氢氧化钠，俗称苛性钠，火碱，是国民经济基础性化工原材料，与纯碱同为"三酸两碱"中的两碱之一。它是一种具有强腐蚀性的强碱，可作酸中和剂、配合掩蔽剂、沉淀剂、沉淀掩蔽剂、显色剂、皂化剂、去皮剂、洗涤剂等，用途非常广泛。一般为白色片状或颗粒，能与水混溶生成碱性溶液，也能溶解于甲醇及乙醇。此碱性物具有潮解性，会吸收空气里的水蒸气，也会吸取二氧化碳等酸性气体。因此其应储存于阴凉、干燥、通风良好的库房。

(2) 烧碱的生产工艺流程

烧碱有两种生产工艺，苛化法和电解法。由于苛化法生产效率不高，且污染严重，目前已基本被淘汰。电解法分为隔膜法、水银法和离子交换膜法。水银法污染大，隔膜法能耗较大并且产品质量低，均基本被淘汰，离子交换膜法技术是目前国内烧碱的主流生产方法，相关产能占中国烧碱总产能的99%以上。

通过电解法生产直接得到的是液碱，根据NaOH含量不同可以分为30%液碱、32%液碱、45%液碱、50%液碱等，其中国内液碱市场以32%液碱和50%液碱最为常见。为了方便运输，部分企业会将液碱继续蒸发得到固碱。固碱根据形态可以分为片碱、粒碱等，根据NaOH含量不同可以分为73%固碱、96%固碱、99%固碱等，其中国内固碱市场以99%片碱为主。对下游来说，固碱和液碱在使用上没有区别，固碱进入化碱池液化后即可成为液碱。

烧碱的上游是电力和原盐，生产1吨烧碱需要2300~2400度电和1.4~1.6吨原盐，其分别占到烧碱生产成本的60%和20%。需求方面，烧碱作为重要的基础性原料，下游应用十分广泛，主要包括氧化铝、化工、造纸、印染等行业，其中氧化铝为烧碱最主要的下游，占烧碱下游需求的32%。此外，电解法生产1吨烧碱的同时会生产0.886吨氯气。由于氯是高危化学品，不适合长途运输，氯碱厂通常会配套生产耗氯产品。PVC（聚氯乙烯）是国内耗氯最大的产品，因此烧碱和PVC在产业链上也存在一定的联系。

### 4.2.50.3 价格影响因素

(1) 政策因素

政策直接影响烧碱产能的扩张速度、烧碱企业的生产成本以及行业集中度,进而对烧碱价格产生影响。2022年国家发展改革委公布了《高耗能行业重点领域节能降碳改造升级实施指南》,文件要求在2020年底我国烧碱行业能效优于标杆水平的产能约占15%,能效低于基准水平的产能约占25%的背景下,截至2025年烧碱行业能效标杆水平以上产能比例需达到40%,能效基准水平以下产能需基本清零。未来在我国积极稳妥推进"碳达峰""碳中和"的过程中,烧碱行业供给扩张将继续受到严格的政策管控,产能增速维持低位,同时能耗管控力度的加大预计将提升烧碱的制备成本,加速落后产能的淘汰,进一步提升烧碱行业集中度。

(2) 供需情况

供需关系直接影响着商品的市场定价。供给端,近年来我国烧碱产量呈现稳中小幅增长的态势。需求端,氧化铝行业为近年推动我国烧碱需求的主要因素,造纸、印染、化工等行业对烧碱需求的拉动则较为有限。长期看,烧碱是基础化工原材料,被广泛应用于金属冶炼、化学工业、纸浆生产和造纸、印染和化纤、肥皂和洗涤剂、环保等国民经济重要领域,其需求总量与国民经济关联度较高。

(3) 生产成本

生产成本是定价的最低经济界限。当生产成本上升时,厂商需要提高售价来保持利润水平。烧碱的生产成本主要来自原盐和电力。原材料方面,我国原盐价格整体波动率较低,近两年受供给收缩、两碱行业产能稳步提升的影响,原盐价格明显上涨,目前已回落至历史较低位。能源方面,多数氯碱企业都自建电厂以降低成本。目前氯碱企业自备的电厂主要使用火力发电,所以煤炭价格对其电力成本产生较大的影响,进而影响烧碱的生产成本。

### (4) 氯碱平衡

由于烧碱和氯气的需求结构不匹配，如何平衡氯碱是长期以来困扰烧碱企业的问题。对于烧碱企业而言，影响其开工率的并非单一烧碱业务的利润，而是氯碱的综合利润，含氯产品市场价格的波动将直接影响烧碱企业开工负荷率以及烧碱价格的变化。长周期来看，氯碱企业的经营是在"以碱补氯"和"以氯补碱"中寻找动态平衡。过去的五年中，液氯以及以PVC为主的氯产品市场低迷，过剩的氯气无法消化，不时出现烧碱企业倒贴出售液氯的情况。当氯碱失衡严重，烧碱端的利润无法填补液氯及相关产品的亏损时，烧碱企业的开工负荷率将被迫降低，从而推动烧碱价格上行。

### (5) 轻碱价格

替代品是指两种商品在满足同一类型需求时具有相同或相近的功效。一种产品价格的上涨，将提高下游行业对其替代产品的需求，从而使得替代产品价格跟随上涨。对于氧化铝、水玻璃、味精等下游行业，轻碱和液碱互为替代品，行业内一般用$1.325\times$轻碱$-32\%$液碱的折百价衡量两者价差。当轻碱价格$\times 1.325$远超液碱折百价，下游企业将选择烧碱替代轻碱以降低生产成本。

### (6) 物流因素

烧碱危险化学品的性质以及从北向南、从西向东的贸易流向决定了物流成本也是影响烧碱价格的因素之一。安全环保督察力度升级将增加烧碱的运输成本，推动烧碱价格上涨。天气因素也可能使得烧碱的运输受阻，导致部分地区烧碱货源的短缺，推动局部地区烧碱价格的上涨。

#### 4.2.50.4 历史价格回顾

### (1) 成立以来至2023年底K线图

烧碱于2023年9月上市，历史最高价3,148元（2023年9月20日），历史最低价2,504元（2023年10月20日）。

图 4-102　2023 年烧碱 K 线图①

(2) 2023 年烧碱 K 线图

烧碱于 2023 年成立，K 线图同上。

### 4.2.51　玻璃

#### 4.2.51.1　交割单基本信息

表 4-54　平板玻璃交割单基本信息

| 交易品种 | 平板玻璃 | 最后交易日 | 合约交割月份的第 10 个交易日 |
|---|---|---|---|
| 合约规模 | 20 吨/手 | 交割日期 | 合约交割月份的第 13 个交易日 |
| 报价单位 | 元人民币/吨 | 交割地点 | 交易所指定交割地点 |

---

① 图来自 WIND 数据库，SH.CZC 日 K 线图（不复权），仅作示例，最高值与最低值或与当月合约存在差异。

续表

| | | | |
|---|---|---|---|
| 最小变动价位 | 1元人民币/吨 | 最初交易保证金 | 最低交易保证金：合约价值的5% |
| 涨跌停板限幅 | 上一交易日结算价±4%及《郑州商品交易所期货交易风险控制管理办法》相关规定 | 交割方式 | 实物交割 |
| 合约交割月份 | 1，2，3，4，5，6，7，8，9，10，11，12 | 交易代码 | C. CZC |
| 交易时间 | 上午9：00—11：30，下午13：30—15：00，下午21：00—23：00（夜盘） | 上市交易所 | CZCE |

### 4.2.51.2　品种概述

（1）玻璃的自然属性

玻璃，英文名称 Glass，在中国古代也称琉璃，日语汉字以硝子代表。是一种较为透明的固体物质，在熔融时形成连续网络结构，冷却过程中黏度逐渐增大并硬化而不结晶的硅酸盐类非金属材料。普通玻璃化学氧化物的组成为 $Na_2O \cdot CaO \cdot 6SiO_2$，主要成分是二氧化硅。

玻璃在日常环境中呈化学惰性，也不会与生物起作用，因此用途非常广泛。玻璃一般不溶于酸（例外，氢氟酸与玻璃反应生成 $SiF_4$，从而导致玻璃的腐蚀），但溶于强碱，例如氢氧化铯。制造工艺是将各种配比好的原料经过融化，迅速冷却，各分子因为没有足够时间形成晶体而形成玻璃。玻璃在常温下是固体，它是一种易碎的东西，摩氏硬度6.5。

（2）玻璃的用途

在人们的日常生活中，玻璃及其制品无处不在。最为广泛的应用是在建筑和装饰领域（门窗、幕墙、隔断、镜片等装饰）、汽车制造领域、新能源领域（太阳能制品）、家电及电子产品制造、日常生活（各种瓶罐盘）等等。

建筑和装饰领域是玻璃的最大下游行业，目前70%左右的浮法玻璃应用于此行业。汽车及新能源领域的玻璃应用也在逐渐扩大。

①建筑用玻璃。伴随着中国的城镇化进程，无论是城市还是乡镇的市容市貌日新月异，人们的居住条件和生活环境都发生了翻天覆地的变化。截至2009年，中国城镇人口6.22亿，城镇化率为46.6%。"十二五"期间城镇化率年均提高0.8~1.0个百分点，到2015年达到52%，到2030年达到65%。城镇化带来城市人口的增加，拉动城镇住宅的需求增加。有关机构预测，城镇化率提高1个百分点，将新增城镇住宅需求量近5亿平方米。2011年9月14日，国务院总理温家宝在夏季达沃斯论坛上表示，"十二五"期间，全国城镇保障性住房覆盖面将达到20%，把扩大消费与推进城镇化、保障改善民生有机结合起来，力争使城镇化率再提高4个百分点。从长远看，我国的城镇化发展还有很大的空间。

随着人们对建筑要求的提高，公共建筑及民用建筑的玻璃使用量日益增多。从一次性使用的玻璃幕墙、门窗、阳台，到二次性使用的浴室、橱柜、灯具等装修，大大增加了玻璃使用量和使用品种。更重要的是，国家节能环保政策的出台，对玻璃产品的品种和质量也提出了新的要求。

在建筑领域内，房屋竣工面积与平板玻璃产量之间存在一定的正相关性，二者的增长幅度基本一致。在研究平板玻璃的发展趋势时，我们也主要是依据下游行业，主要是房地产行业的增长情况，尤其在新开工面积、竣工面积以及投资增长等指标中，竣工面积的增长幅度与平板玻璃的增长幅度相关联。

②汽车玻璃。汽车玻璃主要用于新型汽车制造市场和汽车维

修市场,作为汽车一个重要的组成部分,占据了汽车行业 3% 的总成本。随着近年中国汽车工业的高速发展,中国汽车玻璃行业的市场需求量以 19% 左右的平均速度增长。

2009 年,中国汽车玻璃市场规模约为 7270 万平方米。2010 年受到国内汽车增长以及出口增加的影响,汽车玻璃产量较为迅速,约为 8500 万平方米,同比增长 16.92%。特别是福耀玻璃和信义玻璃的增长势头迅猛。我国汽车行业的区域集中度非常高,主要生产企业集中于沿海和发达省市,中西部地区的市场份额非常小。综合生产能力前十家企业所占行业比重达到 85.3%。2009 年,从区域集中度来看,华东、华南和华北地区是我国汽车玻璃行业的重要市场,其中华东地区产量在全国市场中占据 28.5% 的比重。

③太阳能玻璃。太阳能玻璃主要是指用于太阳能光伏发电和太阳能光热组件的封装或盖板玻璃。其中,太阳能光伏发电组件用太阳能玻璃又分为晶体硅太阳能电池组件用和薄膜太阳能电池组件用两大类。前者主要是使用太阳能超白压花玻璃,后者主要是使用超白浮法玻璃。

据初步统计,2011 年我国太阳能玻璃生产线达到 50 条,年有效产能约 15000 万平方米。国家能源局能源节约与科技装备司研究表明,中国"十一五"期间单位 GDP 能耗的约束性目标为下降 20%,"十二五"期间单位 GDP 能耗将下降 17.3%,"十三五"期间将下降 16.6%。这给今后光伏玻璃大规模使用奠定了坚实的基础。

④LOW-E 玻璃。LOW-E 玻璃又称低辐射镀膜玻璃,就世界范围而言,LOW-E 玻璃的生产和应用正处于高速增长时期。从国家住房和城乡建设部的要求来看,今后绿色节能建筑成为国内建筑的主流,住建部将推行节能标志认证及相应的税收优惠政策来推广节能建筑。因此,新建建筑和原有存量建筑是否节能,不仅关系到能否缓解我国能源供求的紧张状况,而且还关系到"十二

五"节能降耗目标的实现。作为三大用能领域的建筑业，节能形势十分严峻，节能降耗刻不容缓。

据市场分析预测，到 2015 年，LOW-E 玻璃国际市场需求量将突破 10 亿平方米，今后十年，全世界 LOW-E 玻璃市场需求量将以平均每年 18% 的速度增长。

表 4-55 平板玻璃产业链表

| 玻璃上游行业 | 玻璃生产 | 玻璃下游行业 |
| --- | --- | --- |
| 重油等燃料 | 浮法玻璃 | 建筑装饰 |
| 纯碱 | 太阳能玻璃 | 新能源 |
| 石英砂 | 超白玻璃 | 汽车行业 |
| 石灰石 | LOW-E 玻璃 | 家电行业 |
| 石云石芒硝 |  | 电子行业 |

### 4.2.51.3 价格影响因素

（1）成本因素

从玻璃成本的组成来看，主要有燃料、纯碱、硅砂等，上述三种材料的成本占总成本的七成左右，其他原材料以及人工费用并不是生产成本的主要影响因素。

根据中国建材信息总网的统计，2002—2010 年，全国重点联系企业的玻璃生产成本（不含税）一直在缓慢上升，从最初的 30 元/质量箱，到 2008 年达到最高值，接近 70 元/质量箱（当时国际原油价格最高为每桶 147 美元），之后有一个快速下降的过程，自 2009 年之后又开始了新一轮的上涨过程。

随着国际油价的上涨，重油价格居高不下，尤其是 2011 年上半年，我国原油对外依存度已经超过了美国，达到 55.2%，再创新高。目前石油消费超过了 GDP 增速，能源消费增速过快，对能源生产和节能减排都带来巨大压力。据国家工信部预计，2011 年全年国内原油表观消费量为 4.68 亿吨左右，同比增长 6.5%，成品油表观消费量约为 2.67 亿吨，增长 8.8%。

燃料价格的高涨严重地影响了玻璃成本的控制，天然气、焦炉气、石油焦等替代能源在玻璃行业开始大量应用。不过，燃料在玻璃成本中所占份额依然没有下降的趋势。纯碱的价格也是玻璃成本中的重要组成部分，一直维持在高位。

以 2010 年旗滨玻璃集团的浮法玻璃成本为例，纯碱和重油占生产成本的平均比例分别为 25.37%、29.88%。

（2）定价模式

由于玻璃产品的流通大部分在一定市场区域内，因此该区域内的玻璃生产企业基本上都是以区域内的主要竞争对手的产品价格以及其他等综合因素来确定本身的产品价格。在各个区域内的玻璃价格之间也存在一定的影响关系，并非独立运作的。

在玻璃企业日常的销售过程中，产品的定价模式主要以"随行就市"定价法为主。玻璃产品的销售半径日益缩小，企业的定价主要参照市场需求以及周边同行业的产品价格水平。在具体业务方面，各企业的产品还存在一定的差别，因此各企业的产品还存在价差。通常情况有以下几种定价方式。

①价格补贴。通常情况下，玻璃企业会给代理商或者流通商一个价格折扣，通过价格折让的方式，让玻璃经营企业的利润维持在一定的水平。其优点是能够在稳定市场整个秩序的情况下，减少对整体市场的冲击。这样的市场操作比较隐蔽，相对于其他透明的价格促销策略来讲，比较好地保护了厂家的营销策略。其弊端就是价格操作容易被经销商和中间用户利用，相对来讲经销商和中间用户更喜欢直接降价等促销措施。

②保值销售。玻璃企业的代理商，从企业拿货，无论多少价格、多少数量的玻璃产品，企业都将保证代理商一定的利润空间。此政策优点：一方面放大了玻璃企业的订单量，解决了当时市场看空引起的企业的大幅减产和库存积压问题。但是，由于代理商无需承担任何风险，所以行情略有恢复时订单会出现膨胀性增加，

企业无法在源头上控制产量，供需矛盾失衡严重；另一方面，保值销售政策在行情下跌的情况下，虽然玻璃企业频繁出台限价措施，但贸易商不可能全部都能自我约束，在利益的驱动下，玻璃产品价格不断地被推向更低。保值销售在解决了玻璃企业生产经营中短期的困难后，为后市不稳定发展更是埋下新的"地雷"。

③月末结算。根据市场价格变化，采用以每月内平均价格结算，前期先缴纳一定的保证金，在提货当月，市场平均价格作为结算价。优点是与市场联系更为紧密，结算价格能及时地体现市场价格，代理商可根据市场行情的变动情况和下游需求情况，及时调整订单。在行情波动频繁时期，该政策有助于玻璃企业和代理商共同承担风险。缺点是玻璃生产企业缺乏主导性，生产计划受短期市场行情波动明显，由于市场提货时间不同，结算时间也不尽相同，贸易商之间操作空间加大。

④实行到岸价政策。此类定价模式主要是由玻璃生产企业承担产品的运输费用，开票价格中还包含了产品的运输费用以及各项杂费。其优点是经销商和中间渠道可以很简便地计算出成本价格和到岸价格，有利于控制成本；其缺点是对于运输距离远的区域，玻璃生产企业所承担的运输费用较高。

⑤价格协调。国内玻璃企业在所属区域范围内，偶尔组织一些生产企业通过"市场形势研讨会"的形式进行交流。通过主要玻璃生产企业的沟通和交流，在一定程度上能够稳定玻璃价格下滑的趋势，共同维护行业健康的发展。只不过这种市场形势研讨会，对于参与者并没有法律依据和法律效力，通常情况下只能在市场好的时候做到"锦上添花"，无法在市场低迷的情况下实现"雪中送炭"的目的。

### 4.2.51.4 历史价格回顾

(1) 成立以来至 2023 年底 K 线图

玻璃于 2012 年 12 月上市，历史最高价 3,163 元（2021 年 7 月 19 日），历史最低价 803 元（2015 年 7 月 9 日）。

图 4-103　2012—2023 年玻璃 K 线图①

**（2）2023 年玻璃 K 线图**

2023 年最高价 2,025 元（2023 年 12 月 4 日），最低价 1,394元（2023 年 5 月 31 日）。

图 4-104　2023 年玻璃 K 线图②

---

① 图来自 WIND 数据库，FG.CZC 日 K 线图（不复权），仅作示例，最高值与最低值或与当月合约存在差异。
② 图来自 WIND 数据库，FG.CZC 日 K 线图（不复权），仅作示例，最高值与最低值或与当月合约存在差异。

### 4.2.52 硅铁

#### 4.2.52.1 交割单基本信息

表 4-56 硅铁交割单基本信息

| 交易品种 | 硅铁 | 最后交易日 | 合约交割月份的第 10 个交易日 |
|---|---|---|---|
| 合约规模 | 5 吨/手 | 交割日期 | 合约交割月份的第 13 个交易日 |
| 报价单位 | 元人民币/吨 | 交割地点 | 交易所指定交割地点 |
| 最小变动价位 | 2 元人民币/吨 | 最初交易保证金 | 最低交易保证金：合约价值的 5% |
| 涨跌停板限幅 | 上一交易日结算价 ±4% 及《郑州商品交易所期货交易风险控制管理办法》相关规定 | 交割方式 | 实物交割 |
| 合约交割月份 | 1、2、3、4、5、6、7、8、9、10、11、12 | 交易代码 | SF.CZC |
| 交易时间 | 上午 9：00—11：30，下午 13：30—15：00，以及交易所规定的其他时间 | 上市交易所 | CZCE |

#### 4.2.52.2 品种概述

（1）铁合金概述

铁合金是由一种或几种元素与铁元素形成的合金，按其所含主要元素分类，铁合金可分为硅系、锰系、铬系等不同系列。换言之，硅系、锰系和铬系合金中的主要元素分别是硅、锰和铬，其主流品种成分含量如下表所示。

表 4-57　铁合金主流品种成分含量表

|      | 硅（%） | 锰（%） | 铬（%） | 铁（%） | 碳（%） | 磷、硫（%） |
|------|--------|--------|--------|--------|--------|-----------|
| 硅铁 | 72—80  | <=0.5  | <=0.5  | 19—28  | <=0.2  | <=0.06    |
| 锰硅 | 17—20  | 65—72  |        | 7—16   | <=1.8  | <=0.3     |
| 铬铁 | <=3    |        | 60—70  | 17—27  | <=10   | <=0.1     |

**（2）铁合金的用途**

铁合金的用途主要是作为炼钢时的脱氧剂与合金剂，用以消除钢水中过量的氧及硫，改善钢的质量和性能。

一是用作脱氧剂。炼钢时用吹氧等方法使铁水脱碳及去除磷、硫等有害杂质，这一过程会增加钢液中的氧含量，氧含量过高会降低钢材的力学性能。添加一些与氧结合力比铁更强，并且其氧化物易于从钢液中以炉渣形式排出的元素，把钢液中的氧去掉，这个过程叫脱氧。硅、锰、铬系合金均有此用途。二是用作合金剂。不同合金元素具有不同的特性和用途。

硅能够显著地提高钢的弹性和导磁性，因而在冶炼结构钢、工具钢、弹簧钢和变压器用钢时，都要使用硅系合金；一般钢中含硅 0.15%~0.35%，结构钢中含硅 0.40%~1.75%，工具钢中含硅 0.30%~1.80%，弹簧钢中含硅 0.40%~2.80%，不锈耐酸钢中含硅 3.40%~4.00%，耐热钢中含硅 1.00%~3.00%，硅钢中含硅 2%~3%或更高。

锰能够降低钢的脆性，改善钢的热加工性能，提高钢的强度、硬度和抗磨损度。"无锰不成钢"，钢铁行业消耗的锰占其产量的比例超过 90%。锰是生产优质钢铁不可缺少的功能性基础原材料，在炼钢过程中能够脱磷、硫和氧等杂质，提高强度、硬度。

**4.2.52.3　价格影响因素**

**（1）上游矿产资源供应**

硅石成本低廉，约占硅铁成本 2%，对硅铁价格影响极小；锰矿约占锰硅成本的60%，对锰硅价格影响较大。自2003年起，国内钢铁业的快速发展促进了对锰合金的需求，导致我国锰矿进口猛增，近年，我国锰矿进口量约占总需求量的1/3，因此，国际锰矿价格波动对国内锰硅价格具有重要影响。

（2）下游钢铁行业需求

钢铁是铁合金的直接下游行业，其景气度直接影响着铁合金价格走势。

2004—2007年，我国粗钢产量一直保持年均20%以上的快速增长。2008年受金融危机影响，我国粗钢产量仅有2.3%的增长。2009年4月开始，随着宏观经济的回暖，国内粗钢产量开始回升，连续三年增量超过5%。2012年我国粗钢产量仅增长2%左右，远低于前几年的水平。下游的不景气也波及铁合金行业。2013年我国粗钢产量达到7.79亿吨，同比增长8.72%。

（3）电力价格波动

铁合金是高耗能（电力）行业，电力在其成本中占比较高。随着世界范围内能源的消耗和短缺，电力成本对铁合金行业的影响将越来越大。因此，铁合金价格会随着电力价格变化（主要是国家调控和丰枯水期等）而波动。

南方铁合金企业生产情况受所在地区水文状况影响较大。比如云南地区水的丰枯期较为明显，丰水期为6—10月份，枯水期为1—4月份和12月份。为了降低电力成本，并减少枯水期水、电供应紧张对铁合金企业生产的影响，铁合金企业一般都会在水、电供应较为充足、电价相对便宜的丰水期增加产量。

（4）运输成本

我国硅铁、锰硅主要集中在西北和西南地区，钢铁行业主要分布在华北和华东地区。产地和消费地的差异导致了铁合金的运输成本较高。西部一些省份的铁合金可以通过铁路运输，成本相对低一些；公路运输成本较高。以江苏为例，现在从宁夏地区运送硅铁至江苏地区，以汽运为主，1吨的运输成本在500元/吨左右。而内蒙地区的铁合金也主要通过汽运。另外,以水电为能源区域的铁合金生产企业季节特征明显,全年产量分布不均,也加剧了运输难度和成本。而北方一些铁合金企业,冬季寒冷的天气也会增加运输成本。

(5) 国家政策导向

为了加快推进铁合金行业的结构调整,2004年以来,国家出台了一系列铁合金行业的产业政策和调控措施。这些政策提高了对业内企业环境保护的要求,加大了新增产能的投资规模,使得铁合金行业产能在短期内不会大幅增加。国家支持符合产业政策,具有矿产资源、能源电力、交通运输优势的企业向大型化、规模化方向发展,提高产业集中度。另外,国家对铁合金上下游(比如矿产、电力、钢铁)行业的政策也会直接影响铁合金价格变化。

## 4.2.52.4 历史价格回顾

(1) 成立以来至2023年底K线图

硅铁于2014年8月上市,历史最高价17,950元(2021年10月12日),历史最低价3,366元(2015年12月4日)。

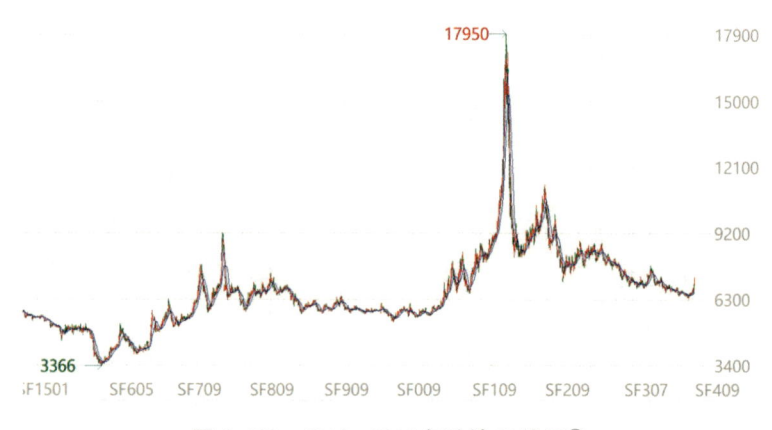

图 4-105  2014—2023 年硅铁 K 线图[1]

---

[1] 图来自 WIND 数据库,SF.CZC 日 K 线图(不复权),仅作示例,最高值与最低值或与当月合约存在差异。

### （2）2023年硅铁K线图

2023年最高价8,806元（2023年1月30日），最低价6,584元（2023年12月5日）。

图4-106  2023年硅铁K线图[①]

## 4.2.53 锰硅

### 4.2.53.1 交割单基本信息

表4-58  锰硅交割单基本信息

| 交易品种 | 锰硅 | 最后交易日 | 合约交割月份的第10个交易日 |
|---|---|---|---|
| 合约规模 | 5吨/手 | 交割日期 | 合约交割月份的第13个交易日 |
| 报价单位 | 元人民币/吨 | 交割地点 | 交易所指定交割地点 |

---

[①] 图来自WIND数据库，SF.CZC日K线图（不复权），仅作示例，最高值与最低值或与当月合约存在差异。

续表

| | | | |
|---|---|---|---|
| 最小变动价位 | 2元人民币/吨 | 最初交易保证金 | 最低交易保证金：合约价值的5% |
| 涨跌停板限幅 | 上一交易日结算价±4%及《郑州商品交易所期货交易风险控制管理办法》相关规定 | 交割方式 | 实物交割 |
| 合约交割月份 | 1，2，3，4，5，6，7，8，9，10，11，12 | 交易代码 | SM.CZC |
| 交易时间 | 上午 9：00—11：30，下午 13：30—15：00，以及交易所规定的其他时间 | 上市交易所 | CZCE |

#### 4.2.53.2　品种概述

锰硅原料主要是锰矿、焦炭、硅石等，每吨产品耗电量为4000度左右。其中，锰矿、焦炭在锰硅生产中主要用作还原剂。硅石则是锰硅合金硅原硅合金中锰元素（Mn）的主要来源，硅元素（Si）的主要来源。

我国锰矿储量丰富，但主要是贫矿，富矿占比较小，锰矿仍主要依赖进口。据自然资源部统计，截至2019年底我国已探明锰矿储量达19.2亿吨，主要分布在广西、湖南、贵州、云南、重庆等地。

近年来我国在贵州发现了4个世界级超大型锰矿床：普觉超大型锰矿床2.03亿吨，高地超大型锰矿1.61亿吨（其中富矿0.72亿吨），道坨超大型矿床1.42亿吨，桃子坪超大型矿床1.06亿吨，平均品位19%～25%。我国贵州铜仁已查明的锰矿石资源储量约7.08亿吨，居亚洲第一。但在我国锰矿整体已探明储量中仍是贫矿多，富矿少，平均品位在20%，远低于世界平均水平，且矿石多高磷高铁高硅，因此我国锰矿主要依赖进口。

### 4.2.53.3 价格影响因素

**（1）宏观经济走势**

锰硅作为重要的钢铁行业原料，宏观经济走势必然影响钢铁行业对于二者的需求，进而对铁合金价格产生影响。例如2018年四季度，随着贸易争端的逐步发酵，对未来宏观经济的悲观预期导致锰硅和硅铁价格在短期内就出现了较大幅度的下跌。而2021年铁合金价格的震荡上行，除了本身行业能耗双控的影响，更大的背景是在全球流动性充裕，国际大宗商品市场价格整体上移的背景下进行的。

**（2）钢铁行业利润**

锰硅绝大多数需求都来自下游钢铁行业，钢材的利润情况会直接影响钢厂开工情况，进而对铁合金价格产生影响。特别是钢铁企业每月招标采购是国内铁合金主要的定价模式，钢铁企业在铁合金市场上占据主导地位，铁合金行业产能过剩、企业数量较多，往往是被迫接受钢铁企业锁定的价格。

**（3）需求阶段性变动**

除了钢材利润的变化导致铁合金需求的系统性变动外，定价机制和生产季节性因素也会影响钢厂对锰硅的需求。在定价机制上，由于钢铁企业实行每月特定时间集中采购，导致在非采购时段需求下降，价格会受到短期波动的影响。而钢厂自身的生产季节性同样会导致需求的起伏，例如在传统春节期间钢厂一般会选择集中补库从而在短期内提高对铁合金的需求，而近年来采暖季对于钢厂的常态化限产也导致在冬季对原料需求有明显的下滑。

**（4）自身成本**

锰硅最主要的成本为锰矿成本，占比为50%~60%。我国锰矿开采量已经不能满足国内锰合金生产的需求，且国产锰矿品位较低，难以直接冶炼锰硅合金，因此需要从国外大量进口，近年来我国锰矿进口量整体呈上升趋势，主要进口国为南非、澳大利亚、加蓬、巴西、马来西亚、加纳等，这六个国家的总进口量占比超过了95%。其中自南非和澳大利亚、加蓬的进口量占进口总量的75%以上。其中澳矿、南非半碳酸矿、加蓬矿等为主流矿。

锰矿作为锰硅原料的最大成本，与锰硅价格保持着很高的相关性。以2017—2020年天津港44%品位锰矿价格和天津6517#锰硅市场价为计算基准，二者的相关性达到了0.883。

由于我国对锰矿的高度依赖，一旦锰矿供应环节出现问题，容易引起锰硅合金的价格波动。2020年4月新冠疫情在全球暴发，南非为控制疫情蔓延，对包括锰矿出口主港的伊丽莎白港等进行两周的封港措施，南非的主要锰矿山因发生确诊病例，宣布不可抗拒因素中断采矿生产。疫情扰动锰矿生产、运输等的供应环节。中国5月的锰矿到港量开始减少，3—4月，中国锰矿主要港口库存快速去库，在其他黑色系品种整体偏弱震荡的格局下，锰硅期货走出一波独立行情，SM005合约从3月初的低点5926元/吨上涨至4月下旬的高点7544元/吨，一个半月累计涨幅27.3%。

(5) **替代品**

从理论上，硅铁和锰铁以及锰硅之间有一定替代性，其中硅铁是钢铁生产常用的合金材料，而锰硅合金兼有硅铁和锰铁的性能。但在实际运用上，由于占钢铁成本较小，且几者之间很少出现价格大幅背离的情况，钢铁企业不会频繁改变合金配比，因此替代效应并不明显。历史上在硅铁价格大幅上涨时曾出现过以碳化硅等其他含硅物来替代硅铁的现象。

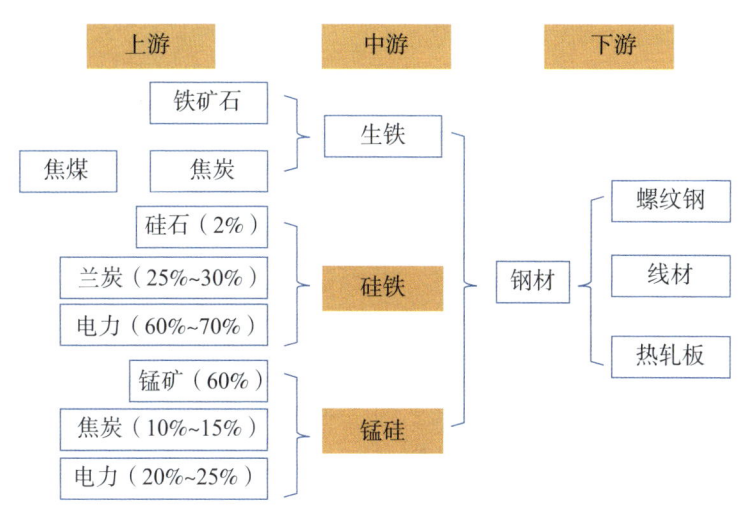

图 4-107 铁合金产业图

### 4.2.53.4 历史价格回顾

(1) 成立以来至 2023 年底 K 线图

锰硅于 2015 年 10 月上市，历史最高价 13,400 元（2021 年 10 月 11 日），历史最低价 3,260 元（2015 年 11 月 12 日）。

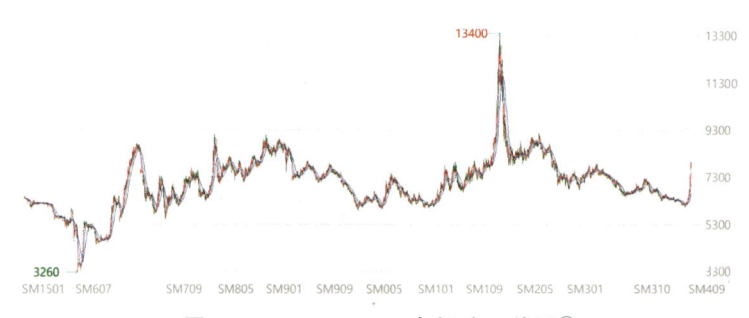

图 4-108 2015—2023 年锰硅 K 线图①

---

① 图来自 WIND 数据库，SM.CZC 日 K 线图（不复权），仅作示例，最高值与最低值或与当月合约存在差异。

## （2）2023年锰硅K线图

2023年最高价7,880元（2023年1月19日），最低价6,270元（2023年12月5日）。

图4-109　2023年锰硅K线图[①]

### 4.2.54　工业硅

#### 4.2.54.1　交割单基本信息

表4-59　工业硅交割单基本信息

| 交易品种 | 工业硅 | 最后交易日 | 合约月份的第10个交易日 |
|---|---|---|---|
| 合约规模 | 5吨/手 | 交割日期 | 最后交易日后的第3个交易日 |
| 报价单位 | 元人民币/吨 | 交割地点 | 交易所指定交割库 |
| 最小变动价位 | 5元人民币/吨 | 最初交易保证金 | 最低交易保证金：合约价值的5% |
| 涨跌停板限幅 | 上一交易日结算价±4% | 交割方式 | 实物交割 |

---

[①] 图来自WIND数据库，SM.CZC日K线图（不复权），仅作示例，最高值与最低值或与当月合约存在差异。

续表

| 合约交割月份 | 1, 2, 3, 4, 5, 6, 7, 8, 9, 10, 11, 12 | 交易代码 | SI.GFE |
|---|---|---|---|
| 交易时间 | 每周一至周五（北京时间法定节假日除外）9:00—10:15, 10:30—11:30 和 13:30—15:00, 及交易所规定的其他时间 | 上市交易所 | GFEX |

### 4.2.54.2 品种概述

工业硅（Silicon Metal），又名金属硅、结晶硅，是由硅石经碳质还原剂在矿热炉中还原所得。工业硅是生产有机硅、多晶硅最重要的原材料，也是铸造铝合金、变形铝合金中的重要原材料。

工业硅下游初端消费产品主要分为有机硅（29.1%）、多晶硅（22.3%）、铝合金（16.7%）其他耐火材料（2.5%），其中，有机硅产品种类丰富，涉及建筑材料、电子电器、日化纺织等常见领域；晶体硅主要包括太阳能电池片、芯片，用于光伏和半导体产业；铝合金产品是指添加了少量硅元素的铝产品，最重要的用途是汽车制造业。除了国内应用之外，中国工业硅出口量较大，2021年在总消费中占比达29.4%。

工业硅制备原理图如下：

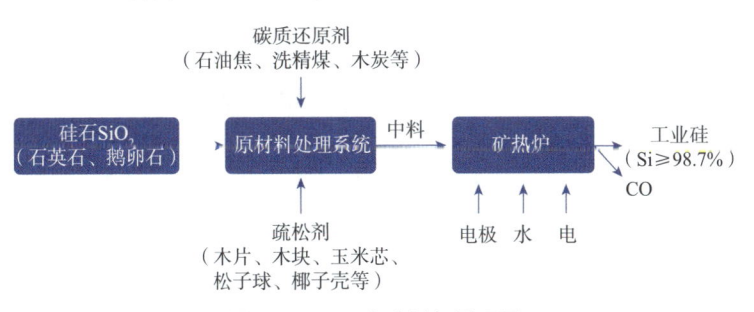

图 4-110 工业硅制备原理图

### 4.2.54.3 价格影响因素

影响工业硅现货价格的主要因素包括供需基本面、生产成本、行业政策、宏观经济形式以及突发事件等。

（1）**供需基本面**

①**工业硅供给**。工业硅供应端主要受电力资源以及原料供应等方面的影响。由于每吨工业硅生产需要消耗11000~13000度电，因此经济性产能主要存在于电力资源充沛并且电价低廉的地区，当地供电量及电价的变动直接影响工业硅的产量以及成本。对于云南以及四川两大主产地，每年6—11月为丰水期（其中四川地区6—10月为丰水期，5月、11月为平水期），当地水电资源充沛并执行丰水期电价，工业硅生产成本下降、供应增加；每年12月至次年5月为枯水期，电力资源不足，工业硅生产成本抬升、供应减少。

新疆地区工业硅生产因使用火电而相对平稳，开工主要受到原料供给的影响。近年来原料供应对工业硅生产影响也较大，硅石、硅煤、木炭等原料来源的不稳定均对工业硅供给形成一定限制。

②**工业硅需求**。工业硅需求主要受下游消费淡旺季以及下游新增产能投产等因素影响。有机硅和铝合金淡旺季基本重合，通常每年2—3月、7—8月是需求淡季，而9—10月、12月至次年1月则是需求旺季，消费淡旺季影响有机硅和铝合金的开工高低，并传导至工业硅的价格涨跌。下游多晶硅开工较为稳定，其产能和产量的变化主要受行业利润以及光伏产业政策的影响。此外，下游新增产能投产也会带动对工业硅的消费需求。

（2）**生产成本**

工业硅生产过程中的成本结构包含电力成本、还原剂成本、硅石成本、电极成本、人工成本、折旧成本以及其他费用。不同生产企业的成本由于各自电价、原料以及技术工艺的差异而各不相同。

成本占比方面，电力以及还原剂为两大主要的成本构成。其中电力成本占比为30%~35%，还原剂成本占比为25%~30%，硅石以及电极成本占比均约为10%，余下成本为人工、折旧以及其他费用。

工业硅价格主要由供需决定，而生产成本起到监测价格底部区域的作用，一旦价格跌破行业平均成本线并长时间低位运行，行业高成本产能将出清从而引导下轮周期上行。

（3）行业政策

影响工业硅供应的主要有环保、电力、能耗等相关政策。近年来，国家及地方政府对"双碳"战略的关注度日益提高，对工业硅行业的整体要求也越来越高。短期来看，相关政策会影响工业硅的供给和成本；长期来看，新的能耗政策将推动工业硅行业淘汰落后产能，并加快整合进程。

影响工业硅需求的主要为终端行业的相关政策。有机硅主要消费终端为建筑及房地产，铝合金主要终端为汽车，多晶硅则是光伏消费为驱动，这些终端产业政策的变化直接影响工业硅下游需求，进而影响价格。此外，环保、能耗等方面的国家及地方性政策变动对工业硅下游企业同样有重要影响。

（4）突发事件扰动

行业突发事件亦会对工业硅生产、消费产生影响。比如主要产销地的公共卫生事件、地震、火灾、洪水均会对行业基本面构成短阶段的冲击。

### 4.2.54.4 历史价格回顾

（1）成立以来至2023年底K线图

工业硅于2022年12月上市，历史最高价19,720元（2022年12月22日），历史最低价11,470元（2023年12月5日）。

图 4-111　2022—2023 年工业硅 K 线图①

(2) 2023 年工业硅 K 线图

2023 年最高价 18,720 元（2023 年 1 月 30 日），最低价 12,270 元（2023 年 6 月 15 日）。

图 4-112　2023 年工业硅 K 线图②

---

① 图来自 WIND 数据库，SI.CZC 日 K 线图（不复权），仅作示例，最高值与最低值或与当月合约存在差异。
② 图来自 WIND 数据库，SI.CZC 日 K 线图（不复权），仅作示例，最高值与最低值或与当月合约存在差异。

### 4.2.55 碳酸锂

#### 4.2.55.1 交割单基本信息

表 4-60 碳酸锂交割单基本信息

| 交易品种 | 碳酸锂 | 最后交易日 | 合约月份的第 10 个交易日 |
|---|---|---|---|
| 合约规模 | 1 吨/手 | 交割日期 | 最后交易日后的第 3 个交易日 |
| 报价单位 | 元人民币/吨 | 交割地点 | 交易所指定交割库 |
| 最小变动价位 | 50 元人民币/吨 | 最初交易保证金 | 最低交易保证金：合约价值的 5% |
| 涨跌停板限幅 | 上一交易日结算价 ±4% | 交割方式 | 实物交割 |
| 合约交割月份 | 1、2、3、4、5、6、7、8、9、10、11、12 | 交易代码 | LC.GFE |
| 交易时间 | 每周一至周五（北京时间法定节假日除外）9：00—10：15，10：30—11：30 和 13：30—15：00，及交易所规定的其他时间 | 上市交易所 | GFEX |

#### 4.2.55.2 品种概述

（1）碳酸锂的自然属性及应用

碳酸锂，是一种无机化合物，无色单斜系晶体，微溶于水、稀酸，不溶于乙醇、丙酮。热稳定性低于周期表中同族其他元素的碳酸盐，空气中不潮解，可用硫酸锂或氧化锂溶液加入碳酸钠而得。

碳酸锂应用广泛，作为锂电产业的核心原材料，现阶段主要用途为制备锂电池正极材料，用于新能源汽车和储能等领域。传统工业方面，碳酸锂可用于制备氯化锂、溴化锂等多种锂盐，以及作为玻璃、陶瓷、制冷剂、电解铝、光通信、稀土电解的添加剂等。此外，碳酸锂还可用于医药等其他领域。

（2）供需分析

碳酸锂可由锂辉石、锂云母和盐湖卤水制成，不同的锂矿开采、加工成本差异较大，我国目前技术上最为成熟的是锂辉石提锂，运用最为广泛，产品质量稳定可靠，对生产高质量电池级产品具有绝对优势。

目前锂供应仍主要以岩石型锂矿的开采，硬岩型锂矿占全球总资源量的26%。这些资源主要分布在澳大利亚、智利、阿根廷、中国、加拿大、美国、巴西、葡萄牙等地区，其中，智利、澳大利亚、阿根廷三国合计储量占据全球锂矿资源的70%以上，锂矿储量分别为930万吨、620万吨以及270万吨；从产量数据来看，澳大利亚、智利、中国的锂矿年产量合计占据全球锂矿产量的91%以上，产量分别为6.1万吨、3.9万吨以及1.9万吨。我国碳酸锂生产地区分布较为集中，江西拥有丰富的云母矿，企业生产原料为锂辉石与锂云母，青海拥有丰富的盐湖资源，生产原料主要为卤水，而四川拥有锂辉石矿山，生产企业多与澳大利亚签有矿石长协，生产原料为锂辉石，江西、四川、青海三个省份合计碳酸锂产量为28.4万吨，占全国产量的75%。

在碳酸锂下游应用中，锂电池正极材料占据主导地位，2022年碳酸锂下游消费中，传统行业产品占比仅为7%，锂电池占比为93%，其中81%为正极材料，7%为电解液。我国是全球最大的碳酸锂消费国和锂电池生产国，2022年全球碳酸锂消费需求共62.2万吨，其中我国消费需求50.5万吨，占比81%。

### 4.2.55.3 价格影响因素

供给方面，最上游资源端所处的产能周期决定了未来数年的供给上限，而产能周期则主要由利润周期驱动。通常而言，产能的扩张或收缩周期会持续3—5年，在长周期内部，诸如新产能的投产及爬坡节奏、品位波动、外生扰动等因素都会给资源端产量带来短期波动。而具体到锂盐供应量，其不仅会受到上游原料端供应波动的影响，冶炼环节的利润水平也会影响企业的生产积极性，同时计划内或预期外的检修也会带来短期的供应扰动。

对需求端而言，陶瓷、冶金等传统工业类需求已进入稳定期，其增速主要随宏观经济周期同向波动，同时由于其占比不高，且随着时间的推移未来占比将进一步降低，其对锂价的影响权重并不大。相对而言，需求端的分析重点在于以动力电池和储能电池为代表的新能源消费领域，当前此类需求依然处于高速增长期，新能源行业增速远高于宏观经济整体增速，这部分需求的影响因素主要可概括为各国新能源相关政策、锂离子电池技术的发展以及钠离子等替代技术的成熟度。

供需的相对强弱最终会在库存的变化中得以体现。除了关注以锂盐（碳酸锂及氢氧化锂）形式存在的库存变动外，产业链各环节的渠道库存也同样值得关注，如上游的锂矿库存，下游的正极材料、电池、整车库存等，当前锂是一个全球产销体量小、但产业链条长的金属，各环节的库存周期会对碳酸锂的短期平衡构成显著影响。

### 4.2.55.4 历史价格回顾

**（1）成立以来至2023年底K线图**

碳酸锂于2023年7月上市，历史最高价240,450元（2023年7月26日），2023年最低价85,650元（2023年12月6日）。

图 4-113　2023 年碳酸锂 K 线图[①]

**（2）2023 年碳酸锂 K 线图**

碳酸锂于 2023 年成立，K 线图同上。

---

① 图来自 WIND 数据库，LC.GFE 日 K 线图（不复权），仅作示例，最高值与最低值或与当月合约存在差异。